AP® SPANISH LANGUAGE AND CULTURE

ALL ACCESS®

Veronica A. Garcia
AP Spanish Teacher
East Chicago Central High School
Whiting, Illinois

Bertha Sevilla
AP Spanish Teacher
Notre Dame Academy
Los Angeles, California

Karolyn Rodriguez
Chair, World Languages
Hamden Public Schools
Hamden, Connecticut

Adina Alexandru, Ed.D.
Adjunct Professor
Bay Path College
Longmeadow, Massachusetts

Marta Cerón de Calvo
AP Spanish Teacher
International Baccalaureate School
Bartow High School
Bartow, Florida

Research & Education Association
Visit our website: www.rea.com

Research & Education Association
61 Ethel Road West
Piscataway, New Jersey 08854
E-mail: info@rea.com

AP® SPANISH LANGUAGE AND CULTURE ALL ACCESS®

Published 2015
Copyright © 2014 by Research & Education Association, Inc.
All rights reserved. No part of this book may be reproduced in any
form without permission of the publisher.

Printed in the United States of America

Library of Congress Control Number 2013951268

ISBN-13: 978-0-7386-1155-6
ISBN-10: 0-7386-1155-7

Cover image: © KidStock/Getty Images

Contents

Contents

About Our Authors

Veronica A. Garcia is a 10-year veteran Spanish and Social Studies teacher and has taught AP Spanish at East Chicago Central High School for the past 2 years. She has also taught Spanish 201 at Purdue University Calumet. Ms. Garcia attended Purdue University majoring in Social Studies Education and minoring in Spanish. During her professional career, she has served as foreign language department chair, team leader, and Hispanic Heritage Month chair. Ms. Garcia has also sponsored the Multi-Cultural Day, college fair, National Honor Society, Spanish Club, and the BP Energía Mentoring Program. She is currently the Foreign Language Department Chair.

Bertha Sevilla earned her B.A. in French at Mount St. Mary's College, Los Angeles, California and an M.A. in Teaching Spanish from Southern Oregon University, Ashland, Oregon. She holds a California Clear Teaching Credential with authorization fields in French and Spanish. In her 24-year teaching career, Ms. Sevilla has taught French I, Spanish I and AP Spanish and currently serves as the Chair of the World Languages Department at Notre Dame Academy, Los Angeles, California. Ms. Sevilla has served as an AP Spanish Language and Culture exam reader since 2009, and was a participant in the AP Spanish Language Focus Group that studied the rationale for the changes made to the AP Spanish Language and Culture examination.

Karolyn Rodriguez attended Quinnipiac University, Hamden, Connecticut, and graduated with degrees in International Business and Spanish. She also studied at the Universidad de Salamanca in Spain. Ms. Rodriguez earned her M.A. in Teaching English to Speakers of Other Languages (TESOL) from Southern Connecticut State University, New Haven, Connecticut. She recently earned her Educational Leadership Degree from Quinnipiac University. Currently, Ms. Rodriguez teaches AP Spanish and serves as the Chairperson for the World Languages Department for Hamden Public Schools and is an adjunct professor of Spanish at Southern Connecticut State University.

Adina Alexandru, Ed.D., is a secondary foreign language teacher as well as an adjunct faculty at Bay Path College in Longmeadow, Massachusetts. She also teaches graduate classes online for the University of Phoenix. Dr. Alexandru holds an M.A.T. in Spanish, and a doctorate degree in Education with a focus on Language, Literacy, and Culture. She is a National Board Certified Teacher and an active member of the Teacher to Teacher Initiative. Dr. Alexandru is a member of ACTFL, AATF, AATSP and NATSFL and a board member of MAFLA and COLT.

Marta Cerón de Calvo earned her B.A. degree in Fine Arts with a minor in anthropology from the National University of Colombia, Bogotá, Colombia, and a B.A. in Spanish from the University of South Florida in Tampa, Florida. She has been teaching AP Spanish and IB Spanish (Level V) at the International Baccalaureate School at Bartow High School, Bartow, Florida for the last eight years. Ms. De Calvo is an active member of the Polk County Council of World Language Teachers and a former member of the American Association of Teachers of Spanish and Portuguese. She has been an instructor of Spanish Conversation at Polk State College and at Traviss Technical Center.

About Research & Education Association

Founded in 1959, Research & Education Association (REA) is dedicated to publishing the finest and most effective educational materials—including study guides and test preps—for students in middle school, high school, college, graduate school, and beyond.

Today, REA's wide-ranging catalog is a leading resource for teachers, students, and professionals. Visit *www.rea.com* to see a complete listing of all our titles.

Acknowledgments

We would like to thank Pam Weston, Publisher, for setting the quality standards for production integrity and managing the publication to completion; John Cording, Vice President, Technology, for coordinating the design and development of the REA Study Center; Larry B. Kling, Vice President, Editorial, for his overall direction; Diane Goldschmidt, Managing Editor, for coordinating development of this edition; and Fred Grayson, American BookWorks Corp., for content development and typesetting.

In addition, we thank Maritza Toro for technically reviewing the manuscript; Katherine Barnhart for copyediting; Pau Quesada Vilá for proofreading; and Lucia Pugliese, Janice Rocha, Juan Moñiz, and Wilson Cardenas for their professional recordings of the audio portions of our drills and practice exams.

Welcome to REA's All Access for AP Spanish Language and Culture

A new, more effective way to prepare for your AP exam

There are many different ways to prepare for an AP exam. What's best for you depends on how much time you have to study and how comfortable you are with the subject matter. To score your highest, you need a system that can be customized to fit you: your schedule, your learning style, and your current level of knowledge.

This book, and the free online tools that come with it, will help you personalize your AP prep by testing your understanding, pinpointing your weaknesses, and delivering flashcard study materials unique to you.

Let's get started and see how this system works.

How to Use REA's AP All Access

The REA AP All Access system allows you to create a personalized study plan through three simple steps: targeted review of exam content, assessment of your knowledge, and focused study in the topics where you need the most help.

Here's how it works:

Review the Book	Study the topics tested on the AP exam and learn proven strategies that will help you tackle any question you may see on test day.
Test Yourself & Get Feedback	As you review the book, test yourself. Score reports from your free online quizzes give you a fast way to pinpoint what you really know and what you should spend more time studying.
Improve Your Score	Armed with your score reports, you can personalize your study plan. Review the parts of the book where you are weakest, and use the REA Study Center to create your own unique e-flashcards, adding to the 100 free cards included with this book.

Finding Your Strengths and Weaknesses: The REA Study Center

The best way to personalize your study plan and truly focus on the topics where you need the most help is to get frequent feedback on what you know and what you don't. At the online REA Study Center, you can access two types of assessment: chapter quizzes and two full-length practice tests. Each of these tools provides true-to-format questions and delivers a detailed score report that follows the topics set by the College Board.

Topic-Level Quizzes

Short online quizzes are available throughout the review and are designed to test your immediate grasp of the topics just covered.

Full-Length Practice Tests

After you've finished reviewing the book, take our full-length exams to practice under test-day conditions. Available both in this book and online, these tests give you the most complete picture of your strengths and weaknesses. We strongly recommend that you take the online version of the exams for the added benefits of timed testing, automatic scoring, and a detailed score report. When you register at the REA Study Center and enter your access code, you will be able to download audio for both practice exams. Audio is integrated within the online practice tests.

Improving Your Score: e-Flashcards

With your score reports from our online quizzes and practice tests, you'll be able to see exactly which topics you need to review. Use this information to create your own flashcards for the areas where you are weak. And, because you will create these flashcards through the REA Study Center, you'll be able to access them from any computer or smartphone.

Not quite sure what to put on your flashcards? Start with the 100 free cards included when you buy this book.

REA's Suggested 8-Week AP Study Plan

Depending on how much time you have until test day, you can expand or condense our eight-week study plan as you see fit.

To score your highest, use our suggested study plan and customize it to fit your schedule, targeting the areas where you need the most review.

	Review 1-2 hours	Quiz 15 minutes	e-Flashcards Anytime, anywhere	Full-Length Practice Test 3 hours
Week 1	Chapters 1-2			
Week 2	Chapter 3	Quiz 1		
Weeks 3-4	Chapter 4	Quiz 2	Access your e-flashcards from your computer or smartphone whenever you have a few extra minutes to study. Start with the 100 free cards included when you buy this book. Personalize your prep by creating your own cards for topics where you need extra study.	
Weeks 5-6	Chapter 5	Quiz 3		
Week 7				Full-Length Practice Exam 1 (Just like test day)
Week 8	Review material that gave you trouble on the practice exam and review Chapter 2 Strategies			Full-Length Practice Exam 2 (Just like test day)

Test-Day Checklist

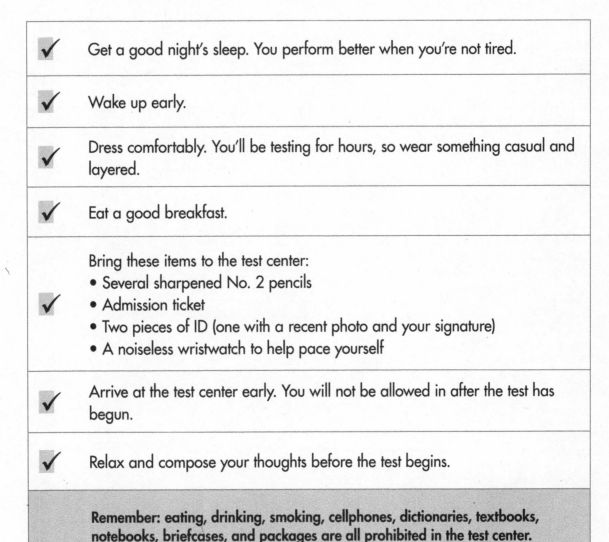

✓ Get a good night's sleep. You perform better when you're not tired.

✓ Wake up early.

✓ Dress comfortably. You'll be testing for hours, so wear something casual and layered.

✓ Eat a good breakfast.

✓ Bring these items to the test center:
- Several sharpened No. 2 pencils
- Admission ticket
- Two pieces of ID (one with a recent photo and your signature)
- A noiseless wristwatch to help pace yourself

✓ Arrive at the test center early. You will not be allowed in after the test has begun.

✓ Relax and compose your thoughts before the test begins.

Remember: eating, drinking, smoking, cellphones, dictionaries, textbooks, notebooks, briefcases, and packages are all prohibited in the test center.

Strategies for the Exam

General Strategies

There is no question about it—the AP Spanish Language and Culture exam is difficult. To achieve success, this exam requires you not only to be fluent in the Spanish language and knowledgeable of Spanish-speaking cultures but also to have a familiarity with the format of the test itself. That's the purpose of this book.

In the exam's first section, you'll need to be able to understand and interpret written and audio texts in Spanish. To do this, you must have a great deal of Spanish vocabulary and cultural knowledge of several Spanish-speaking countries. In the second section, you must actively use your ability to communicate in Spanish by writing and presenting orally on culturally connected topics. A prior understanding of the exam's structure will allow you to focus on showcasing your strengths in the language. REA's AP preparation book will give you many examples of questions you might see on the AP Spanish Language and Culture exam. You will be able to practice both the form and substance of this test using this book. As you complete the practice exercises to better understand the form of the exam, you will also be practicing your speaking and comprehension skills and learning more about Spanish-speaking countries.

The one area of preparation in which a student should most focus his or her attention is in the study of **vocabulary.** Understanding and using Spanish vocabulary is the key to the entire exam. You need to master a wide scope of passive vocabulary (words you recognize and understand) as well as active vocabulary (words you are comfortable enough with to use when you are speaking and writing). The best way to internalize vocabulary is to see it in context as you are reading or listening and then challenge yourself to use these words in your classes and presentations to make them part of your active vocabulary as well. If you connect context or images to your learning of vocabulary, it is easier to commit these words to memory.

Spanish class alone most likely will not give you enough time to master the Spanish language and be successful on the AP Spanish exam. You need to use your class time effectively and find ways to extend the amount of time that you are spending outside class strengthening your skills of communication and cultural understanding in Spanish. There are several ways you can practice Spanish outside the classroom. You can watch a favorite movie on DVD while listening to the audio in Spanish. Many Disney movies and classic movies have a Spanish audio track. If it is a movie you are already familiar with, you'll likely find it even easier to understand. As an added benefit, you are exposing yourself to native Spanish speakers, using various accents and speaking at normal speed. You can also easily find authentic sources on the Internet for songs or subjects that interest you. Enjoy learning Spanish outside class: watch TV or a movie in Spanish, read in Spanish, use the Internet[1] to learn more about a variety of different Spanish-speaking countries and cultures—all of this will also help you improve your Spanish skills.

Use every opportunity to speak in Spanish. It goes without saying that the only way you'll achieve fluency is to actively use the language. Make sure to maximize your participation in class. When you first enter the classroom, start speaking with your fellow students in Spanish. You will practice everyday vocabulary, practice fluency, and hone pronunciation by engaging others in conversation. You should also consider using time outside class to practice your oral skills. Speak with friends in Spanish when you are together. Cook a Spanish recipe and speak in the target language as you prepare it, then enjoy tasting it as your conversation continues. Correspond with a friend by e-mail in Spanish. Look up words you don't know, but try to use words you do know. The more you use both your passive and active vocabulary, the easier it will be to communicate on the day of the test.

Section I: Multiple Choice

Part A: Interpretive Communication: Print Texts

Part B: 1-Interpretive Communication: Print and Audio Texts
2-Interpretive Communication: Audio Texts

As we have already discussed, the key element in the exam is vocabulary. In this part, the more vocabulary you know, the easier it will be to understand and interpret

---

[1] Instead of going to the *.com* version of your favorite search engine, try the Spanish version (e.g., *www.google.es*). This will allow you to access content written in Spanish more easily.

the authentic sources and the related questions. A few key words could allow you to interpret a text and its questions more easily. It is also very important to draw from your cultural understanding of Spanish-speaking countries. On exam day, the authentic materials you will be interpreting will be connected to "Spanish culture." Authors of the test will assume that you have a basic understanding of Spanish-speaking cultures—and this knowledge should extend beyond España.

TEST TIP

In the multiple-choice section of the exam, if you are unsure about an answer, use the process of elimination. There is always one answer that will not fit. Eliminate that answer and work backwards to find your best response.

In Part A, when you are interpreting a written source, you have the advantage of being able to re-read and look for answers to your questions. But remember—this exam is timed, so you need to work quickly. Read the text, make note of headers and titles, and try to understand the general idea. Underline key words as you read, but do not waste time by taking detailed notes. After reading the questions, the words you underline will help you as you look to identify the right answer. Start by eliminating answers that you know to be incorrect, and try to find evidence of why a particular answer is correct. You may even find it beneficial to read the questions before you read the text. Use your practice exercises to find the technique that works for you.

Audio texts can be more frightening to the AP Spanish student because you do not have control over the speed of the audio clip and must acclimate yourself immediately to the accent and possible background noise. Again, the more you practice, the calmer and more successful you will be on the day of the test. It is *very* important to use the time you are given before the audio starts to read the introduction and, if time permits, to skim the questions. If you know what the audio clip is about, it will aid your understanding of the content—especially at the beginning of the segment. Focus, stay calm, and try not to translate material. Glean whatever meaning you can from the words being spoken. You can take notes as you listen, but be careful not to let yourself be distracted by the writing or you will miss important points. We suggest only trying to write key details. All audio recordings are read twice, so you will have two opportunities to identify and jot down important details. We also strongly recommend you use the time you have between readings to answer the questions you can and see what details you'll need to listen for during the second reading. After the second reading, you will have 15 seconds to answer each question. If there are four questions, you will have one minute; if there are five questions, you will be given 75 seconds. If you have already answered some of the easy questions, you can use the time you are given to focus on the difficult ones.

Important note: The only difference between Part A and Part B of Section I is whether you are presented with audio or written sources. Part A is all written sources followed by questions. Part B starts with written and audio sources, which are paired together on one subject with one set of questions (each selection has one audio source and one written source and one set of questions), and Part B finishes with three selections, each with one audio source and one set of questions. Work quickly but carefully, and use the time before the audio text to get prepared.

Section II: Free Response

Interpersonal Writing: E-mail Reply
Presentational Writing: Persuasive Essay
Interpersonal Speaking: Conversation
Presentational Speaking: Cultural Comparison

In the second section of the exam, you must actively show your ability to both speak and write in Spanish. As we have already mentioned, it is essential that you understand the format of the exam so you know what will be asked of you and the most effective way for you to complete each section. The timing is very precise, and you'll want to maximize the time allotted to prepare your answers rather than wasting time decoding the instructions.

AP graders look for good grammar and advanced structure. You also must show varied vocabulary and idiomatic expressions. They do not expect to see a series of simple sentences that a first-year Spanish student could write. Show off your ability to use high-level vocabulary and the tenses you have spent years learning.

We have two suggestions to help you improve the Spanish you will produce in this part of the exam. First, whether you are writing or speaking, there are likely a few errors you make repeatedly. Take note of feedback from your teacher on errors you make when speaking or when writing. Keep a journal of those errors so you know what you need to work on. During the academic year, as you prepare for this Advanced Placement exam, review those corrections before you write a final draft or record a certain project. By putting an end to your common errors, your Spanish will improve enormously. Second, as you write, keep a simple rubric in mind that reminds you to use upper-level vocabulary and structure. In your first draft, circle all those words that show upper-level vocabulary or structure to make sure they are represented in all your writing. To show your ability to use upper-level structure, you can use the subjunctive or use a *si* clause to show that you know the correct sequence of tenses. Show the richness of your vocabulary: For example, don't always use the phrase *lo mismo*; substitute with *tal* or *similar*. If you write with these requirements in mind during the year, you will automatically write at a higher level on the AP Spanish exam.

Writing for the Exam

Interpersonal Writing: E-mail Reply
Presentational Writing: Persuasive Essay

Interpersonal Writing: E-mail Reply

You will have 15 minutes to complete this task. You will need to read the e-mail, reflect on your response, and then write a response that answers all the questions mentioned in the e-mail. As always, you must show good grammatical accuracy as well as appropriate and varied vocabulary. The instructions also require a greeting and a closing. Make sure you are familiar with how to start and close an e-mail. You will find a long list of these expressions and related vocabulary in Chapter 4 of this book. This chapter will also give you 25 sample e-mails that you can respond to for practice. You will notice that many of the e-mails concern cultural topics and expect you to have some knowledge of Spanish-speaking cultures.

As you read, you may want to underline key words and questions to save time later. Give yourself a minute to reflect on what you will write and what vocabulary you may be able to use. Be sure to include specific details, not just general statements. Write your response, then re-read it to make sure you

1. Answered all the questions,

2. Used correct verb tenses, and

3. Avoided grammatical errors.

Make sure you save a minute or two at the end of your 15-minute time limit to address these three critical steps.

Presentational Writing: Persuasive Essay

You will have six minutes to read the essay topic and the printed material. At the conclusion of this time, you will hear the audio material. As mentioned earlier, underline key words in the written sources, make the most of the preparation time, and limit note taking during the audio material so you do not miss anything important. Once again, you will hear the audio material twice. After you have all the information, you will have 40 minutes to organize and to write your persuasive essay. You should present the point of view of all the sources and identify them as you mention them. You'll also need to present and support your point of view. It is vital that your presentation be well organized and that it demonstrate your high level of Spanish. Use varied vocabulary and sentence structure as well as transitional elements. Use specific information to make your point—avoid generalities. Again, leave time at the end of your 40-minute limit to re-read your essay, make grammatical corrections, and confirm you have accomplished the task asked of you. You are not given guidance as to length for the persuasive essay. Use all the time you are given to respond, including a little time at the end for editing.

You will find that many of the persuasive essay topics will involve Spanish and Latin American culture. It is expected that you will have some knowledge of the cultural topics. Make sure to use *specific* details to highlight your familiarity with Spanish-speaking countries.

The second part of Chapter 5 in this book deals with presentational communication. In this chapter, you will see a sample persuasive essay topic as well as two sample responses. The responses also include explanations of how the essays will be graded. It is important for you to read over these examples to understand what will be expected of you in this part of the exam. Chapter 5 lets you see the rubrics used by graders of the Advanced Placement exam. It also gives several sample topics and related questions that would promote thinking and possible discussion. You will improve your cultural awareness as well as your ability in Spanish by practicing with these examples.

Speaking for the Exam

Interpersonal Speaking: Conversation
Presentational Speaking: Cultural Comparison

You will now be expected to give spoken responses to prompts and situations. Again, it is very important to be familiar with the format of the exam so you can use your preparation time effectively and show your strengths. Since you will be using a recording device, be sure to speak loudly enough for the graders to hear you clearly. It is essential for you to be comfortable with the technology you will be expected to use on the day of the exam. Try to use all the time you are given to produce the most comprehensive responses possible. As you speak, use good pronunciation and appropriate expression. As always, show the high level of your ability in Spanish by using upper-level vocabulary and structures as much as possible.

Interpersonal Speaking: Conversation

In this part of the exam, you will be asked to participate in a conversation. You'll have one minute to read the instructions and then an additional minute to read both a preview of the conversation as well as an outline of the actual conversation. Read the outline carefully—try to reflect on what specific answers you might give. Once you hear the first audio exchange, you will hear a tone signaling you to speak. You will have 20 seconds to speak and will want to use all of the time, if possible. Glance at the outline as you speak to make sure you are following the instructions and are ready for the next exchange. Continue answering each exchange and speaking for 20 seconds when prompted. Try to use normal expression and incorporate details whenever possible. Pay careful attention to whether you should be using *tú* or *usted* and whether you are conversing with a male or female.

Many of the topics you will see on this part of the exam are based on everyday conversations. You might talk to a friend about what movie you want to see or discuss what everyday chores you need to do at home. You might be talking to your doctor about what medicine you need to take or to your mechanic about what repairs have to be made to your car. Obviously, you must have a great base of specific vocabulary in order to respond in these situations. You can't just say, "Let's go to the movies." You need to talk in specifics about different genres of movies, and if you can mention titles of movies in Spanish, even better. There are also dialogue situations that require specific cultural knowledge as well as vocabulary. You might be asked about festivals in Puerto Rico because a friend is going to visit during spring break. In cases like this, you need to have the cultural expertise as well as the vocabulary. You can increase the level of your dialogue when you use specific cultural information. For example, if you are talking about going to an art museum in Madrid, mention that Diego Velázquez, a painter of the Baroque period, was one of the most important artists of Spain's Golden Age. Suggest seeing *Las Meninas,* one of his most famous paintings, paying attention to its details and how this masterpiece, at a distance, becomes a three-dimensional snapshot. Comments like these are a great way to show your knowledge of Spanish culture.

In Chapter 4 of this book, there are 25 practice situations. Your teacher may incorporate opportunities for you to practice situations like these in class. You can also do practice situations with a classmate and trade off speaking and giving feedback. Consider asking your teacher if you could record several situations for him or her and ask for comments. Your teacher can give you notes on how you accomplished the task and the level of your grammar and vocabulary, pronunciation, intonation, expression, and ease of expression. The more you practice, the more comfortable you will become with the format of this exam and your ability to speak Spanish.

Presentational Speaking: Cultural Comparison

In this section of the test, you will record a two-minute presentation in which you will compare your culture to the culture in a Spanish-speaking country. You will have four minutes to read the presentation topic and organize and prepare your speech. It is essential that you show your awareness of the Spanish-speaking culture you choose to present. As always, you want to use high-level structures and vocabulary, accurate grammar, and correct pronunciation and intonation. Do not try to write the entire presentation because you will not have time. Make an outline of important points that you can refer to as you speak. Some people like to write the first sentence so they have a confident start. Don't forget to use specific details and examples; do not just speak in generalities. You need to accomplish the task. If you hear yourself make an error, feel free to self-correct, but try not to do that repeatedly or it will ruin the flow of the presentation. In Chapter 5 of this book, you will find three or four sample questions for each of the six AP Spanish themes. It would be very beneficial for you to practice with each of these topics.

We suggest researching the themes and topics from Chapter 5. If you are not familiar with a certain topic, you can find information online. If you read in Spanish, you will be improving your Spanish as you learn cultural information. You might even want to split up topics with friends and then exchange the information each has found. You could present to each other in order to practice your presentation skills. You can also suggest to your teacher that giving varied student cultural presentations would help you prepare for the test. As you become more knowledgeable and confident, you can try speaking on topics with only a few minutes of preparation to simulate the actual exam.[2]

---

[2] Teacher's note: Teachers can also use the themes and topics in this book. They can assign varied topics to different students who will research and then present to classmates. As the students practice presentation skills, they also share vital cultural information with the others.

Key Points

General Suggestions

In order to be successful on this exam, you must not only have a strong ability in Spanish, but you must also be familiar with the format of the exam so you can show your strengths in the language. This book will help you accomplish this goal.

- Understanding and using Spanish vocabulary is the key to the entire exam. You need to master a wide scope of passive vocabulary (words you recognize and understand), and you also need a great deal of active vocabulary (words you can use during the speaking and writing portions of the exam).

- Use your class time effectively, and find ways to extend the amount of time you are spending outside class to strengthen your skills of communication and cultural understanding in Spanish.

- Practice makes perfect. Use this book to help you practice the form of the exam and you'll be practicing your Spanish at the same time. The biggest edge on exam day beyond knowledge of the Spanish language and culture is knowing what to expect and being prepared. As you practice sample questions, you will be speaking, writing, reading, and listening to improve your communicative skills.

Section I: Multiple Choice

Part A: Interpretive Communication: Print Texts

- Be aware of the clock. As you read, underline key words so you can re-read more quickly as you look for answers. Do not try to translate; try to comprehend and interpret.

Part B: Interpretive Communication: Print and Audio Texts
Interpretive Communication: Audio Texts

- Don't let the audio sections intimidate you. Use the preparation time to read the introduction and to skim the questions, if possible.

- Your preparation before an audio source will give you a context and help you understand the gist of it.

- Remember the audio recording will be read twice, so listen the second time with the specific intent to answer the questions you are unsure of.

Section II: Free Response (Writing and Speaking)

- You must know the format of the exam so you are ready to make effective use of the limited time you have to prepare to write or speak effectively.

- Concentrate on grammatical accuracy, but make sure you accomplish the task at the same time.

- Impress the AP readers with your high-level vocabulary and structures. You have spent years learning advanced structures and tenses—use them!

- Make a list of common errors you make while writing and speaking, and check that list during the academic year when you are about to write a final draft or while preparing for an oral presentation.

Interpersonal Writing: E-mail Reply

- Work quickly. Use your 15 minutes effectively so you have time to read, organize, accomplish the task, and check for grammatical accuracy, along with varied and appropriate vocabulary.

- Use the correct forms to open and close the e-mail message.

- Respond using specific information, not just generalities.

Presentational Writing: Persuasive Essay

- Read and listen to the sources carefully, underlining as you read and taking notes as you listen.

- Use your 40 minutes wisely: reflecting, organizing, writing, and leaving some time for corrections.

- Make sure to discuss all viewpoints as well as your own and a justification for your opinions. Be specific and show your familiarity with various Spanish-speaking countries and cultures.

Interpersonal Speaking: Conversation

- Use your preparation time effectively so you are ready to give your best answers.

- Speak clearly and loudly enough to be easily heard.

- Make sure you are familiar with the technology you will need to use on the exam.

- Use the full 20 seconds to give your responses and speak with expression.

- Make sure you accomplish the task according to the outline.

- Pay careful attention to whether you should be using *tú* or *usted* and whether you are conversing with a male or female.

- Use specific information to show your familiarity with Spanish-speaking cultures.

Presentational Speaking: Cultural Comparison

- You only have four minutes to prepare; use your time carefully.

- Show specifically what you know about the Spanish-speaking country and/or culture you choose.

- Try to get as much practice as you can by practicing in class and in small groups.

- Present with confidence and expression, and allow yourself to self-correct if necessary.

- Speak for the full two minutes with varied vocabulary and high-level structures.

TEST TIP

Become familiar with the testing format. Understand the directions and practice taking the test multiple times. Also be aware of time constraints. The more familiar you are with what will be asked of you, the easier it will be to focus on the exam content.

The Interpretive Mode of Communication

Interpretive Reading and Listening Skills

Every day, people all over the world constantly employ the interpretive mode of communication, although it may go unnoticed due to its automaticity. The need for this vital skill increases as communication technology becomes more readily available and sophisticated. This mode of communication may be best understood as a form of one-way communication that is activated as one determines the meaning of e-mails, text messages, movies, radio broadcasts, and similarly received information. When the interpretive mode is used, the individual must apply his or her cultural knowledge to the information being presented in order to fully understand the message; that is, the receiver must use his or her knowledge of culture to "read between the lines" and gain the complete meaning. The interpretive mode is considered a form of one-way communication because the individual cannot actively interact with the information, such as by asking follow-up questions, which is possible in two-way communication.

For many native speakers of a language, the interpretive mode functions seamlessly in the background, relying on the individual's innate knowledge of culture, including common phrases, historical events, and cultural values. However, those learning languages as non-native speakers must intentionally seek this cultural information in order to successfully apply the interpretive mode and arrive at the correct understanding of various forms of one-way communication, including books, magazines, television shows, or e-mails. In fact, cultural knowledge is directly linked to increased success in engaging the interpretive mode.

Skills for Mastering the Interpretive Mode

Cultural literacy, *critical reading skills*, and *listening comprehension* are the three skills that contribute most to successful use of the interpretive mode of communication. These skills are informed by the level of proficiency in the vocabulary and grammatical structures of the non-native language as well as by a working knowledge of cultural practices and customs of the region to which the language belongs. Some of the strategies and explanations mentioned below can aid your learning and comprehension.

As mentioned earlier, the more you know about the culture from which the non-native language arises, the more adept you will be at accurately evaluating information gathered via the interpretive mode. Every culture has a unique history that is passed down to successive generations and guides aspects of the current way of life, such as a unique set of stories, traditions, holidays, and cultural expressions, including food and dress. Culture dictates what is considered polite in a given society and what is considered rude. Likewise, culture determines if a joke is perceived as funny or is in poor taste. For example, in the United States, many families observe the Fourth of July, a holiday unique to the country. People who have not experienced this firsthand or grown up celebrating this holiday would have to learn of its significance, including such traditions as fireworks, barbecues, and parades. Continuing with the example, a non-native English speaker would have to use his or her cultural knowledge while applying the interpretive mode to understand correctly common sayings like "It was lit up like the Fourth of July." Similar instances appear in other cultures and languages around the world. The more students know about the culture of the language they are studying, the more accurate their understanding and interpretation of the language will be.

There are many ways to gain increased cultural knowledge of Spanish-speaking countries. Here are some ideas:

DIDYOU**KNOW?**

New Mexico lists Spanish as its official language. Bilingualism was cited in the state's original Constitution.

1. Browse news websites in Spanish.

2. Watch Spanish-speaking television programs.

3. Enroll in a Conversational Partner program. Such programs match participants interested in learning the native language of the other. Partners often

meet for an hour and divide the time spent speaking both languages so each person benefits from the other's inherent knowledge.

4. Read books, magazines, and newspapers written in Spanish beyond what is assigned in Spanish class.

5. If possible, travel to a Spanish-speaking location, and use the language exclusively.

Interpretive Reading Skills

As learners reach advanced levels of training in a non-native language, the need for skill development in the use of the interpretive mode becomes increasingly important in order to cope with more sophisticated forms of communication. In the case of written material, it is important for the reader to distinguish fact from opinion in order to arrive at the correct interpretation. To develop this skill, students must challenge themselves with a variety of materials and texts. Students who frequently read materials written in their non-native language have a distinct advantage over those who seldom do so—and the difference is often noticeable on tests of proficiency.

In addition to increasing the amount and variety of reading, students can also practice several exercises that support skill development. For example, when determining if a statement is fact or opinion, students can focus on whether the material is presented as concrete examples or statistics, as associated with facts, or appears to be based on personal values and judgments more common to opinions.

In order to successfully interpret texts, students must go beyond what is written and assess the deeper meaning. The following questions can help with the analytical interpretation of written material:

- What is the cultural context of the reading?

- What is the main idea of the reading?

- What is the author's message?

- What details from the reading support the message?

- Is the main idea supported by facts or by opinions?

TEST TIP

Of primary importance is the consideration of what the author is attempting to convey to the reader. Once determined, readers must use their analytical skills to evaluate the validity of the author's points. There is an underlying understanding that people will use their own experiences to guide evaluation of thematic content in text. Given this fact, when learning a new language, it is important to remember that accurate interpretations of material must be informed by a cultural perspective that might differ from the reader's native culture. The development of this aspect of the interpretive mode is significantly aided by increased exposure to a wide variety of written and audio materials in the non-native language; the more students know about the given culture, the greater the quality and accuracy of their interpretations. Ultimately, the analysis of the material is supported by both experiences and previous exposure to the culture along with details within the material itself.

In order to critically evaluate material, the reader should consider the author's choices in terms of use of language and style. Additional examples of important information to survey when determining meaning include the overall tone used, choice of words, use of punctuation, sentence formation, and the length of the passages. Additionally, students might ask: How do the writer's choices about the language and style assist in assessing the author's argument? What do these language and style decisions by the author demonstrate about what the writer is trying to express? Interpretive reading skills also include emphasis on the values, ideals, beliefs, and ideology that the author has included in the material.

Some additional methods for interpreting texts are the following:

1. Summarizing the reading and the main points in order to grasp the overall theme of the material

2. Drawing preliminary conclusions based on the summary and your consideration of the cultural perspective of the author

3. Analyzing the text to find supporting details and to find cultural details that support your conclusions

4. Reflecting on the practices and perspectives of the culture the author is from to determine if these support your conclusions and summary of the material

5. Differentiating between fact and fiction (What is an opinion or belief of the author's versus what is a concrete statistic or fact?)

How to Improve Critical Reading Skills

As stated earlier, the development of this aspect of the interpretive mode is significantly aided by increased exposure to a wide variety of written materials in the non-native language. In order to become proficient and critical readers, students should frequently read a variety of texts and materials. In addition, students should think of reading assignments or test questions as opportunities to actively apply skills to figure out the meaning of the text. Most readers are so well-versed in their native language that they can afford to be quite casual when reading test items or texts in that language. However, to increase proficiency and accuracy in a second language, readers must engage actively with the written material to identify the most relevant information.

DIDYOU**KNOW?**

The Sagrada Familia is one of Spain's most popular attractions. After 150 years of construction, the iconic religious building may finally be completed in 2026, the 100th anniversary of architect Antoni Gaudi's death.

Before reading a text, students should briefly look at the title and derive a basic understanding of what the text is about. They should then scan the text and look for key vocabulary phrases and words, and any graphics, such as charts and tables, related to the predicted theme of the text. Students should use their cultural knowledge to draw predictions and identify the purpose of the text.

While reading, the student should:

- Skim the text for key phrases and use visual support and background knowledge to draw conclusions from the material.

- Divide the reading into small parts and consider one section at a time.

- Differentiate main ideas from supporting details in the text.

- Use context clues to derive meaning from the material.

- Look for structural clues in the text such as proper nouns, adjectives, and the tenses of verbs.

- Predict meaning based on the context of the text (i.e., identify if the text is a newspaper article, a poem, an opinion piece, etc., and if possible, identify the intended audience for the material).

- Take notes and write questions while reading to help organize your thoughts.

- Think in Spanish to enhance cultural awareness of the material.

If the reader encounters unfamiliar words or structures, he or she should apply a strategy that can help derive meaning from the context, such as the following:

- Use the context of the reading and linguistic knowledge to figure out the part of speech (noun, verb, adjective, etc).

- Classify the word or concept according to sentence structure or word order, such as placement of adjectives and verbs.

- Identify known key words and phrases in the surrounding passage to assist with determining meaning.

- Look at the sequence, time frames, and chronology of the reading in order to derive understanding of the author's main idea.

While reading, people often naturally pause and paraphrase what was just read in order to summarize and understand the main ideas and details. This process helps a reader establish a basis of meaning for the text and material. Students, too, should constantly look to paraphrase the material with the help of their prior knowledge and experience in reading cultural texts.

Generalizing, analyzing, drawing conclusions, sequencing events, making inferences, and creating a personal connection are all skills in reading critically. Most people inherently possess these skills and develop them on a daily basis to easily make inferences during everyday interactions with text and materials such as e-mails, class readings, text messages, and more. As such, people are flooded with opportunities to actively use these skills in their native language. The key to improving these skills in the language you are studying is to deliberately and frequently practice applying these strategies to Spanish texts and materials.

Interpretive Listening Skills

Students who take the AP Spanish exam are required to employ critical listening skills during a given task. In order to be successful at this skill, students will need to increase listening effectiveness and practice listening for understanding, evaluating, and deciphering a message. Nonetheless, it is impossible for a person to recall 100 percent of what is heard owing to outside distractions that interfere with interpreting the information, multitasking, or one's own thoughts getting in the way. Critical thinking requires the listener to think deeply and react analytically to the message. Critical thinking requires effort and energy. The typical person can only effectively engage in critical listening for short periods of time.

In order to listen for comprehension and understanding, students need to understand the language as spoken at a typical conversational rate. Students should practice listening to television shows in the target language, radio broadcasts, and native speakers in order to hone this particular skill. They should keep in mind that a speaker's different perspective may be expressed in his or her tone, intonation, and body language, as well as in words. The listener can infer information about a speaker's purpose and perspectives while observing the person speak on television and other media.

Students must also be able to understand relationships between ideas, the cultural references, and the language structures used in oral speech. Learners must develop skills to identify a speaker's purpose and point of view, determine possible bias, and give their own opinion about what they have heard. It is of the utmost importance for students to be comfortable listening to various media in the non-native language so that accents and language patterns become familiar.

TEST TIP

In order to be more comfortable with taking the exam, it is important to expose yourself to various types of Spanish dialects and written texts. The more you are exposed to writings and recordings of Spanish speakers from different backgrounds and countries, the easier it will be to read and listen on the exam.

How to Improve Critical Listening Skills

Students should employ strategies to listen critically and pursue deeper comprehension, such as the following:

- Stay focused on what is being said.

- Organize your thoughts and evaluations before commenting or responding.

- Listen most at the beginning of the message and focus on the main idea throughout.

- Be alert and interpret information by taking notes or asking questions.

- Evaluate the information based on what is being heard and the message, not the speaker.

During the listening exercises, students will be tested on complex lexical and grammatical structures, as well as the stylistic genre of the text. The listener does not have to understand every word but should focus on understanding the overall meaning and purpose of the message. Listen for key words that indicate what is happening in order to find the general idea. Then, try to establish the when, who, where, and why of the message by listening for other key phrases and grammatical clues, such as verb tenses. Pay attention to why things are happening, and try to discover the purpose of the dialogue or message.

Practice: Reading Comprehension

Multiple-Choice Questions

Instructions

You will read several selections. Each selection is accompanied by a number of questions. For each question, choose the response that is best according to the selection and mark your answer on your answer sheet.	Vas a leer varios textos. Cada texto va acompañado de varias preguntas. Para cada pregunta, elige la mejor respuesta según el texto e indícala en la hoja de respuestas.

1. La Vida Contemporánea

Ernesto Sábato fue un famoso escritor argentino que recibió numerosos premios y galardones por su literatura. Sus obras se convirtieron en principales temas de debate en la política de América del Sur. Esta biografía expone sus logros y la vida contemporánea en Argentina durante esa época.

Una biografía de Ernesto Sábato

Fuente: Biografías y Vidas (http://www.biografiasyvidas.com/biografia/s/sabato.htm)

(Rojas, Argentina, 1911-Santos Lugares, 2011) Escritor argentino. Ernesto Sábato se doctoró en física en la Universidad Nacional de La Plata e inició una prometedora carrera como investigador científico en París, donde había sido becado para trabajar en el célebre Laboratorio Curie. Allí trabó amistad con los escritores y pintores del movimiento surrealista, en especial con André Breton, quien alentó la vocación literaria de Sábato. En París comenzó a escribir su primera novela, *La fuente muda*, de la que sólo publicaría un fragmento en la revista *Sur*.

En 1945, de regreso en Argentina, comenzó a dictar clases en la Universidad Nacional de La Plata, pero se vio obligado a abandonar la enseñanza tras perder su cátedra a causa de unos artículos que escribió contra Juan Perón. Aquel mismo año publicó su ensayo *Uno y el universo* (1945), en el que criticaba el reduccionismo en el que desembocaba el enfoque científico. El ensayo prefiguraba buena parte de los rasgos fundamentales de su producción: brillantez expositiva, introspección, psicologismo y cierta grandilocuencia retórica.

Su carrera literaria estuvo influida desde el principio por el experimentalismo y por el alto contenido intelectual de sus obras, marcadas por una problemática de raíz existencialista. Así, *El túnel* (1948) ahonda en las contradicciones e imposibilidades del amor, mientras que *Sobre héroes y tumbas* (1962) presenta una estructura más compleja, en que los diversos niveles de la narración enlazan vivencias personales del autor y episodios de la historia argentina en una reflexión caracterizada por un creciente pesimismo. Ambas novelas tuvieron gran repercusión y situaron a Sábato entre los grandes novelistas latinoamericanos del siglo.

El túnel fue rápidamente traducida a diversos idiomas y llevada al cine. La narración tiene indudable originalidad y valores psicológicos relevantes: la confesión de Castel, que ha cometido un crimen, enfrenta al hombre de hoy con una sociedad desquiciada y resalta los contrastes con pincel agudo y lleno de color. El estilo está en consonancia con el tema, dentro de un desequilibrado equilibrio.

Sobre héroes y tumbas (aunque publicada en 1962, la edición definitiva es de 1966) es su obra más ambiciosa. La compleja construcción de esta novela y los diversos registros del habla rioplatense que el autor plasma en ella se alejan tanto del tecnicismo formal como de la dispersión. La pericia narrativa de Sábato consiste, justamente, en hacer pasar desapercibidas para el lector las evidentes dificultades compositivas que supone la historia de la joven Alejandra y, a través de ella, la del país. Destaca sobre todo el capítulo titulado "Informe sobre ciegos", que puede ser leído, como de hecho lo fue, con entera autonomía.

Sobre héroes y tumbas obtuvo un éxito de público impresionante, que acabó por convertir a su autor en una autoridad moral dentro de la sociedad argentina, una suerte de formador de opinión que, por paradójico que parezca, al asumir ese papel se fue alejando progresivamente de la actividad literaria. Su tercera novela, *Abaddón el exterminador* (1974), se centra en torno a consideraciones sobre la sociedad contemporánea y sobre el pueblo argentino, su condición "babilónica" y su presente, que adquieren en la novela una dimensión surreal, en que se funden realidad y ficción en una visión apocalíptica.

A partir de la década de 1970, más que un escritor, Sábato representó una conciencia moral que actuaba como llamada de alerta frente a una época que él no dudó en calificar de "sombría". Esa identificación entre Sábato y la autoridad ética quedó muy reforzada por su labor como presidente de la Comisión Nacional sobre la Desaparición de Personas (CONADEP), para la que fue designado en 1983 por el entonces presidente de la República, Raúl Alfonsín. Los años que dedicó a investigar "el infierno" de la represión durante el anterior gobierno militar, según sus propias palabras, no le dejaron aliento ni espacio para la literatura. Las conclusiones de la comisión quedaron recogidas en el llamado *Informe Sábato*. En 1984 fue galardonado con el Premio Cervantes.

La obra de Sábato, que ha sido prestigiada con numerosos premios internacionales y difundida en múltiples traducciones, incluye además multitud de ensayos como *Hombres y engranajes* (1951), *El escritor y sus fantasmas* (1963), *El otro rostro del peronismo* (1956), *Tango: discusión y clave* (1963), *La cultura en la encrucijada nacional* (1973), *Tres aproximaciones a la literatura de nuestro tiempo* (1974), *Apologías y rechazos* (1979), *Antes del fin* (1998) y *La resistencia* (2000). Aquejado de un grave problema de visión, se dedicó además a la pintura, otra de sus pasiones.

1. A pesar de que la carrera de Ernesto Sábato comenzó como doctor en física, ¿qué es lo que le llevó a ser asociado con su vocación definitiva por la literatura?

    (A) Él se hizo amigo de los escritores y pintores en París del movimiento surrealista.

    (B) André Breton le animó a escribir novelas.

    (C) La beca para trabajar en el Laboratorio Curie se acabó.

    (D) Sábato no quiso ser investigador científico.

2. A su regreso a Argentina, Sábato se vio en problemas. ¿Cuál fue la razón?

    (A) Sábato criticó la política de Argentina en unas conferencias.

    (B) Él escribió algunos artículos en contra del dictador.

    (C) Su influencia literaria en la universidad fue problemática.

    (D) La universidad donde trabajaba tenía muchos profesores contra Perón.

3. El existencialismo se encuentra en varios de sus libros. ¿Qué consecuencias tuvo esto para Sábato?

    (A) Sábato obtuvo con mucha fama y le molestó.

    (B) Sus novelas le colocan entre los grandes novelistas latinoamericanos.

    (C) Los argentinos no entendían qué quería decir Sábato.

    (D) Sábato muestra demasiado de su vida personal.

4. En la novela que fue aclamada como su obra más ambiciosa, Sábato cuenta la historia de su país. ¿Cuál fue, para Sábato, la parte negativa de tanto éxito como obtuvo?

    (A) Mucha gente quería contarle sus historias personales.

    (B) Su opinión fue tomada demasiado en serio.

(C) Sábato se fue alejando de su literatura.

(D) Su tercera novela no tiene tanta historia como la anterior.

5. ¿Qué papel juega la política en la vida de Sábato?

(A) Fue expulsado de su país por sus implicaciones políticas.

(B) Sus ideas liberales le causaron ser pobre toda la vida.

(C) No pudo tener una relación romántica a causa de sus ideas radicales.

(D) Cuando se fue a París, era un científico que se convirtió en escritor, pero luego tuvo que renunciar a una plaza de profesor por sus escritos.

6. Al ser la conciencia moral de la sociedad durante la década de 1970, ¿qué perdió Sábato personalmente?

(A) Perdió el ánimo y la capacidad de escribir.

(B) No podía salir de su casa sin ser reconocido.

(C) Sufrió una depresión muy grande.

(D) Perdió su libertad personal.

7. ¿Por qué podemos decir que Sábato era considerado un hombre del Renacimiento?

(A) Fue a visitar muchos sitios de Europa.

(B) Ganó el Premio Cervantes en mil novecientos ochenta y cuatro.

(C) Era un hombre de la ciencia, la literatura y el arte.

(D) Ha sido premiado con numerosos premios internacionales.

8. ¿Qué pasó inmediatamente después de publicar *El túnel*?

(A) Se hizo una telenovela.

(B) Los intelectuales de Argentina aplaudieron su originalidad.

(C) *El túnel* fue traducida.

(D) Situó a Sábato entre los grandes novelistas de España.

9. ¿Cuál es la obra más compleja de Sábato?

   (A) *Sobre héroes y tumbas*

   (B) *Uno y el universo*

   (C) *Abaddón el exterminador*

   (D) *Antes del fin*

10. Sábato ganó muchos premios por sus obras. ¿Cuál fue el primer ensayo premiado?

   (A) *Apologías y rechazos*

   (B) *El otro rostro del peronismo*

   (C) *El escritor y sus fantasmas*

   (D) *Hombres y engranajes*

2. La Ciencia y la Tecnología

Todo el mundo conoce el nombre "Google" y muchas personas han visitado museos de arte. La combinación de Google y los museos de arte virtuales es una idea creada por Amit Sood que ha acortado las distancias en la cultura. El Google Art Project conecta numerosos académicos y museos con el público en general por Internet.

Google Art presenta nuevos proyectos y amplía la presencia española por Rafael de las Cuevas

Fuente: *Descubrir el Arte* (http://www.descubrirelarte.es/2013/06/18/google-art-presenta-nuevos-proyectos-y-amplia-la-presencia-espanola.html), 18 de junio, 2013.

"Internet crea oportunidades", asegura Amit Sood durante la presentación de los nuevos museos españoles que se unen a la ya nutrida representación patria en Google Art Project. El director del proyecto cultural más ambicioso del gigante de Mountain View está acostumbrado a que en sus presentaciones sobrevuele el fantasma del apocalipsis digital, siempre al acecho cuando los monopolios de la cultura ven amenazado su territorio.

Sood, sin embargo, es un joven con la cabeza bien amueblada y talante conciliador. Gracias al tacto demostrado en sus contactos con los museos más importantes del mundo, Google Art Project es una iniciativa que crece exponencialmente. Y lo hace con el beneplácito (no ausente de suspicacia) de los ministerios de cultura de cada país.

Este joven nacido en Bombay explica que en España estamos acostumbrados a poder visitar una pinacoteca prestigiosa cualquier día de la semana. Pero no es así en el resto del mundo. La visión de una obra de arte en la vida real, afirma rotundamente, "nunca jamás podrá ser sustituida por Internet". Pero también considera que es mejor ver algo en Internet que "no verlo en absoluto". Su equipo, insiste, no pretende sustituir la visita al museo, sino todo lo contrario: llevar el arte al *mainstream*.

Para alcanzar esta meta, Google Art Project presenta dos nuevas iniciativas y amplía la representación de museos españoles. Los nuevos centros con obras digitalizadas son: la Real Academia de Bellas Artes de San Fernando, el Museo Arqueológico Nacional, el Museo Casa Cervantes de Valladolid, el Museo de América, el Museo Nacional de Arqueología Subacuática, el Museo Nacional de Cerámica y Artes Suntuarias González Martí de Valencia y el Museo Sefardí.

En cuanto a la expansión de Art Project, el proyecto más reciente permitirá exposiciones temáticas creadas exclusivamente por comisarios y expertos, y con una apuesta fuerte por el vídeo. Hasta ahora Google Art Project ofrece la posibilidad de navegar por grandes obras maestras con un grado exquisito de detalle (gracias a fotografías de altísima resolución). Con este nuevo paquete de herramientas los comisarios podrán crear presentaciones en vídeo, paseos por la exposición y, en suma, articular un eje narrativo en torno a una idea determinada.

A continuación, Sood explica en qué consiste Google Art Talks, una forma de acercar a los aficionados y *connoisseurs* a los expertos. Cada mes, los responsables de los museos organizan charlas en directo por videoconferencia, en las que participan conservadores, historiadores, artistas y comisarios. La iniciativa se puso en marcha el pasado mes de marzo con dos *hangouts* organizadas por el MOMA y la National Gallery.

PREGUNTA: Todo esto empezó con la digitalización de 14 obras maestras del Prado. ¿Cuánto tiempo han tardado en incorporar las nuevas piezas de las colecciones españolas al sistema?

RESPUESTA: En este momento, si un museo está interesado, podemos estar listos en cuestión de semanas. El proceso se ha simplificado mucho. El Ministerio respondió en su momento con bastante premura. En Google Art Project no tenemos mucha gente que pueda ir cada día a museos de todo el mundo. Así que, cuando nos llamó el equipo de Google España y nos dijo "mirad, el Ministerio está considerando firmar un acuerdo, una asociación, y ayudarán a informar al resto de centros", nos pareció una gran oportunidad.

P: ¿También intercede el Ministerio de Cultura en el caso de las colecciones privadas?

R: No, en ese caso nosotros contactamos con cada una de ellas. La Fundación Mapfre, la Colección Santander… Otras veces nos llaman ellos.

P: Durante todo este proceso, ¿han encontrado problemas con los herederos de los artistas u otros asuntos peliagudos relacionados con derechos de autor?

R: No trabajamos con los herederos. Decidimos hace tiempo que sólo íbamos a tratar con los museos. Por ejemplo: Nos ponemos en contacto con el Reina Sofía y les decimos "vosotros elegís las obras que vais a proporcionar". Google no va a pedir específicamente el *Guernica*, o una obra de Juan Gris. Ellos deciden. Si quieren darnos algo con restricciones de copyright, se responsabilizan de ese copyright. Y es un gran reto, porque el museo nos daría mucho más contenido, pero muchas veces, al acercarse a los propietarios, no son muy abiertos. Creo que es una evolución, vamos paso a paso.

El primer paso es que los museos se encuentren cómodos; después, esperamos que los propietarios se unan. No hay nada más que nosotros podamos hacer. Porque claro, hay gente que quiere dinero, y nuestra filosofía en este proyecto no es comercial. Nosotros hemos gastado mucho dinero en llevarlo a cabo. Y si empezamos a pagar por cada vez que se toma la fotografía… No tiene sentido, porque el dinero se invierte en construir todo esto, en pagar a los ingenieros que lo hacen posible. Es un proyecto sin ánimo de lucro. Los museos tienen la promesa de que nunca pondremos anuncios en ningún sitio.

P: ¿Cómo ha sido la relación con los centros españoles?

R: España ha sido pionera en aceptación, y gracias a su aceptación, otros museos del mundo se han animado a participar. El Reina Sofía y el Thyssen, en particular, han sido de gran utilidad.

P: Manuel Borja-Villel, el director del Reina Sofía, es un gestor de mente muy abierta.

R: ¡Exacto! La primera vez que vine aquí, en 2010, me trataron muy bien. Tenían una visión de futuro muy clara. Me entristece mucho no poder verles esta vez, porque tengo que volver inmediatamente, pero me gustaría volver a saludarles, no les he visto en dos años. Y ahora lo veo de nuevo: visión de futuro por parte del ministerio. He ido a otros ministerios de cultura y en general son abiertos, pero el español realmente es directo; inmediatamente dice: "vamos a hacerlo".

P: ¿Por qué en la información de las obras algunos textos son muy breves y otros más extensos?

R: De nuevo, porque es decisión de los museos. Ellos deciden qué información acompaña a cada obra, y la extensión. Yo animo a los museos a que también incluyan vídeos, pero lleva tiempo.

P: La sección en la que cada usuario puede crear su propia colección personalizada recuerda al *Museo Imaginario* de André Malraux. ¿Lo ha leído?

R: ¡Sí! Y no sólo eso; el ordenador está bien, pero me gusta la idea de que cada persona almacene su propia colección en su mente.

P: ¿Cómo se presentan en Google Art Project algunas piezas multisoporte de arte contemporáneo?

R: En Londres, por ejemplo, tenemos varias fotografías de vistas de pabellones arquitectónicos. Se ven desde distintos ángulos. Y ahora, en la siguiente fase del proyecto en torno al arte contemporáneo, estamos construyendo una plataforma para que los comisarios puedan construir su propia exposición digital. Es una función nueva. Pueden crear una exposición completa con vídeo, audio, texto e imagen. Es una forma de enseñar la creación contemporánea de una forma mucho más completa.

P: Para finalizar, ¿puede hablarnos un poco más de Art Talks?

R: Por supuesto, creo que es una herramienta fantástica para un tipo de público más especializado en arte. Cada dos semanas se programan charlas a cargo de comisarios de distintos museos. Sólo hay que ir a la página de Google+ de Art Project. Es un contacto mucho más personal, no sólo con los comisarios, sino con todos los trabajadores del museo, desde los conservadores a los especialistas. De nuevo, el museo decide cuál es el tema de conversación, y te aseguro que son muy variados.

---

1. ¿Por qué es importante exponer el arte por todo el mundo?

    (A) A todo el mundo le gusta el arte.

    (B) El arte puede mejorar la vida de mucha gente y enriquecer a muchas culturas.

    (C) Internet fue creado para conocer otras culturas.

    (D) Los museos quieren que la gente vea sus obras.

2. Google Art Project trata de ampliar la representación de museos españoles. ¿Por qué sería importante hacer este trabajo?

    (A) Mucha más gente podría visitar y ver los museos digitalmente. No tendrían que estar allí en persona.

    (B) Los museos españoles pueden ganar mucho dinero.

      (C) Mucha gente va a querer visitar España.

      (D) Es fácil hacer un eje narrativo en torno a una idea determinada.

3.   ¿Cuál es la diferencia entre Google Art Project y Google Art Talks?

      (A) Google Art Project presenta muchas nuevas iniciativas.

      (B) Todos los museos españoles con obras digitalizadas están en Google Art Talks.

      (C) Google Art Talks acerca los aficionados a los expertos.

      (D) En Google Art Talks sólo se trata de museos como el MOMA y la National Gallery.

4.   En una charla por videoconferencia, ¿qué puede hacer un aficionado al arte español?

      (A) La gente puede mirar las obras y hacer preguntas.

      (B) En los "hangouts", uno puede criticar las obras de los museos españoles.

      (C) Puede aprender la historia y hablar con expertos de las obras.

      (D) Una vez al año, los responsables de los museos organizan videoconferencias para los aficionados.

5.   ¿Cuál es la diferencia entre un joven de Bombay y un joven de Madrid en cuanto a disfrutar del arte?

      (A) No hablan la misma lengua.

      (B) Hay muchas diferencias entre las dos culturas.

      (C) En España están acostumbrados a poder visitar un museo prestigioso cualquier día de la semana.

      (D) Los dos tienen la costumbre de mirar obras de arte por Internet.

6.   ¿Qué tipo de joven es Amit Sood?

      (A) Es un joven con mucho talento y con la cabeza bien situada.

      (B) Es un joven con mucha vista para el arte.

      (C) Es un hombre con poco talento pero una cabeza bien amueblada.

      (D) Es un viejo con grandes ideas.

7. ¿Cuáles eran los primeros museos que participaron en Google Art Talks?

    (A) El Museo Casa Cervantes y el Museo de América

    (B) El MOMA y la National Gallery

    (C) El Museo Arqueológico Nacional y el MOMA

    (D) El Museo Nacional de Cerámica y el Museo Sefardí

8. ¿Quiénes se encargarán de la expansión de Google Art Project?

    (A) Google Art Talks

    (B) Comisarios y expertos

    (C) La Real Academia de Bellas Artes

    (D) Los directores de los museos españoles

9. ¿Cuándo y cómo van a organizar las charlas de Google Art Talks?

    (A) Se puso en marcha el pasado marzo.

    (B) Los expertos organizan las charlas todos los meses.

    (C) Se presenta la iniciativa durante los meses de marzo.

    (D) Cada mes los responsables las organizan en directo por videoconferencia.

10. ¿Qué papel tiene el Ministerio de Cultura de España con las colecciones privadas?

    (A) Se contacta con cada una de ellas.

    (B) Trabaja con los herederos de las colecciones privadas.

    (C) El Ministerio de Cultura no intercede con ninguna.

    (D) Intercede con algunas de ellas.

3. Los Desafíos Mundiales

Por todo el mundo muchos profesores reciben becas para viajar a otros países con los fines de impulsar su propia carrera académica y ampliar los horizontes culturales de sí mismos y sus alumnos. Chile es uno de los países que más aceptan profesores extranjeros. Este artículo informa en qué medida las universidades más pobladas utilizan los profesores extranjeros.

AUMENTA NUMERO DE DOCENTES EXTRANJEROS

Académicos de otros países en las instituciones de educación superior en Chile

Número de extranjeros docentes

1.716 — 2008

2.380 — 2012

Año

Universidades con más académicos extranjeros

Total de docentes extranjeros / Total de profesores por plantel

Universidad	Total de docentes extranjeros	Total de profesores por plantel
Pont U. Católica de Chile	211	3.050
U. de Chile	143	3.967
U. Nacional Andrés Bello	118	3.843
U. de los Andes	106	1.870
U. de Concepción	91	1.608
U. Diego Portales	76	1.721
U. de Santiago de Chile	69	1.928
U. Austral de Chile	66	1.217
U. Católica del Norte	63	890
U. San Sebastián	60	2.672

Universidades con más porcentaje de docentes con posgrados *

Universidad		Total de profesores
U. de Talca	96%	515
U. de Concepción	80%	1.608
Pont. U. Católica de Chile	78%	3.050
U. de Tarapacá	70%	438
U. Adolfo Ibáñez	69%	756
U. del Biobío	69%	518
U. del Desarrollo	63%	1.712
U. de la Frontera	62%	535
U. Autónoma de Chile	62%	1.502
U. Central	60%	1.099

* Para efectos del ranking se utilizaron instituciones autónomas con más de 20 académicos.

Los profesores extranjeros en las universidades e institutos chilenos suben un 39% entre 2008 y 2012 *por Paulina Salazar*

Fuente: *La Tercera* (http://www.latercera.com/noticia/educacion/2013/07/657-534075-9-profesores-extranjeros-en-universidades-e-institutos-chilenos-suben-39-entre.shtml), 22 de julio, 2013.

Se alejan de sus países nativos y llegan a Chile para practicar la docencia y realizar investigación en los planteles. Se trata de académicos extranjeros que, entre 2008 y 2012, aumentaron en un 38,7% su presencia en las universidades e institutos del país, según cifras del Servicio de Información de Educación Superior (SIES) del Ministerio de Educación (Mineduc).

En 2008 existían 1.716 docentes foráneos en los planteles de educación superior del país. Cuatro años después (2012), esta cifra había aumentado a 2.380. Del universo total de profesores en el sistema (que alcanza los 63.000), representan el 3,8%.

Para el análisis se consideraron todos los planteles de educación superior, entre estos, universidades, centros de formación técnica e institutos profesionales.

Para el experto y académico de la U. Diego Portales José Joaquín Brunner, "comenzó el proceso de internacionalización. Se están viniendo al país doctores y máster a fortalecer nuestros programas".

Agrega que "hace algunos años teníamos el problema de fuga de talentos. Hoy estamos siendo capaces de atraer a profesionales".

Principales receptores

La universidad que lidera la lista de planteles con más académicos de otros países entre sus filas es la Universidad Católica, que cuenta con 211 profesores extranjeros, que representan un 6,9% del total de docentes en esa institución (3.050, según el SIES).

El vicerrector académico del plantel, Roberto González, dice que se trata de profesionales que, en promedio, bordean los 31 años y que "tienen el mismo trato que los profesores de acá". Provienen de países como Colombia, en el caso de Latinoamérica, y de lugares como Norteamérica y Europa.

Recalca que existe un interés "enorme, ya que traen diversidad cultural, otra mirada y experiencia de vida que contribuyen a la formación de estudiantes. Además, potencian redes internacionales".

En segundo lugar está la U. de Chile, con 143 profesores foráneos. La cifra representa al 4% del total de docentes del plantel.

La U. Andrés Bello figura en el tercer lugar del listado, con 118 académicos y, en cuarto, la U. de los Andes, con 106 docentes (ver infografía).

Para el ex-rector de la U. Andrés Bello Manuel Krauskopf, "siempre es bueno que existan docentes extranjeros, porque abre las posibilidades de mirar el conocimiento en condiciones distintas. Cuando uno se encierra en sí mismo, se empiezan a reproducir y perpetuar las virtudes y defectos".

Más especialistas

En paralelo a la llegada de profesores de otros países, ha ocurrido un incremento de los estudios de los docentes locales. Según datos del SIES, en 2008 las universidades chilenas contaban con 23.199 docentes que tenían un doctorado, maestría o especialidad médica. Tras cuatro años, la cifra llegó a los 31.700 con posgrado.

"Es positivo y muestra que estamos avanzando, pero estamos muy lejos si nos comparamos con países desarrollados. En Dinamarca y Finlandia, por ejemplo, hay entre 200 y 300 doctores por millón de habitantes", dice Krauskopf.

Brunner añade que el aumento en esta área se puede entender, en parte, por la implementación de programas como Becas Chile y los de formación avanzada, que ofrece Conicyt. "La combinación de ambos programas ya está mostrando resultados positivos", recalca el académico de la UDP.

La universidad que destaca entre sus pares es la U. de Talca, que cuenta con el mayor porcentaje de profesores con posgrado respecto del total de profesionales: el 96% de sus 515 académicos cuenta con algún posgrado, según los datos del SIES.

A ésta sigue la U. de Concepción, que tiene a 1.608 profesionales entre sus filas. De estos, el 80% realizó algún posgrado.

En tercer lugar está la PUC, donde el 78% de sus más de tres mil académicos cuenta con maestría, doctorado o especialidad médica.

1. En los últimos cuatro años, ¿cuál es el hecho determinante para que los profesores extranjeros hayan subido al treinta y nueve por ciento?

    (A) Las universidades de Chile pagan sueldos mejores que en otros países latinoamericanos.

    (B) Es más fácil conseguir un permiso de trabajo en Chile.

    (C) Poder realizar investigaciones en Chile es muy atractivo.

    (D) El mercado global precisa que las universidades tengan personal de otras partes del mundo.

2. ¿Por qué piensa la gente que las universidades deben tener programas encabezados por extranjeros?

    (A) Es una manera de compartir una visión global.

    (B) Cuanto más académicos haya, mejor.

    (C) Existe un interés enorme hacia los extranjeros.

    (D) Distintas condiciones requieren distintas respuestas.

3. ¿Cuál es el motivo de que haya tantos académicos extranjeros en Chile?

    (A) Chile es capaz de atraer a muchos profesionales.

    (B) Chile tiene muchas universidades.

    (C) Hay pocas becas en Chile.

    (D) Las universidades de Chile están muy avanzadas en programas de investigación.

4. En la segunda tabla, ¿qué destaca sobre la Universidad de Santiago de Chile?

    (A) Solo hay 1.928 profesores extranjeros en la Universidad de Santiago de Chile.

    (B) La Universidad de Santiago de Chile está situada en la capital del país, sin embargo está en el séptimo lugar en docentes extranjeros.

    (C) La Universidad de Chile tiene un total de ciento cuarenta y tres docentes extranjeros.

    (D) La Universidad de Santiago de Chile tiene el mínimo de docentes extranjeros.

5. Las universidades chilenas sacan provecho de tener profesores extranjeros en sus facultades. ¿Cómo se benefician estos profesores extranjeros?

   (A) Los profesores extranjeros ganan mucho dinero en Chile.

   (B) Muchos chilenos quieren tener profesores extranjeros.

   (C) Las universidades tienen facultades muy modernas.

   (D) Obtienen otra mirada al mundo y una experiencia de vida con potenciales redes internacionales.

6. ¿Cuál es la ventaja de tener profesores extranjeros?

   (A) Pocos extranjeros tienen títulos de posgrado.

   (B) Ofrecen otras perspectivas e ideas diferentes.

   (C) Se puede obtener una beca más fácil con profesores extranjeros.

   (D) Ellos tienen las mismas ideas que los profesores chilenos.

7. ¿Qué demuestra la última tabla?

   (A) Hay muchas universidades en Chile con extranjeros.

   (B) Miles de profesores extranjeros están en universidades católicas en Chile.

   (C) Los profesores extranjeros tienen un promedio de treinta y un años.

   (D) Demuestra que en muchas universidades chilenas hay un porcentaje muy alto de docentes con títulos como maestría, doctorado o especialidad médica.

8. Según el experto de la Universidad de Diego Portales, ¿cómo ha cambiado la situación de fuga de talentos?

   (A) Está ahora siendo capaz de atraer profesionales.

   (B) El problema de fuga sigue.

   (C) Hoy comienza el proceso de internacionalización.

   (D) No ha cambiado en absoluto.

9. ¿De dónde proceden los profesores que van a Chile a trabajar?

   (A) Provienen de los Estados Unidos y los países de Europa.

   (B) Llegan de otros países de Sudamérica.

   (C) Provienen de países como Colombia, Norteamérica y Europa.

   (D) Son de los países de Latinoamérica.

10. En cuatro años, desde 2008, ¿cuál fue el porcentaje de aumento de docentes extranjeros?

   (A) 6,9%

   (B) 38,7%

   (C) 78%

   (D) 4%

4. Las Familias y las Comunidades

Este cuento narra la muerte de un campesino cuya vida es simple y monótona. Sin embargo, su muerte trae un cambio drástico a su mundo. Esta historia fue escrita por Horacio Quiroga y representa la vida de un trabajador humilde en su comunidad.

El hombre muerto (1920)
por Horacio Quiroga
(uruguayo, 1878–1937)

El hombre y su machete acababan de limpiar la quinta calle del bananal. Faltábanle aún dos calles; pero como en estas abundaban las chircas y malvas silvestres, la tarea que tenían por delante era muy poca cosa. El hombre echó, en consecuencia, una mirada satisfecha a los arbustos rosados y cruzó el alambrado para tenderse un rato en la gramilla. Mas al bajar el alambre de púas y pasar el cuerpo, su pie izquierdo resbaló sobre un trozo de corteza desprendida del poste, a tiempo que el machete se le escapaba de la mano. Mientras caía, el hombre tuvo la impresión sumamente lejana de no ver el machete de plano en el suelo.

Ya estaba tendido en la gramilla, acostado sobre el lado derecho, tal como él quería. La boca, que acababa de abrírsele en toda su extensión, acababa también de cerrarse. Estaba como hubiera deseado estar, las rodillas dobladas y la mano izquierda sobre el pecho. Sólo que tras el antebrazo, e inmediatamente por debajo del cinto, surgían de su camisa el puño y la mitad de la hoja del machete, pero el resto no se veía.

El hombre intentó mover la cabeza en vano. Echó una mirada de reojo a la empuñadura del machete, húmeda aún del sudor de su mano. Apreció mentalmente la extensión y la trayectoria del machete dentro de su vientre, y adquirió fría, matemática e inexorable, la seguridad de que acababa de llegar al término de su existencia. La muerte. En el transcurso de la vida se piensa muchas veces en que un día, tras años, meses, semanas y días preparatorios, llegaremos a nuestro turno al umbral de la muerte. Es la ley fatal, aceptada y prevista; tanto, que solemos dejarnos llevar placenteramente por la imaginación a ese momento, supremo entre todos, en que lanzamos el último suspiro. Pero entre el instante actual y esa postrera expiración, ¡qué de sueños, trastornos, esperanzas y dramas presumimos en nuestra vida! ¿Qué nos reserva aún esta existencia llena de vigor, antes de su eliminación del escenario humano? Es éste el consuelo, el placer y la razón de nuestras divagaciones mortuorias: ¡Tan lejos está la muerte, y tan imprevisto lo que debemos vivir aún! ¿Aún...?

No han pasado dos segundos: el sol está exactamente a la misma altura; las sombras no han avanzado un milímetro. Bruscamente, acaban de resolverse para el hombre tendido las divagaciones a largo plazo: se está muriendo. Muerto. Puede considerarse muerto en su cómoda postura. Pero el hombre abre los ojos y mira. ¿Qué tiempo ha pasado? ¿Qué cataclismo ha sobrevivido en el mundo? ¿Qué trastorno de la naturaleza trasuda el horrible acontecimiento?

Va a morir. Fría, fatal e ineludiblemente, va a morir.

El hombre resiste —¡es tan imprevisto ese horror!— y piensa: es una pesadilla; ¡eso es! ¿Qué ha cambiado? Nada. Y mira: ¿no es acaso ese el bananal? ¿No viene todas las mañanas a limpiarlo? ¿Quién lo conoce como él? Ve perfectamente el bananal, muy raleado, y las anchas hojas desnudas al sol. Allí están, muy cerca, deshilachadas por el viento. Pero ahora no se mueven... Es la calma del mediodía; pero deben ser las doce. Por entre los bananos, allá arriba, el hombre ve desde el duro suelo el techo rojo de su casa. A la izquierda entrevé el monte y la capuera de canelas. No alcanza a ver más, pero sabe muy bien que a sus espaldas está el camino al puerto nuevo; y que en la dirección de su cabeza, allá abajo, yace en el fondo del valle el Paraná dormido como un lago. Todo, todo exactamente como siempre; el sol de fuego, el aire vibrante y solitario, los bananos inmóviles, el alambrado de postes muy gruesos y altos que pronto tendrá que cambiar...

¡Muerto! ¿Pero es posible? ¿No es éste uno de los tantos días en que ha salido al amanecer de su casa con el machete en la mano? ¿No está allí mismo con el machete en la mano? ¿No está allí mismo, a cuatro metros de él, su caballo, su malacara, oliendo parsimoniosamente el alambre de púa? ¡Pero sí! Alguien silba. No puede ver, porque está de espaldas al camino; mas siente resonar en el puentecito los pasos del caballo... Es el muchacho que pasa todas las mañanas hacia el puerto nuevo, a las once y media. Y siempre silbando... Desde el poste descascarado que toca casi con las botas, hasta el cerco vivo de monte que separa el bananal del camino, hay quince metros largos. Lo sabe perfectamente bien, porque él mismo, al levantar el alambrado, midió la distancia.

¿Qué pasa, entonces? ¿Es ése o no un natural mediodía de los tantos en Misiones, en su monte, en su potrero, en el bananal ralo? ¡Sin duda! Gramilla corta, conos de hormigas, silencio, sol a plomo... Nada, nada ha cambiado. Sólo él es distinto. Desde hace dos minutos su persona, su personalidad viviente, nada tiene ya que ver ni con el potrero, que formó él mismo a azada, durante cinco meses consecutivos, ni con el bananal, obras de sus solas manos. Ni con su familia. Ha sido arrancado bruscamente, naturalmente, por obra de una cáscara lustrosa y un machete en el vientre. Hace dos minutos: se muere.

El hombre, muy fatigado y tendido en la gramilla sobre el costado derecho, se resiste siempre a admitir un fenómeno de esa trascendencia, ante el aspecto normal y monótono de cuanto mira. Sabe bien la hora: las once y media... El muchacho de todos los días acaba de pasar el puente.

¡Pero no es posible que haya resbalado...! El mango de su machete (pronto deberá cambiarlo por otro; tiene ya poco vuelo) estaba perfectamente oprimido entre su mano izquierda y el alambre de púa. Tras diez años de bosque, él sabe muy bien cómo se maneja un machete de monte. Está solamente muy fatigado del trabajo de esa mañana, y descansa un rato como de costumbre. ¿La prueba...? ¡Pero esa gramilla que entra ahora por la comisura de su boca la plantó él mismo en panes de tierra distantes un metro uno de otro! ¡Ya ése es su bananal; y ése es su malacara, resoplando cauteloso ante las púas del alambre! Lo ve perfectamente; sabe que no se atreve a doblar la esquina del alambrado, porque él está echado casi al pie del poste. Lo distingue muy bien; y ve los hilos oscuros de sudor que arrancan de la cruz y del anca. El sol cae a plomo, y la calma es muy grande, pues ni un fleco de los bananos se mueve. Todos los días, como ese, ha visto las mismas cosas.

...Muy fatigado, pero descansa solo. Deben de haber pasado ya varios minutos... Y a las doce menos cuarto, desde allá arriba, desde el chalet de techo rojo, se desprenderán hacia el bananal su mujer y sus dos hijos, a buscarlo para almorzar. Oye siempre, antes que las demás, la voz de su chico menor que quiere soltarse de la mano de su madre: ¡Piapiá! ¡Piapiá!

¿No es eso...? ¡Claro, oye! Ya es la hora. Oye efectivamente la voz de su hijo... ¡Qué pesadilla...! ¡Pero es uno de los tantos días, trivial como todos, claro está! Luz excesiva, sombras amarillentas, calor silencioso de horno sobre la carne, que hace sudar al malacara inmóvil ante el bananal prohibido.

...Muy cansado, mucho, pero nada más. ¡Cuántas veces, a mediodía como ahora, ha cruzado volviendo a casa ese potrero, que era capuera cuando él llegó, y antes había sido monte virgen! Volvía entonces, muy fatigado también, con su machete pendiente de la mano izquierda, a lentos pasos. Puede aún alejarse con la mente, si quiere; puede si quiere abandonar un instante su cuerpo y ver desde el tejar por él construido, el trivial paisaje de siempre: el pedregullo volcánico con gramas rígidas; el bananal y su arena roja: el alambrado empequeñecido en la pendiente, que se acoda hacia el camino. Y más lejos aún ver el potrero, obra sola de sus manos. Y al pie de un poste descascarado, echado sobre el costado derecho y las piernas recogidas, exactamente como todos los días, puede verse a él mismo, como un pequeño bulto asoleado sobre la gramilla —descansando, porque está muy cansado.

Pero el caballo rayado de sudor, e inmóvil de cautela ante el esquinado del alambrado, ve también al hombre en el suelo y no se atreve a costear el bananal como desearía. Ante las voces que ya están próximas —¡Piapiá!— vuelve un largo, largo rato las orejas inmóviles al bulto: y tranquilizado al fin, se decide a pasar entre el poste y el hombre tendido que ya ha descansado.

---

1. ¿Qué herramienta juega un papel significativo en el cuento?

    (A) Un alambre

    (B) Un machete

    (C) Un cuchillo

    (D) Un poste

2. ¿Cómo sabe el lector que algo terrible ha sucedido antes de leerlo?

    (A) El título se refiere a la muerte.

    (B) Hay un machete en la historia.

    (C) El hombre parece estar herido.

    (D) El hombre intenta mover la cabeza pero no puede.

3. La vida cotidiana del hombre es evidente a su alrededor, pero ¿qué es precisamente lo que le hace darse cuenta de que hoy es distinto de todos los otros días?

    (A) El hombre ve las cosas de lejos.

    (B) Él tiene frío.

    (C) El hombre imagina que está en otro escenario.

    (D) El tiempo pasa muy lento.

4. Cuando su vida finalmente termina, ¿en qué piensa el hombre?

   (A) El hombre piensa en la voz de su hijo.

   (B) El hombre piensa en su muerte.

   (C) El hombre quiere vivir y no morir.

   (D) El hombre piensa en el poco tiempo que ha transcurrido.

5. En este cuento, el hombre vive cada día de la misma manera. ¿Cuál es el único factor que puede cambiar el ritmo del día del hombre?

   (A) Las cosas a su alrededor, que han cambiado por completo

   (B) El cansancio del hombre

   (C) Su forma de pensar, que ha cambiado al considerar su muerte.

   (D) La rapidez con que está pasando el tiempo.

6. ¿Cuál sería la reacción interna de la familia al encontrar al padre muerto?

   (A) Sabrá la familia que la vida para ellos ha cambiado por completo en muy poco tiempo.

   (B) La familia va a estar asustada.

   (C) Ellos van a pensar que es una pesadilla.

   (D) Los miembros de la familia van a llorar.

7. Cuando se cayó el hombre, ¿cómo quedaba su cuerpo en la gramilla?

   (A) Las rodillas estaban dobladas y la mano izquierda estaba sobre el pecho.

   (B) Su pie izquierdo resbaló sobre un trozo de corteza.

   (C) Estaba acostado sobre el lado.

   (D) Su boca estaba cerrada.

8. ¿Cómo sabía el hombre que iba a morir?

   (A) No podía mover su cuerpo.

   (B) Apreció mentalmente la extensión y la trayectoria del machete.

   (C) No veía el machete.

   (D) Echó una mirada a su mano.

9. ¿Cómo pudo el hombre enterarse de la hora que era?

   (A) El sol estaba exactamente a la misma altura.

   (B) Las sombras avanzaron un poco.

   (C) El muchacho de todos los días acaba de pasar el puente.

   (D) La Luna estaba en el cielo.

10. ¿Cómo tuvo el accidente el hombre?

   (A) Se suicidó.

   (B) Se hizo daño con un machete.

   (C) Alguien le empujó.

   (D) Se resbaló.

5. Las Identidades Personales y Públicas

La duquesa de Alba es una de las mujeres más famosas del mundo y recibe mucha atención de la prensa. Todo lo que le pasa a ella se comunica inmediatamente y en detalle. Sus idas y venidas dentro y fuera del país están documentadas por todos los noticieros. El siguiente artículo es una entrevista con ella sobre un viaje a Italia y un accidente que ocurrió allí.

La impresionante recuperación de la duquesa de Alba tras su accidente en Roma. Sonriente y de pie, nos recibió junto a Alfonso Díez en su palacio sevillano de las Dueñas.

Texto: José Antonio Olivar
Realización: Naty Abascal

Fuente: *¡Hola!*, 29 de mayo, 2013.

Los duques de Alba en la galería de las Dueñas. Cayetana, que está llevando una increíble recuperación tras la operación de rotura de cabeza de fémur a la que fue sometida en Roma, nos recibió de pie y sonriente.

"Soporto bien el dolor, porque me han enseñado a hacerlo. Ante los contratiempos no me asusto: me enfrento a ellos. Cuando me dijeron que tenía que operarme, pensé que si no había más remedio, pues adelante."

"Se habló de volver a España para operarme, pero después se vio que no era conveniente. Alfonso habló con mi hijo Carlos y los dos convinieron en que lo mejor era operarse en Roma."

No era Roma, sino Nápoles, el destino final del último viaje de la duquesa de Alba, que ahora, llena, como siempre, de ánimo, se recupera en su palacio sevillano de las Dueñas de la operación de rotura de cabeza de fémur a la que tuvo que someterse en el hospital Mater Dei de la Ciudad Eterna a causa de la caída que sufrió en el hotel en que se alojaba. En Roma ella y su marido, Alfonso Díez, estaban de paso y era, como decíamos, Nápoles el punto final del truncado viaje de Cayetana, que quería darle las gracias a Santo Giuseppe, médico e investigador al que en 1987 Juan Pablo II elevó a los altares, y del que la duquesa es ferviente devota. Son éstas las primeras imágenes de Cayetana de Alba tras su operación, y ésta es también la primera entrevista que concede después de ser operada en Roma. Estamos ante una Cayetana que no se desanima ante un revés como el que ha sufrido "por tener la mala pata de caerse" y que tampoco renuncia a su pasión por viajar, hasta el punto de que nos dice que este mismo año, además de a San Sebastián y a Ibiza, tiene la intención de ir a Nápoles y a Nueva York.

"Va todo estupendamente"

—Cayetana, ¿cómo se encuentra anímicamente?

—Con muchas ganas de ponerme bien.

—¿Y físicamente? ¿Ya se puede mover?

—Con alguien a mi lado, sí.

—¿Quién está siguiendo en Sevilla su recuperación?

—El doctor Miguel Ángel ¿Muniain?, Pepe —no me acuerdo del apellido, pero es un traumatólogo extraordinario de Sevilla— y mi doctor de siempre, el doctor Trujillo.

—¿Cuál es el pronóstico —y el criterio— de los médicos?

—El pronóstico es que va todo estupendamente.

—¿Qué tiempo calcula usted que falta para que pueda hacer la vida de antes?

—Ni idea. Espero que poco. Quiero ir a San Sebastián y a Ibiza, como todos los años.

—Para una mujer tan activa como usted ha de resultar especialmente duro este contratiempo, ¿no? ¿Cómo lo lleva?

—Enfrentándome a ello y dando gracias a los médicos y a mi constitución física ante las enfermedades.

"Lo llevo con fuerza de voluntad"

—¿Pero lo lleva con resignación y paciencia o con mucho disgusto?

—Lo llevo con fuerza de voluntad.

—Cayetana, ¿cómo fue la caída?, ¿dónde se encontraba usted?, ¿en el hotel?

—Habíamos visitado el palacio de los Colonna y, tras realizar algunas compras por una zona muy divertida de Roma, volvimos al hotel. Una vez en la habitación, me dirigí al cuarto de baño, tropecé con una alfombra y me caí.

—¿Gritó?, ¿llamó a Alfonso?…

—Alfonso estaba cerca de mí, aunque en ese momento no estaba mirando. Cuando se dio cuenta, me atendió rápidamente.

—¿Intuyó usted que podía ser acaso una cosa seria?

—No. Al principio no. Alfonso, Lola, mi secretaria, y la doncella me ayudaron a levantarme. Me acosté y pasé la noche con un "gelocatil"… Al principio me dolía un poco, pero luego dormí bien: debí de coger la postura indicada y pasé buena noche.

—O sea que aguantó la fractura con un "gelocatil".

—Sí, pero al día siguiente, cuando intenté ir al baño, los dolores eran tremendos. Inmediatamente se avisó al médico del hotel.

—¿No llegó a perder los nervios al caerse?

—No, pero me dolía mucho.

—¿Cuál fue la primera reacción de Alfonso? ¿Con quién habló? ¿Pudo hablar con sus hijos antes de salir hacia el hospital?

—Habló con mi hijo mayor, Carlos; con el doctor Trujillo y con el doctor Muniain.

"El hotel y todos los servicios estuvieron magníficos"

—¿Tardaron en llegar el médico y la ambulancia?

—No. El hotel y todos los servicios estuvieron magníficos.

—¿Qué pensó, qué dijo cuando le dijeron que tenía que operarse?

—Pensé que si no había más remedio, pues adelante.

—¿Pero no llegó a desanimarse y a verlo todo negro cuando le hablaron de una intervención quirúrgica?

—No, en absoluto.

—¿Es cierto que pensaron regresar a España y operarse en nuestro país? ¿Por qué no lo hicieron? ¿Era imposible?

—Sí, es cierto. Se habló de ello, pero después se vio que no era conveniente. Alfonso habló con mi hijo Carlos, y los dos convinieron en que lo mejor era operarme en Roma. Después habló con el anestesista y, con la colaboración de mi estupenda y fiel secretaria Lola, quien lo organizó todo.

—¿Es usted una mujer que soporta bien el dolor?

—Sí. Lo soporto porque me han enseñado a hacerlo.

—¿Cómo reacciona usted ante los contratiempos en general?

—No me asusto: me enfrento a ellos.

"Un viaje de vuelta extraordinario"

—¿Cuánto tiempo estuvo en el hospital?

—Creo que diez días.

—¿Pudo hablar con sus hijos o lo hizo Alfonso?

—Lo hizo Alfonso. Habló con Carlos y decidieron lo mejor.

—¿Cuándo se puso en contacto con su médico de Sevilla, el doctor Trujillo?

—El mismo domingo de la operación hablaron con él Carlos y Alfonso.

—Cayetana, ¿fue duro el posoperatorio?

—Los primeros días fueron muy duros.

—¿Cómo lo ha ido llevando?

—Bueno, no hay otra forma que afrontarlo y soportarlo.

—¿Qué opinión tiene del médico que la operó?

—Magnífica. El doctor Adriani es un médico buenísimo. Mis médicos españoles dicen que la intervención no pudo hacerla mejor. Estuvo todo el tiempo pendiente de mí, lo mismo que el anestesista. Yo les deseo a las mujeres españolas que si les pasa algún percance fuera de España, les pase en Italia. Los médicos son muy guapos y simpatiquísimos.

"Alguna vez sí pierdo los nervios"

—¿Cómo fue el viaje de regreso a Sevilla?

—Extraordinario. Volvimos en un avión pequeñísimo. Pero no me enteré mucho. El médico era muy bueno y encima era muy guapo. Eran todos alemanes, de "Europe Assistance": los pilotos eran alemanes, el médico también…, lo mismo que el asistente del médico.

—¿Está cumpliendo escrupulosamente las indicaciones médicas o se las salta alguna vez?

—Pocas veces me las salto, aunque alguna vez sí, pero no en lo importante.

—¿Pierde alguna vez los nervios?

—Alguna vez, sí.

—Duquesa, en confianza, ¿nos puede decir cómo es Alfonso en una circunstancia así?

—Estupendo. Nunca pierde la calma, ve los pros y los contras, es muy rápido y no le ves que titubee. Sin embargo, después de entrar yo al quirófano, se sentó en un pasillo y se puso a llorar. Esto me lo contó una enfermera días más tarde. Delante de mí —y sé que lo ha pasado muy mal— no lo hace nunca. Es muy orgulloso para eso.

—¿Llegó a ponerse nervioso Alfonso o tuvo temple e intentó calmarla en todo momento?

—Alfonso me hace sentirme muy segura, y estoy encantada de que en los momentos más difíciles esté a mi lado.

—Algunos de sus hijos la visitaron. ¿Intentó decirles que no era nada y que no viajaran a Roma?

—Carlos llegó al día siguiente de la operación, y Eugenia vino la misma semana con mi nieta Cayetana.

"Ausente en la boda del hijo de su gran amiga"

—Se perdió usted la boda del hijo de su gran amiga Carmen Tello. ¿Le dolió mucho?

—Mucho. Me hacía mucha ilusión. Iba a ser testigo, y me estaba haciendo el vestido. Tenía la ilusión de poder ir. El vestido dije que me lo acabaran para la fecha.

—¿Es cierto que hasta el último momento intentó asistir al enlace? ¿Quién se lo desaconsejó? ¿El médico?

—Sí, es cierto que intenté asistir, pero no estaba en condiciones, la verdad. El médico me dijo que no debería asistir.

—¿Cómo es ahora su vida en las Dueñas? ¿Se le hacen más largos los días? ¿Qué hace? ¿Lee?, ¿ve películas?, ¿escucha música?

—Hago ejercicio —el que me mandan—, veo películas en casa, las que me compra Alfonso y nos gustan a los dos.

—¿Siente todavía muchas molestias o dolores?

—Ahora, no. Los primeros días, sí.

—¿Recibe muchas visitas?

—Muchas. Tengo muchos amigos y ya tengo ganas de empezar los almuerzos con ellos.

—Y Alfonso, ¿cómo pasa la mayor parte del tiempo en esta circunstancia?

—Por la mañana hace ejercicio y va a la piscina, coge la bici…, y luego, cuando tiene que hacer algo, sale a hacerlo, y si viene alguna amiga, aprovecha para ir al cine.

—¿Se le ha quitado de la cabeza la pasión por viajar o aún tiene esperanzas de volver a hacerlo?

—No se me ha quitado, en absoluto, de la cabeza. Este año pienso ir a Nápoles y, a finales de año, a Nueva York. Por supuesto, también quiero ir a San Sebastián y a Ibiza, como ya he dicho.

—Cayetana, pese a los duros momentos por los que ha estado pasando a causa de su accidente, no ha perdido la sonrisa.

—Soy una mujer fuerte y no voy a dejar de serlo por tener la mala pata de caerme.

—¿A los médicos les pide que le digan la verdad en relación a la recuperación y a cuándo podrá salir de las Dueñas?

—Por supuesto: yo no quiero mentiras.

"Rezo, pero por esto no rezo más"

—¿Ha rezado, y reza, usted mucho tras este accidente?

—Sí rezo, pero por esto no rezo más.

—Usted es una mujer fuerte. ¿Podrá seguir siéndolo a pesar de todo?

—No voy a dejar de serlo por tener la mala pata de caerme. Se puede caer cualquiera.

—¿Cuál es ahora su mayor sueño, su mayor deseo?

—Volver a ir al cine, salir a visitar y a comer con mis amigos, invitarles a comer a casa, viajar… y no depender de que me pongan normas a seguir.

—Al parecer, este viaje a Roma tenía algo de especial para usted e iba a acabar en Nápoles. ¿Es cierto?

—Tenía algo especialísimo. En Roma estábamos de paso. A donde íbamos era a Nápoles a ver a mi Santo Giuseppe. Le había prometido que iría a verle para darle las gracias por cosas que me ha concedido.

—¿Se había roto usted antes algún hueso?

—No. He esquiado desde pequeña; he montado a caballo toda mi vida; cuando tenía diecisiete o dieciocho años me caí de mi bici y me di un golpetazo enorme que me dejó ensangrentada… Pero nunca me había roto nada.

---

1. Los duques de Alba son unas personas muy conocidas en el mundo. ¿Qué otra cosa destaca de esta pareja?

   (A) Los dos son muy ricos.

   (B) Ella es muy famosa.

   (C) Ella es mayor que él por muchos años.

   (D) El duque es una persona muy amable.

2. Cuando la duquesa dice que ha sufrido "por tener la mala pata de caerse", ¿qué doble sentido o ironía tiene esa frase?

   (A) Se rompió la pierna, y la pata es una pierna de un animal.

   (B) Ella ha tenido mala suerte.

   (C) A ella se le ha roto la pierna muchas veces.

   (D) La duquesa se cae todo el tiempo.

3. La duquesa de Alba es muy devota y cree mucho en su fuerza de voluntad. ¿Por qué es muy importante tener fuerza de voluntad y especialmente a su edad?

   (A) Ser religioso es bueno para los viejos.

   (B) La vida es muy dura y hay que aguantar mucho según ella.

(C) Los viejos tienen que ser fuertes.

(D) Las personas mayores tienen muchos problemas.

4.   Cuando se cayó en Roma, ¿cómo reaccionó su esposo?

(A) Su esposo llamó a sus hijos.

(B) Su esposo no estaba con ella.

(C) Él la atendió rápidamente y habló con los médicos y el hijo de la duquesa.

(D) El esposo de la duquesa se fue a Nápoles.

5.   ¿Qué cosas destacan de la vida de los duques de Alba?

(A) Viven una vida muy activa y van a muchos sitios.

(B) Ellos no tienen muchos amigos.

(C) Los duques de Alba van de vacaciones de vez en cuando.

(D) Les gusta estar en Italia.

6.   ¿Cómo se complementan el uno al otro Cayetana y Alfonso?

(A) Ellos hablan muchas lenguas.

(B) Les gustan las mismas cosas.

(C) Ellos son ricos y saben vivir.

(D) Son muy orgullosos y no pierden la calma.

7.   A la duquesa, ¿qué le molestó más no poder hacer durante su recuperación?

(A) Ella tenía que ir a muchas consultas médicas.

(B) La duquesa no podía salir al cine.

(C) No pudo asistir a la boda de un hijo de una gran amiga.

(D) Los duques de Alba no podían volver a Italia.

8.   Mientras la duquesa se recupera en las Dueñas, ¿cómo ha cambiado su vida?

(A) Ella ya no puede andar.

(B) Hace ejercicio, no sale pero recibe amigos.

(C) La duquesa no puede salir con sus amigas.

(D) Ella no es tan fuerte como antes.

9. ¿Qué importancia tiene Santo Giuseppe para la duquesa de Alba en esta historia?

(A) Santo Giuseppe es el santo preferido del duque.

(B) Santo Giuseppe le ha concedido muchas cosas en el pasado.

(C) La duquesa de Alba agradece la ayuda de Santo Giuseppe cuando se cayó.

(D) La duquesa prometió ir a verle para darle las gracias y en el camino se cayó y se rompió la pierna.

10. ¿Qué tiene ganas de hacer la duquesa después de ponerse en forma?

(A) Volver a ir al cine, salir a visitar y a comer con amigos.

(B) Esquiar como cuando era pequeña

(C) Montar a caballo

(D) Ir a Nápoles a ver a su santo

Answers to Multiple-Choice Questions

1. La Vida Contemporánea – Ernesto Sábato

1. a	2. b	3. b	4. c	5. d
6. a	7. c	8. c	9. a	10. d

2. La Ciencia y la Tecnología – Google Art

1. b	2. a	3. c	4. c	5. c
6. a	7. b	8. b	9. d	10. c

3. Los Desafíos Mundiales – Profesores Extranjeros

1. d	2. a	3. a	4. b	5. d
6. b	7. d	8. a	9. c	10. b

4. Las Familias y las Comunidades – *El hombre muerto*

1. b	2. a	3. d	4. d	5. c
6. a	7. a	8. b	9. a	10. d

5. Las Identidades Personales y Públicas – Duquesa de Alba

1. c	2. a	3. b	4. c	5. a
6. d	7. c	8. b	9. d	10. a

Time for a quiz
- Review strategies in Chapter 2
- Take Quiz 1 at the REA Study Center
  (www.rea.com/studycenter)

Interpersonal Writing and Speaking

Interpersonal Writing: E-mail Reply

Vocabulario Esencial

Todo correo electrónico corto debe tener oraciones coherentes para empezar, continuar y terminar la comunicación escrita. Aquí están algunas frases y formas apropiadas para escribir un buen correo electrónico.

Es importante tomar en consideración los siguientes pasos:

1. Planear.

2. Organizar las ideas.

3. Usar vocabulario que ya se ha adquirido.

4. Escribir una introducción y una conclusión.

5. Variar el vocabulario.

6. Variar la estructura de las oraciones.

7. Leer de nuevo el mensaje y revisarlo al terminar.

Formas de Introducción

Estimado / a...	Dear...
En respuesta a su / tu correo electrónico...	In response to your e-mail...
He recibido su / tu correo electrónico...	I have received your e-mail...

Haciendo referencia a su / tu correo electrónico…	In making reference to your e-mail…
Quisiera informarle que / informarte que…	I wish to inform you that…
Es un placer responder…	It is a pleasure to respond…
Refiriéndome al aviso, yo quisiera…	In reference to the advertisement, I would like…
Es un placer enviarle / enviarte…	It is a pleasure to send you…
Le / te agradezco que…	I thank you for…
Espero que le / te haya gustado…	I hope you (have) liked…
Siéntase / Siéntete libre de ponerse / ponerte en contacto conmigo…	Feel free to contact me …
Espero que esta documentación sea útil…	I hope these documents (papers) are useful…
Su / tu interés ha capturado mi atención…	Your interest has captured my attention…
Con gusto respondo a su / tu correo electrónico…	It is a pleasure to answer your e-mail…

Informar y Anunciar

Tengo el placer de informarle / informarte que…	I have the pleasure of informing you that…
Estoy muy contento / a de decirle / decirte que…	I am happy to tell you that…
Para más información, por favor comuníquese / comunícate con…	For more information, please contact…
Estoy a su / tu disposición para…	I am available for…
Tenga / Ten por seguro que todo / a / os / as	Be assured that all…

Comunicar Recibimiento

He recibido su / tu comunicado donde…	I have received your message in which…
Después de haber recibido su / tu correo…	After having received your e-mail…
En contestación (respuesta) a su / tu correo…	In response to your e-mail…
Espero pronto poder…	I hope to soon…
Como he prometido…	As promised…

Pedir Información

Quisiera saber sobre...	I would like to know about...
Le / Te pido que me envíe / envíes...	I ask you that you send me...
¿Podría / Podrías proveer más información acerca de...?	Could you please provide more information about...?
¿Sería / Serías tan amable de enviar...?	Would you be so kind as to send...?
Le / Te pido que...	I ask that you...

Pedir Consideración para Algo

Por favor acepte / acepta...	Please accept...
Le / te ruego que por favor considere / consideres...	I kindly request you please consider...
Permítame sugerirle / Permíteme sugerirte que...	Allow me to suggest...
Quisiera que considere / consideres...	I would like you to consider...
Quisiera comunicarle / comunicarte mi interés...	I would like to express my interest...
Espero que tome / tomes en cuenta...	I hope you consider...

Disculparse

Siento decir que...	I am sorry to tell you that...
Le / Te pido disculpas ...	I am sorry that...
Le / Te pido perdón por...	I ask forgiveness for...
Le / Te ruego que...	I beg that...
Discúlpeme / Discúlpame por...	Excuse me for...
Le / Te reitero que...	I would like to reiterate that...

Mencionar Documentos Enviados

Adjunto / a encontrará / encontrarás...	Attached please find...
Incluido / a está...	Included you will find...
Adjunto está el documento deseado...	Attached you will find the requested document...

Permítame enviarle / Permíteme enviarte...	Allow me to send you...
Por favor acepte / acepta...	Please accept...

Dar las Gracias

Gracias por...	Thank you for...
Quisiera expresar mi agradecimiento por...	I would like to express my appreciation for...
Sinceramente le / te agradezco...	Sincere thanks for...
Quisiera comunicarle / comunicarte las gracias...	I would like to express my thanks for...
Le / te estoy agradecido / a por....	I am grateful to you for....
Quisiera enviarle / enviarte mis más sinceras gracias por...	I would like to send my most sincere thanks for...
Gracias por su / tu tiempo...	Thank you for your time...
Un millón de gracias...	A million thanks for...
De antemano le / te doy las gracias por...	Thank you in advance for...

Para Cerrar

Cordialmente,	Cordially,
Atentamente,	Sincerely,
Saludos,	Regards,
Quedo a sus / tus órdenes...	I await your reply...
Gracias por haber tomado el tiempo...	Thank you for taking the time...
Con todo respeto...	With all respect...
Su / tu servidor / a...	At your service...
Gracias por haber leído...	Thank you for having read...

TEST TIP

Sometimes the text invites you to make inferences or suppositions that may not turn out to be relevant in the general meaning of a text. Continue to filter the information as you read.

Practice: E-mail Reply

Instructions	Intrucciones
You will write a reply to an e-mail message. You will have 15 minutes to read and write your reply.	Vas a escribir una respuesta a un mensaje electrónico. Tendrás 15 minutos para leer el mensaje y escribir tu respuesta.
Your reply should have a greeting and a conclusion. You must respond to all the questions that you have read in the e-mail message and try to write with a high level of written expression. You should also use an appropriate form of address depending on the e-mail.	Tu respuesta debe comenzar con un saludo y terminar de una manera apropiada. Debes responder a todas las preguntas que se encuentran en el mensaje que has leído. Debes tratar de incorporar elementos apropiados para mostrar un alto nivel de destreza en escritura. También tu respuesta debe de usar un registro de idioma apropiado.

#01

Tema: Los Desafíos Mundiales

Introducción

Acabas de recibir este correo electrónico de Ricardo Rojas, director de una agencia en Nicaragua. La organización provee ayuda humanitaria a un orfanatorio en las afueras de la capital. Tú ya lo has contactado porque deseas participar como voluntario en el orfanatorio.

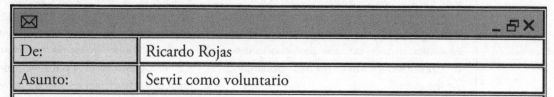

De:	Ricardo Rojas
Asunto:	Servir como voluntario

Gracias por haberse puesto en contacto con nosotros. Como usted sabrá, nosotros somos una organización que ayuda a un orfanatorio proveyendo ayuda para la educación y asistencia a estos niños tan necesitados. Estamos buscando voluntarios para ayudarnos en cuestiones de enseñanza y tutoría académica. Para poder servirnos mejor, quisiéramos tener estos datos sobre usted:

1. ¿Cómo podría usted ayudarnos en el orfanatorio? ¿Cuáles son las aptitudes que usted quisiera compartir?

2. ¿Por qué está usted interesado en ser voluntario en nuestro orfanatorio?

Le agradecemos de antemano su interés y esperamos recibir una contestación de su parte.

Atentamente,

Ricardo Rojas
Director del Centro Humanitario

#02

Tema: La Vida Contemporánea

Introducción

Recibiste un correo electrónico de Graciela García, secretaria general de un programa de estudio con estadía familiar. Ella dirige el programa en Argentina que te interesa mucho. Para servirte mejor, ella requiere saber algunos datos personales tuyos.

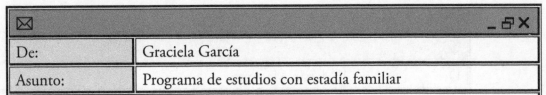

De:	Graciela García
Asunto:	Programa de estudios con estadía familiar

Gracias por haberse puesto en comunicación conmigo. Me encanta que le interese cursar estudios en Argentina y hospedarse con una familia. Haré todo lo que esté a mi alcance para poder ayudarlo en su inscripción. Para poder cumplir con algunos requisitos, me hace falta cierta información que usted me debe proveer. ¿Por favor, podría responderme a las siguientes preguntas?

1. Por favor, explique la razón por la cual usted quiere estudiar en el extranjero.

2. Describa su personalidad. ¿Cómo piensa usted aportar un ambiente positivo a la familia?

Adjunto encontrará un folleto donde se explica el programa más detalladamente y podrá encontrar respuestas a algunas preguntas que usted tenga.

Le doy las gracias por su interés en nuestro programa y espero recibir de usted la información preliminar para poder empezar a hacer algunos trámites.

Gracias,

Graciela García
Secretaria General

#03

Tema: Identidad Personal y Pública

Introducción

Este es un correo electrónico que acabas de recibir de Martín Martínez, presidente del Club Hispánico de Poesía. Él te invita a participar en una declamación que se llevará dentro de un par de semanas. Antes de matricularte, él necesita cierta información tuya.

✉	_ ⊡ ✕
De:	Martín Martínez
Asunto:	Declamación de poesía

Futuro declamador,

Después de haber hablado por teléfono con usted y tras haber conocido su interés por declamar, tengo buenas noticias: se efectuará una declamación de poesía en dos semanas. Este evento permitirá a los participantes demostrar su talento en declamar poesía y al mismo tiempo poder recibir algún premio monetario. Todo participante podrá escoger su poema, siempre y cuando el poema cumpla con los requisitos de estrofas.

Un requisito necesario es que cada concursante debe de explicar lo siguiente:

1. ¿Por qué escogió tal poema?

2. Explicar y profundizar para la audiencia su interpretación del poema.

Las respuestas las debe enviar por adelantado una semana antes de la declamación.

Espero tener las respuestas antes del concurso para enviarle toda la información necesaria una semana antes.

Por lo pronto, le deseo buena suerte.

Martín Martínez
Organizador del Evento

#04

Tema: La Ciencia y la Tecnología

Introducción

El periódico de tu ciudad le dedicará una página al tema del medio ambiente. Tienes un ensayo interesantísimo sobre los efectos del medio ambiente en el mundo hispano. Contesta el correo que el editor del periódico ha escrito a los residentes de tu ciudad.

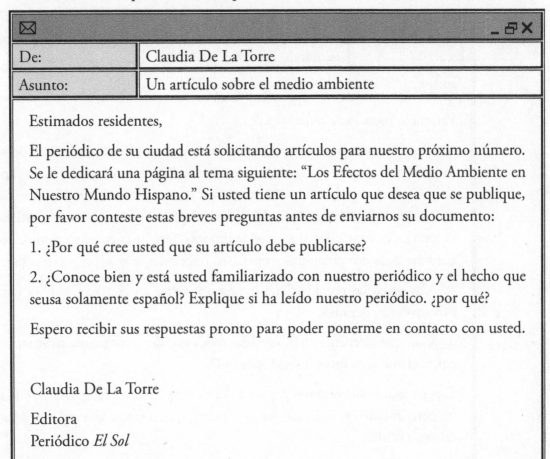

✉	_ ⊟ ✕
De:	Claudia De La Torre
Asunto:	Un artículo sobre el medio ambiente

Estimados residentes,

El periódico de su ciudad está solicitando artículos para nuestro próximo número. Se le dedicará una página al tema siguiente: "Los Efectos del Medio Ambiente en Nuestro Mundo Hispano." Si usted tiene un artículo que desea que se publique, por favor conteste estas breves preguntas antes de enviarnos su documento:

1. ¿Por qué cree usted que su artículo debe publicarse?

2. ¿Conoce bien y está usted familiarizado con nuestro periódico y el hecho que seusa solamente español? Explique si ha leído nuestro periódico. ¿por qué?

Espero recibir sus respuestas pronto para poder ponerme en contacto con usted.

Claudia De La Torre

Editora
Periódico *El Sol*

#05

Tema: Las Familias y las Comunidades

Introducción

Este correo te lo envía Fernando Pérez, un investigador de una universidad. Él está estudiando los efectos positivos de las redes sociales en familias hispanas que viven separadas.

✉	_ ⬚ ✕
De:	Fernando Pérez
Asunto:	El impacto positivo de las redes sociales

Estimado usuario de redes sociales,

Me llamo Fernando Pérez y estoy haciendo un estudio de investigación sobre el impacto positivo de las redes sociales en familias hispanas que viven separadas. Este estudio se publicará en la próxima revista de _Sociología hoy en día_ en la universidad donde yo trabajo. Me gustaría que un gran número de usuarios participen en este estudio. Si a usted le interesa participar en este estudio, por favor conteste estas dos preguntas y envíe sus respuestas lo más pronto posible.

1. ¿Usa usted las redes sociales para mantenerse en contacto con su familia en otros países? ¿por qué?

2. ¿Con qué frecuencia usa usted las redes sociales para mantenerse en contacto con su familia en otros países? ¿por qué?

Espero recibir sus respuestas para poder empezar la investigación. Se le enviará un comunicado explicándole los siguientes pasos a seguir si usted desea participar en este estudio.

Atentamente,

Fernando Pérez
Director de Investigaciones Sociológicas

#06

Tema: La Belleza y la Estética

Introducción

Como consumidora de productos para el cuidado de la piel, llenaste una encuesta y ahora recibiste este correo electrónico que debes contestar.

✉	＿ ⊡ ✕
De:	Nelly Buenrostro
Asunto:	Cremas para el cuidado de la piel

Estimado consumidor,

La compañía "Cremas Tú" está lanzando una nueva crema protectora solar para el mercado latino. Entre los productos disponibles, la compañía desea servir mejor al sector latino proporcionando un producto de alta calidad y que atraiga a este grupo de consumidores. La meta de la compañía es poner a la venta una crema protectora solar que esté al alcance de todos y que contenga algún elemento de aroma muy popular entre los latinos. Con este fin deseo que usted responda a estas dos preguntas para poder crear esta crema.

1. ¿Cuán importante es para usted la fragancia en una crema protectora solar? ¿Por qué?

2. ¿Qué planta suele usted usar para aliviar quemaduras del sol y otras afecciones? ¿Por qué?

Le agradezco de antemano el tiempo que usted ha tomado para responder a este correo. Espero sus respuestas a través de un correo electrónico.

Atentamente,

Nelly Buenrostro
Departamento de Mercadeo

#07

Tema: Las Identidades Personales y Públicas

Introducción

Como ciudadano responsable que participa en las reuniones de su ciudad, has recibido este correo electrónico al cual vas a responder.

✉	_ ⊟ ✕
De:	Minerva Rojas
Asunto:	Preparación de un tema

Estimado ciudadano,

Por medio del presente correo electrónico, le queremos hacer saber que su ciudad llevará acabo una reunión para adolescentes. El consejo municipal quisiera dar ayuda e informar a los adolescentes sobre algunos temas que les interesan. La reunión estará compuesta por psicólogos, doctores, profesores universitarios, científicos y jefes de gobierno. Nuestra meta es informar a los adolescentes sobre cualquier tema que a ellos les impacte en su futuro. Para llegar a nuestro fin, quisiéramos que responda a estas preguntas para poder empezar a organizar la reunión.

1. ¿Qué temas le interesan hoy en día? ¿Por qué?

2. ¿Conoce usted a alguien que nos pudiera proporcionar información sobre algún tema?

De antemano le damos las gracias por su consideración en este asunto.

Cordialmente,

Minerva Rojas
Concejal del Distrito

#08

Tema: La Ciencia y la Tecnología

Introducción

Tu escuela reconoce que usas la tecnología bastante bien para tus rendimientos académicos, específicamente en el aprendizaje de idiomas. Es por eso que se te ha enviado este correo electrónico.

✉	
De:	Pablo Pérez
Asunto:	La tecnología en el aula

Estimado estudiante,

Tu escuela incorporará la tecnología en todas las clases empezando el próximo año escolar. Inclusive la escuela proporcionará tabletas a cada estudiante que asista a la escuela. Es sin duda alguna un hecho que la tecnología nos invade y es de uso diario en nuestras vidas. Sin embargo, hay un grupo de padres que se oponen a tal medio argumentando que la tecnología no debe reemplazar una enseñanza tradicional y básica que rinde buenos resultados.

Tú, como estudiante, debes hacer oír tu voz y tu opinión sobre este asunto. Debes resaltar cómo la tecnología te ha ayudado a aprender otro idioma. Así pues, por favor comunícate y haz saber que estás a favor o en contra de incorporar la tecnología en todos los cursos. Por favor expresa tu opinión a través de un e-mail, haciendo hincapié en tus experiencias con la tecnología y cómo se puede usar en clase para aprender mejor un segundo idioma en todas sus facetas.

Atentamente,

Pablo Pérez
Presidente del Consejo Estudiantil

#09

Tema: Las Identidades Personales y Públicas

Introducción

Has ganado el puesto de presidente del Consejo Estudiantil de tu escuela. Como líder, debes colaborar con la directora de actividades de tu escuela. Ella te ha enviado este correo electrónico al cual debes responder.

De:	Consuelo Vargas
Asunto:	Actividades escolares

Apreciado presidente del consejo estudiantil,

Como has ganado las elecciones y te has convertido en presidente del consejo estudiantil, es necesario que empieces a planear las actividades para el próximo año escolar. Quisiéramos celebrar la hispanidad en nuestra escuela y es importante tener en cuenta que se necesitará un tema, un lema y una serie de actividades para fomentar un ambiente de colaboración y alegría en la escuela. Debes organizarte con tus compañeros del consejo estudiantil para la primera reunión.

Por favor, envíame tus ideas para empezar a trabajar. También ten en cuenta las siguientes preguntas y desarróllalas de la forma más completa posible.

¿En qué temas has pensado? ¿Cómo piensas incorporar este tema en actividades divertidas y que, al mismo tiempo, que instruyan a los estudiantes? ¿Qué materiales piensas que vas a necesitar para llevar acabo tus actividades? ¿Cómo piensas involucrar lo más posible a todos los estudiantes de la escuela?

Gracias,

Consuelo Vargas
Directora de Actividades

#10

Tema: La Belleza y la Estética

Introducción

Has ganado un premio por haber pintado un cuadro estupendo. Como resultado, una galería de arte te ha enviado este mensaje electrónico.

✉	_ 🗗 ✕
De:	Ernesto Espinosa
Asunto:	Exposición de arte

Apreciado pintor,

Por medio del siguiente comunicado, le queremos hacer saber que nos interesa mucho poder mostrar su obra de arte en nuestra galería. Queremos saber si esto le interesa. Tenemos planeado mostrar por lo menos 40 obras de arte y queremos saber cuáles son sus artistas predilectos para poder incluir su pintura con la obra de esos artistas. Por favor, déjenos saber sus preferencias de artistas hispanos y el porqué de sus preferencias hacia ellos.

Pensamos poner la exposición de arte en la galería que hay cerca del centro cultural. Como también sabemos que usted conoce a otros artistas, quisiéramos saber si usted nos puede recomendar a algunos artistas para también incluir sus obras. Por favor, háganos saber porqué los admira.

Quedamos a la espera de recibir de usted una contestación favorable.

Atentamente,

Ernesto Espinosa
Director de la Galería de Arte

#11

Tema: La Vida Contemporánea

Introducción

Acabas de recibir un correo electrónico de Henry Brown. Él está interesado en alquilar el piso en Barcelona que tú anunciaste por Internet. Él quisiera que le proporcionaras más detalles que no mencionaste en el anuncio.

✉	_ 🗗 ✕
De:	Henry Brown
Asunto:	El piso en Barcelona

Hola,

Leí el anuncio que usted alquila un piso en Barcelona. Me gustaría que usted me proporcione más información. Me gustaría alquilarlo junto con otro amigo durante cuatro meses, ya que somos estudiantes extranjeros, de EE.UU. Estaremos un semestre en Barcelona estudiando en la universidad y nos gustaría alquilar el piso porque se encuentra cerca de la universidad.

Tengo algunas preguntas para usted. ¿Desea cartas de referencia de nosotros? ¿Podría usted informarme sobre el vecindario? También quisiéramos saber si está próximo a estaciones de metro. Finalmente, quisiéramos saber cuándo estará libre el piso, porque nos gustaría mudarnos a fines de agosto ya que los cursos universitarios comienzan en septiembre.

De antemano le doy las gracias por su tiempo y espero recibir una contestación lo más pronto posible.

Henry Brown
Estudiante universitario de EE.UU.

#12

Tema: Las Familias y las Comunidades

Introducción

Recibes un correo electrónico de Pilar Borbón, una chica que vive en España. Ustedes son amigas a través de las redes sociales desde hace tres semanas. Ella se interesa en conocerte mejor. Ambas habláis español, pero vivís en países diferentes, así que Pilar quiere saber cómo es la vida en tu país.

De:	Pilar Borbón
Asunto:	Amiga española

¿Qué tal Rosa Imelda? Espero que estés bien.

Es un placer recibir noticias de ti. Tengo muchas preguntas que hacerte porque me interesa muchísimo conocer cómo es la vida en tu país. Eres muy afortunada de poder vivir en un país hispanohablante con tanta riqueza cultural y diversión todo el año. No puedo dejar de imaginarme lo mucho que te diviertes en tu país.

¿Podrías comparar tu país con el mío? Por ejemplo, ¿cuáles son las diferencias principales entre nuestros países? ¿Cómo es tu vida cotidiana? ¿Qué actividades y festejos ocurren en tu país que no ocurren en el mío?

Brevemente, cuéntame todo lo que puedas. Yo realmente quisiera poder ir a tu país y explorarlo cuando esté de vacaciones en la primavera. Quizás hasta podríamos vernos cuando yo esté en tu país.

Te agradezco tu gentileza y la amistad que hemos cultivado en estas breves semanas. Espero tu respuesta lo más pronto posible.

Un abrazo,

Pilar

#13

Tema: Los Desafíos Mundiales

Introducción

Una organización humanitaria en tu ciudad proporciona víveres a países hispanos en vías de desarrollo. Han enviado un comunicado a todos los feligreses de tu iglesia para solicitar su ayuda. Tú decides responder al correo electrónico.

✉	_ ⊡ ✕
De:	Mirna Bueno
Asunto:	Ayuda humanitaria

Hola,

La organización humanitaria de su comunidad, a través de la iglesia, está preparando y organizando una campaña para recaudar artículos de primera necesidad. La meta de nuestra organización es enviar a países hispanos en desarrollo económico una ayuda destinada a ellos durante este próximo verano.

Queremos invitarlo a usted a participar en nuestra causa benéfica. Deseamos saber si usted nos podría ayudar a llevar acabo esta obra. Necesitamos voluntarios para organizar el evento y solicitar artículos como ropa y medicinas. Si usted desea ayudarnos, por favor háganos saber cómo piensa usted ayudarnos. Nosotros necesitamos gente responsable, generosa y con un gran corazón que nos pueda ayudar a realizar este evento.

Quedamos pendiente de usted y de recibir una respuesta a nuestra necesidad. Por favor, comuníquese con nosotros si usted puede ayudarnos de cualquier manera.

Cordialmente,

Mirna Bueno
Directora de Ayuda Humanitaria

#14

Tema: La Belleza y la Estética

Introducción

Trabajas como docente en el Museo Nacional de Antropología en México, en el sector de relaciones públicas. Acabas de recibir este correo electrónico de un turista europeo que desea visitar el museo durante su breve estadía en México. El turista solamente tiene un par de horas para realizar su visita. Dale unos consejos de lo que debe de ver mientras realiza su visita al museo.

✉	_ 🗗 ✕
De:	Dominique Miró
Asunto:	Una visita al Museo de Antropología

Hola,

Me llamo Dominique Miró y estaré de visita en México durante esta primavera que viene. He visitado este país en varias ocasiones y estoy muy familiarizada con la ciudad. Me encanta el arte y visitar museos en otros países. Sin embargo, jamás he podido visitar el Museo de Antropología. Esta primavera deseo visitarlo durante un par de horas.

Le escribo a usted porque sé que usted me proporcionará toda la información necesaria para realizar mi visita. Soy consciente que el museo es enorme y quisiera hacer una visita breve y al mismo tiempo eficaz. Entonces, ¿me podría usted hacer saber qué salas debería visitar y por qué? ¿También me podría usted informar sobre alguna exposición que habrá en particular y que yo debería ver?

Por favor, envíeme un plan de visita para turistas con las descripciones y todo lo necesario para hacer mi visita al museo inolvidable.

De antemano le doy las gracias por su ayuda y amabilidad.

Dominique Miró

#15

Tema: Las Familias y las Comunidades

Introducción

Recibes un mensaje electrónico de una estudiante estadounidense fiestas que es tu amiga desde hace tres semanas. Ella desea saber más sobre algunas costumbres típicas que tú celebras en Puerto Rico. Tú respondes a sus preguntas.

De:	Mary Sullivan
Asunto:	La Navidad en Puerto Rico

Hola,

Espero que estés bien como yo lo estoy. En mi clase de español estamos estudiando los diferentes países hispanohablantes y las tradiciones. La maestra nos ha asignado a cada estudiante un país hispano para investigar. Necesito escribir un reportaje sobre un país hispano y debo crear una presentación utilizando Power-Point con información sobre celebraciones tradicionales.

Estoy muy entusiasmada y he decidido investigar y estudiar todo sobre Puerto Rico. ¿Me podrías ayudar con mi tarea? Necesito saber cuáles son las tradiciones más típicas que se celebran en la isla. También quisiera saber si podrías enviarme unas fotografías y unos videos para incorporarlos en mi presentación. ¿En qué cosas en particular debería de enfocarme? ¿Podrías compartir conmigo todo lo que sabes sobre las fiestas y tradiciones en Puerto Rico?

Bueno, espero que encuentres tiempo para contestar mi correo electrónico. Sabes, si algún día necesitas mi ayuda para cualquier proyecto de la escuela, no lo pienses dos veces en ponerte en contacto conmigo. Seguro que yo te ayudaré.

Un abrazo y gracias de antemano,

Mary Sullivan

#16

Tema: La Vida Contemporánea

Introducción

Recibes un correo electrónico de Roger Smith, un estudiante de español de una escuela secundaria en los Estados Unidos. Él se ha matriculado en un programa de intercambio de estudios. Roger se hospedará con tu familia este próximo semestre en Buenos Aires, Argentina. Será su primera visita a un país hispano y desea que tú le expliques cómo se vive en Buenos Aires.

✉	_ 🗗 ✕
De:	Roger Smith
Asunto:	Programa de Intercambio

Hola,

Me llamo Roger Smith y estoy muy entusiasmado de poder vivir contigo y tu familia este próximo semestre. Tengo dieciocho años y nunca he viajado fuera de los Estados Unidos. Hace tres años que estudio español en la escuela y quiero aprender más español. También quiero aprender más sobre la cultura argentina y su historia.

Yo vivo en un pueblo muy pequeño en Iowa, donde la vida es tranquila y casi toda la gente se conoce. Yo he vivido toda mi vida en el pueblo y estoy muy emocionado de poder viajar al extranjero, en particular a Argentina, porque sé que es un lugar increíble y rico en cultura. ¿Qué me puedes decir sobre Buenos Aires? ¿Cómo es? ¿Qué puedo esperar ver? Me encantan la naturaleza y los bosques. ¿Qué lugares famosos me podrías llevar a visitar? Por favor, cuéntame todo lo que puedas y no olvides decirme qué ropa debo llevar para mi estadía en Buenos Aires.

Bueno, creo que es todo por el momento. Gracias por compartir un poco de tu cultura y por entablar una amistad que durará muchos años.

Saludos,

Roger Smith

#17

Tema: La Ciencia y la Tecnología

Introducción

Has participado en una feria científica con tu escuela. Tu equipo ha ganado el primer lugar en la feria con un experimento científico que se dirige al sector hispano, y ayuda a proteger el medio ambiente y conserva energía. Como resultado, el Departamento de Ciencias de la universidad cercana se interesa en el proyecto científico y desea publicarlo en su revista mensual.

✉	_ ⊡ ✕
De:	Dr. Profesor Villalobos
Asunto:	El proyecto científico en la feria

Estimados estudiantes,

El Departamento de Ciencias les felicita por haber logrado recibir el primer lugar en la Feria Científica con la presentación de su proyecto. Estamos muy contentos por todos ustedes porque han demostrado a temprana edad un gran interés por la ciencia. Además, estamos impactados por el proyecto científico, que promete dar resultados en el futuro. Es un proyecto espectacular que ayuda a proteger el medio ambiente.

Quisiéramos poder publicar su proyecto en nuestra revista mensual. Pero antes, quisiéramos saber algunas cosas. Por ejemplo, ¿por qué escogieron ustedes este proyecto?, ¿por qué se dirige en particular al sector hispano?, ¿cuál fue el mayor desafío al trabajar en este proyecto? y ¿piensan ustedes seguir y planear otros proyectos científicos?

Esperamos recibir sus respuestas muy pronto para poder ponernos en comunicación y así empezar los trámites necesarios para publicar su proyecto.

Una vez más felicidades,

Dr. Villalobos
Jefe del Departamento de Ciencias

#18

Tema: Los Desafíos Mundiales

Introducción

La Organización Mundial de Bosques Lluviosos está enviando un mensaje a través de Internet a estudiantes como tú que han expresado un interés por el medio ambiente al ser lectores de su revista *Bosques Lluviosos*. Se les ha enviado el siguiente correo electrónico y tú has decidido responderles.

✉	_ ⧉ ✕
De:	Los editores
Asunto:	Creación de un panfleto

Estimados lectores,

A través de este correo electrónico queremos agradecerles su interés dedicado a nuestro planeta. Como habitantes de este planeta, es nuestra responsabilidad preservar y cuidar el planeta para que futuras generaciones lo tengan y lo disfruten. Hemos entonces creado la idea de enviar por medio de Internet una serie de panfletos para resaltar el peligro en que actualmente están nuestros bosques lluviosos, específicamente en países de habla hispana.

Para poder llevar a cabo este proyecto, necesitamos voluntarios para crear el panfleto. Necesitamos personas con destrezas en diseño gráfico y facilidad de poder comunicar por escrito ciertos mensajes. Estos mensajes deben resaltar la importancia de preservar, respetar y cuidar los bosques lluviosos. Si usted desea colaborar en el panfleto, por favor comuníquese con nosotros dejándonos saber cómo usted piensa y puede ayudarnos.

Esperamos recibir un sinfín de comunicados de personas talentosas que tienen un sincero interés en salvar y proteger nuestros bosques lluviosos en nuestros países hispanos.

Atentamente,

Los editores

#19

Tema: La Belleza y la Estética

Introducción

Vives en una ciudad que ha recibido dinero del gobierno federal para embellecerla usando como modelo una ciudad hispana. Como eres muy activo en el Consejo de la ciudad y te encanta mejorar tu ciudad, has recibido este mensaje y has decidido responder.

✉	_ 🗗 ✕
De:	El alcalde de la ciudad
Asunto:	Embellecer la ciudad

Estimados ciudadanos,

Con mucho gusto les comunico a través de este correo electrónico que nuestra ciudad ha recibido fondos del gobierno federal para mejorarla y embellecerla tal y como son algunas ciudades hispanas de renombre. El Consejo de la ciudad ha decidido solicitar sus opiniones para crear un plan de embellecimiento para nuestra ciudad. Deseamos obtener de usted algunas ideas para implementar en nuestro plan de embellecimiento de la ciudad. Siendo así, queremos que por favor nos envíe sus sugerencias y la razón por la cual se deben de implementar sus ideas para mejorar nuestra ciudad.

Queremos reiterar que se tomarán en consideración todas las ideas siempre y cuando sean razonables y sean explicadas lógicamente. Trataremos de implementar una gran variedad de sugerencias. Por favor, envíe como mínimo dos ideas de embellecimiento y la razón para cada idea.

Se les comunicará a fines de este mes nuestra reunión donde se presentarán sus sugerencias e ideas y así podremos discutir y seleccionar las propuestas más adecuadas para embellecer nuestra ciudad.

Gracias de antemano por su entusiasmo y por compartir con nosotros sus ideas.

Atentamente,

Martín Ruiz
Alcalde

#20

Tema: Las Identidades Personales y Públicas

Introducción

En cooperación con tu maestro de español avanzado, tu grupo de español en la escuela ha decidido crear un programa de celebración de fin de año. Han decidido mostrar a los estudiantes de tu escuela, otros maestros y padres de familia todo lo que han aprendido en su clase de español. Les presentarán un programa para ellos donde pondrán en exposición pinturas y presentarán una obra de teatro y bailes folclóricos. Como encargado del proyecto, debes responder al correo electrónico del director de tu escuela.

✉	_⊟✕
De:	Esteban García
Asunto:	Programa de fin de año

Apreciado estudiante,

He recibido y leído tu correo en el cual pides permiso para poner en marcha un programa donde resaltarás lo que han aprendido todos tus compañeros en la clase de español avanzado. La idea de mostrar a través de un programa con arte, una obra de teatro y bailes folclóricos lo que han aprendido este año escolar en su clase de español avanzado me parece genial.

Ahora, necesito que me expliques, ¿por qué piensas que es necesario presentar este programa?, ¿qué impacto o idea quieres difundir a través de tu programa? y ¿quiénes se beneficiarán al asistir al evento? También necesito saber algunos detalles muy importantes, tales como si ya has considerado la disponibilidad del teatro escolar para el evento, los chaperones necesarios y, aún más importante, saber si tu maestro de español y tus compañeros de clase están disponibles para ayudarte.

Por favor, envíame toda la información que te he pedido para poder seguir adelante con tu programa. Buena suerte.

Esteban García
Director de la Escuela

#21

Tema: Los Desafíos Mundiales

Introducción

El próximo desafío mundial será la escasez de agua. Tú estás resuelto a comunicar una tecnología que ayudará a conservar agua en el planeta. La técnica consiste en usar mallas para atrapar el rocío que cae en las madrugadas. Este rocío después pasa por un proceso donde se convierte en agua para el uso en la agricultura. Recibes este correo electrónico y lo contestas.

✉	_ ⊟ ✕
De:	El Instituto de Conservación de Agua
Asunto:	Interés por la técnica de conservación

Estimado ciudadano responsable,

Por medio de este correo electrónico, le queremos hacer saber que hemos leído su mensaje previo y que estamos muy interesados en saber más sobre lo que usted nos comunicó, pertinente a la conservación de agua. Estamos tan interesados que quisiéramos que nos visite y nos haga una presentación formal a nuestra mesa directiva.

Antes de seguir con los pasos necesarios para realizar su visita, quisiéramos que nos envíe información más precisa sobre porqué a usted le interesa la conservación de agua y, aún más específicamente, en países de habla hispana.

Le reitero que nos interesa bastante este método novedoso de conservación de agua y quisiéramos trabajar con usted para exponer y compartir esta información con científicos de todo el mundo.

Quedamos con usted en que nos comunique su interés en este método de conservación de agua.

Atentamente,

La mesa directiva del Instituto de Conservación de Agua

#22

Tema: La Vida Contemporánea

Introducción

Has solicitado estudiar en el extranjero en un programa durante el invierno. Ahora necesitas completar un requisito más. Debes contestar al correo electrónico que te acaban de enviar.

✉	_ ⊟ ✕
De:	María Teresa Redes
Asunto:	Programa de estudios en el extranjero

Hola futuro estudiante,

Hemos recibido su solicitud y ahora hemos comenzado el segundo paso. Por favor envíenos sus respuestas a través de este correo lo más pronto posible para seguir con el tercer y último paso, que será una entrevista vía Skype.

Estamos muy contentos de que usted haya reunido los requisitos previos y ahora solamente nos queda saber porqué usted quiere estudiar en nuestro programa. Quisiéramos saber sus intereses, en particular por nuestro país, el cual, según nos ha indicado, nunca ha visitado. En fin, quisiéramos que usted nos envíe información sobre las metas que usted desea convertir en realidad al concluir su participación en nuestro programa.

Esperamos recibir su contestación a nuestras preguntas lo más pronto posible para seguir con los trámites de nuestro programa.

Cordialmente,

María Teresa Redes
Coordinadora de Programas de Intercambio

#23

Tema: Las Familias y las Comunidades

Introducción

Has hecho un trabajo de investigación sobre familias hispanas en tu ciudad y la importancia de compartir y enseñar la cultura a futuras generaciones. Ahora quisieras compartir con tu ciudad lo que has descubierto para que no se pierdan estas tradiciones tan arraigadas en nuestra cultura hispana. Has escrito un correo electrónico y ahora has recibido este otro.

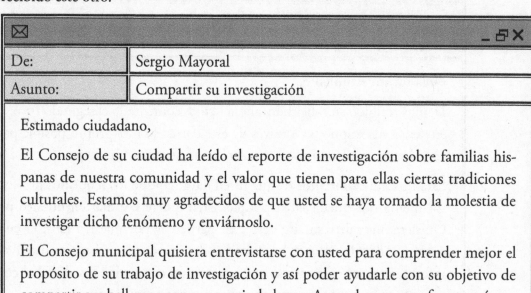

De:	Sergio Mayoral
Asunto:	Compartir su investigación

Estimado ciudadano,

El Consejo de su ciudad ha leído el reporte de investigación sobre familias hispanas de nuestra comunidad y el valor que tienen para ellas ciertas tradiciones culturales. Estamos muy agradecidos de que usted se haya tomado la molestia de investigar dicho fenómeno y enviárnoslo.

El Consejo municipal quisiera entrevistarse con usted para comprender mejor el propósito de su trabajo de investigación y así poder ayudarle con su objetivo de compartir sus hallazgos con sus conciudadanos. Antes de esto, por favor envíenos un plan de los puntos más importantes que usted desea compartir con nosotros para así preparar nuestra agenda.

Quedamos en espera de sus puntos más impactantes para nuestra reunión con usted.

Atentamente,

Sergio Mayoral
Alcalde

#24

Tema: Identidad Personal y Pública

Introducción

Te encanta escribir cuentos cortos con temas de tradiciones hispanas. Cada cuento termina con una moraleja muy profunda. Has leído tus cuentos a una audiencia en la biblioteca de tu ciudad y ahora has recibido este correo electrónico al cual respondes.

✉	_ ⊟ ✕
De:	Leonor Rocasolano
Asunto:	Sus cuentos cortos

Estimada escritora,

Tuve la agradable sorpresa de haber podido asistir a una reunión en su biblioteca de la ciudad donde usted leyó uno de sus cuentos. Quedé impactada con el talento y la facilidad que usted tiene para desarrollar ciertas tradiciones muy hispanas y arraigadas a través de sus cuentos.

Es así que deseo, como editora de una revista por Internet, proponerle que considere publicar sus cuentos en nuestra revista, que tiene un amplio número de lectores. Piense en mi propuesta y si se decide, por favor envíeme las respuestas a estas dos breves preguntas: ¿desde cuándo escribe usted cuentos sobre las tradiciones hispanas y porqué seleccionó estos temas? y ¿qué importancia ve usted en difundir las tradiciones típicas hispanas en nuestro mundo?

Espero recibir una respuesta de su parte para poder ayudarle a publicar sus cuentos tan hermosos y de gran valor para nuestro mundo hispano.

Atentamente,

Leonor Rocasolano
Editora de la revista _Tradiciones_

#25

Tema: La Ciencia y la Tecnología

Introducción

Eres una persona entusiasmada por las ciencias y deseas motivar a otros hispanos a considerar una carrera en el campo de la ciencia. Como has recibido reconocimientos en la escuela por tus logros científicos, se te abre una puerta inesperada y el Departamento de Ciencias de una universidad te ha enviado este mensaje electrónico.

✉	_ ⬚ ✕
De:	Dra. Carlota Medina
Asunto:	Reunión de futuros científicos

Estimado estudiante,

Se nos ha hecho saber por medio de tu escuela que eres uno de los mejores estudiantes de ciencia de tu escuela. Te felicitamos por tus logros y deseamos saber si puedes reunirte con nosotros en nuestra próxima reunión de "Futuros Científicos Hispanos". Quisiéramos que compartas con nosotros las razones por las cuales los jóvenes hispanos deben estudiar más las ciencias. Quisiéramos que resaltes las múltiples oportunidades que se les presentan a los jóvenes hispanos y cómo nuestra sociedad premia a estos jóvenes científicos.

Por favor, envíanos un esquema de las ideas que presentarás si decides asistir a nuestra reunión. De antemano queremos decir que tendrás unos quince minutos para compartir con nosotros la importancia de estudiar ciencias para los hispanos.

De nuevo muchas felicidades por todos tus logros hasta ahora.

Dra. Carlota Medina,
Jefa del Departamento de Ciencias

Interpersonal Speaking: Conversation

Below are some tips and a brief list of vocabulary words to help you give further strength and cohesiveness to your conversation.

Algunas Sugerencias para las Conversaciones Simuladas

1. Entiende bien el formato de la conversación.

2. Mantente enfocado en el tema central de la conversación.

3. Responde completamente a cada pregunta durante los 20 segundos.

4. Usa gramática y vocabulario variado.

5. Aprende a corregir tus errores durante la conversación usando español.

Algunas Sugerencias de Vocabulario

1. Para relacionar ideas:

   Pues = well

   Entonces = so

   Creo que = I think that

   Pienso que = I think that

2. Para expresar acuerdo:

   ¡Claro que sí! = of course

   Excelente idea = excellent idea

   Comprendo bien que = I understand well that

   Me parece bien que = I agree that

3. Para expresar sorpresa:

   ¡No me digas! = You don't say!

   No es posible que = It is impossible that

   ¡Cómo! = How can that be!

   ¡No lo puedo creer! = I can't believe it!

4. Para expresar una idea:

Actualmente = presently

Ahora mismo = right now

En cuanto a = as far as

En vista de que = considering that

Hasta la fecha= until now

Lo esencial es = what is essential is

Sin duda = without doubt

Sobre todo = above all

Hay que tomar en cuenta que = one must realize that

5. Para elaborar una idea:

Además = furthermore

Asimismo = likewise

De hecho = in fact

En otras palabras = in other words

Específicamente = specifically

Igualmente = equally

También = also

O sea = that is to say

Las razones por las que = the reasons why

6. Para concluir una idea:

A fin de cuentas = in the end

De todas maneras = at any rate

En breve = in brief

En resumidas cuentas = in short

Por último = lastly

En todo caso = in any case

En pocas palabras = in short

En definitiva = definitely

Para concluir = to conclude

Practice: Conversation

On the following pages you will find practice exercises for the conversational speaking section of the AP Spanish Language and Culture exam.

> **Audio for the practice conversations that follow may be downloaded from the REA Study Center (*www.rea.com/studycenter*). First, you need to redeem your access code, which can be found on the inside front cover of this book.**

Instructions

You will participate in a conversation. First, you will have one minute to read a preview of the conversation, including an outline of each turn in the conversation. Afterwards, the conversation will begin, following the outline. Each time it is your turn to speak, you will hear a tone and have 20 seconds to record your response. You should participate in the conversation as fully and appropriately as possible.	Vas a participar en una conversación. Primero, vas a tener un minuto para leer la introducción y el esquema de la conversación. Después, comenzará la conversación, siguiendo el esquema. Cada vez que te corresponda participar en la conversación, vas a escuchar un tono y tendrás 20 segundos para grabar tu respuesta. Debes participar de la manera más completa y apropiada posible.

TEST TIP

If you try to grasp the meaning directly from the conversation in Spanish without detouring through English, you can actually visualize the actions and the characters much faster than if you were trying to translate the text. This, in turn, can lead to an overall better understanding of a conversation.

#01

Tema: Los Desafíos Mundiales

Introducción

Recibes una llamada telefónica de Carlota, una estudiante de Costa Rica con quien tú te has mantenido en contacto. Ella está interesada en empezar un programa de reciclaje en su escuela. Te llama para saber qué ideas puedes compartir con ella para desarrollar dicho programa.

Carlota:	Te saluda y te hace una pregunta.
Tú:	Le contestas y le explicas lo que hacen normalmente en tu escuela.
Carlota:	Te hace otra pregunta.
Tú:	Explicas porqué hacen ese tipo de reciclaje en tu escuela y cuáles son los beneficios.
Carlota:	Te explica lo que ella hace en su comunidad.
Tú:	Expresas interés y le haces unas sugerencias.
Carlota:	Te responde animada y te hace una pregunta.
Tú:	Respondes con entusiasmo a su pregunta.
Carlota:	Expresa su aprobación a tus ideas.
Tú:	Terminas la conversación y la invitas a seguir la charla por la red.

 Listen to Audio Selection 1

#02

Tema: La Belleza y la Estética

Introducción

Te encuentras con Felipe en el museo de arte contemporáneo de tu ciudad. Han sido buenos amigos desde hace dos años por Internet y ahora tendrás la oportunidad de conocerlo en persona y charlar sobre una exposición de arte de Picasso.

Felipe:	Te saluda con entusiasmo y te hace una pregunta.
Tú:	Respondes y también le haces una pregunta.
Felipe:	Continúa la conversación y te hace más preguntas.
Tú:	Respondes con entusiasmo y le explicas porqué te fascina el pintor Picasso.
Felipe:	Te responde y sigue la conversación.
Tú:	Le explicas que también te encantan otros pintores y expresas tus razones.
Felipe:	Te ofrece su opinión sobre las obras de arte y desea saber tus opiniones también.
Tú:	Respondes y compartes otros puntos de vista sobre pintores hispanos.
Felipe:	Te invita a otro evento.
Tú:	Rechazas la invitación cordialmente y te despides de Felipe dándole una sugerencia para asistir a otro evento.

 Listen to Audio Selection 2

#03

Tema: La Vida Contemporánea

Introducción

Empiezas a platicar con tu amigo José Alberto. Ambos hablan de sus proyectos al terminar la preparatoria. José Alberto tiene algunos problemas en unas clases de literatura española. Dale unos consejos durante la conversación para que mejore sus calificaciones.

José Alberto:	Te pregunta qué planeas hacer al terminar la preparatoria.
Tú:	Respondes a las preguntas y explicas que quieres ir a la universidad.
José Alberto:	Te felicita y te propone algunas profesiones para el futuro.
Tú:	Le explicas que en verdad no te gusta la literatura española y que realmente prefieres estudiar biología.
José Alberto:	Te responde con gran sorpresa pero te apoya en tu decisión.
Tú:	Le comentas que aun así piensas estudiar español en la universidad. Le explicas porqué.
José Alberto:	Te pregunta qué piensas hacer para sobresalir aún más en la clase de literatura española.
Tú:	Le respondes con unas ideas y unos métodos de estudio.
José Alberto:	Te felicita por tu empeño.
Tú:	Le das ánimos a José Alberto para que él tenga tanto éxito como tú en la preparatoria.

 Listen to Audio Selection 3

#04

Tema: La Ciencia y la Tecnología

Introducción

Tienes una conversación vía satélite con Ana Paula. Ella reside en Colombia y ambas se mantienen en contacto frecuentemente.

Ana Paula:	Te saluda y te pregunta algo relacionado con la tecnología.
Tú:	Le explicas que te encanta la tecnología, especialmente este aspecto tecnológico.
Ana Paula:	Te responde con lo que a ella le fascina de la tecnología.
Tú:	Le explicas porqué a ti también te gusta comunicarte de ese modo.
Ana Paula:	Te hace una pregunta específica sobre tecnología.
Tú:	Respondes a su pregunta con lujo de detalles.
Ana Paula:	Sigue la conversación y ella te hace otra pregunta.
Tú:	Respondes a su pregunta con una explicación.
Ana Paula:	Te responde y se despide.
Tú:	Sugieres un día para seguir platicando y te despides.

 Listen to Audio Selection 4

#05

Tema: Las Familias y las Comunidades

Introducción

Rogelio y su familia piensan organizar un convivio para los alumnos que estudian durante el verano en la ciudad de Guanajuato, México. Rogelio se pone en contacto contigo para hablar sobre los preparativos.

Rogelio:	Te saluda y te explica lo que piensa hacer su familia.
Tú:	Saludas y respondes a su pregunta.
Rogelio:	Sigue la conversación y te hace una pregunta.
Tú:	Respondes a la pregunta y le haces unas preguntas.
Rogelio:	Te responde negativamente y continúa la conversación.
Tú:	Le ofreces una sugerencia y sigue la conversación.
Rogelio:	Toma en consideración tu sugerencia y te hace una pregunta.
Tú:	Contestas negativamente.
Rogelio:	Se sorprende y te comenta algo.
Tú:	Terminas la conversación de forma amigable.

 Listen to Audio Selection 5

#06

Tema: Las Identidades Personales y Públicas

Introducción

Teresa, tu amiga por correspondencia vía e-mail, es de Puerto Rico. Tú empiezas una conversación con ella porque quieres saber más sobre los boricuas y sus tradiciones y cómo perciben su identidad, ya que Puerto Rico es un estado libre asociado a los Estados Unidos.

Teresa:	Te saluda y te hace una pregunta.
Tú:	Le respondes y le haces una pregunta.
Teresa:	Te responde y sigue la conversación.
Tú:	Le haces una pregunta sobre tu parecer de ser ciudadana de los Estados Unidos.
Teresa:	Te contesta y sigue la conversación con una pregunta.
Tú:	Contestas la pregunta y sigues la conversación.
Teresa:	Te responde y comparte tu opinión.
Tú:	Reaccionas positivamente y preguntas más cosas.
Teresa:	Te responde y se despide.
Tú:	Le agradeces a Teresa haber compartido contigo sus opiniones y terminas la conversación.

 Listen to Audio Selection 6

#07

Tema: Los Desafíos Mundiales

Introducción

Tu amigo Andrés admira cómo te mantienes en forma y cómo casi nunca te enfermas. Por lo contrario, él no se cuida y casi siempre pesca un resfriado. Te llama para pedirte algunos consejos y remedios hispanos.

Andrés:	Te saluda y te pregunta cómo le haces para mantenerte tan saludable.
Tú:	Le contestas explicándole lo que haces a diario.
Andrés:	Te pregunta como combates la pereza.
Tú:	Le respondes con varias estrategias que usas que son típicamente muy hispanas.
Andrés:	Se sorprende y quiere saber más sobre tu rutina cotidiana.
Tú:	Le das explicaciones detalladas sobre lo que haces y le aconsejas a él lo que no debe hacer.
Andrés:	Te confiesa que él es muy perezoso y te pide que lo ayudes.
Tú:	Le explicas que con gusto lo ayudarás y le propones un plan.
Andrés:	Te lo agradece mucho y se despide.
Tú:	Finalizas la conversación y le das ánimos.

 Listen to Audio Selection 7

#08

Tema: Las Familias y las Comunidades

Introducción

Tú has mostrado interés en viajar y practicar tu español como voluntario en un país de Centroamérica. Recibes una llamada de Marisela, la directora de un orfanato en Nicaragua. Ella desea saber si te interesa ser voluntaria durante dos semanas en el verano.

Marisela:	Te saluda y te hace una pregunta.
Tú:	Respondes y le haces una pregunta.
Marisela:	Responde a tu pregunta y sigue la conversación.
Tú:	Contestas con entusiasmo y haces una pregunta.
Marisela:	Responde a tu pregunta y te da más información.
Tú:	Respondes y le propones una idea.
Marisela:	Reacciona favorablemente y confirma una duda.
Tú:	Respondes a su pregunta y le das más detalles.
Marisela:	Confirma tu participación y algunos asuntos pendientes.
Tú:	Le proporcionas unos datos y terminas la conversación.

 Listen to Audio Selection 8

#09

Tema: La Identidad Personal y Pública

Introducción

Te encanta recitar poemas y habrá una oportunidad en tu comunidad para recitar. Te contacta vía Skype la Señora Medina, la responsable del evento, para conocerte y solicitar alguna información.

La Sra. Medina:	Te saluda y quiere saber un poco de ti.
Tú:	Respondes a su pregunta ofreciéndole muchos detalles.
La Sra. Medina:	Sigue la conversación y te hace unas preguntas.
Tú:	Respondes a sus preguntas y le ofreces una sugerencia.
La Sra. Medina:	Responde a tu sugerencia y te propone otra solución.
Tú:	Reaccionas a su idea favorablemente y explicas porqué.
La Sra. Medina:	Te pregunta un poco más sobre tu interés.
Tú:	Contestas y amplias tu fascinación por la poesía.
La Sra. Medina:	Termina la conversación y te pide unos documentos.
Tú:	Finalizas la conversación y te pones de acuerdo con la Sra. Medina.

 Listen to Audio Selection 9

#10

Tema: La Vida Contemporánea

Introducción

Recibes una llamada telefónica de Eduardo, el encargado del programa de viajes de intercambio estudiantil en el cual participarás el próximo año escolar en Costa Rica. Se comunica contigo porque tú tienes algunas preocupaciones con respecto a la comida y la lejanía de tu nueva casa con respecto a la escuela.

Eduardo:	Te saluda y te hace una pregunta.
Tú:	Respondes con detalle a su pregunta.
Eduardo:	Te pregunta algo en particular sobre ti.
Tú:	Contestas con lujo de detalles.
Eduardo:	Te ofrece una sugerencia.
Tú:	Respondes negativamente y explicas porqué.
Eduardo:	Te da otra sugerencia y sigue la conversación.
Tú:	Respondes favorablemente y continúa la conversación.
Eduardo:	Acaba la conversación y se despide de ti.
Tú:	Te despides de Eduardo poniéndote de acuerdo con él.

 Listen to Audio Selection 10

#11

Tema: La Belleza y la Estética

Introducción

Clarita comparte contigo una idea para salir a un concierto de música latina en tu ciudad. Te pregunta por tus preferencias y solicita tu opinión para que sea una velada agradable en el concierto de música.

Clarita:	Te saluda y te plantea salir a un concierto de música.
Tú:	Reaccionas negativamente y explicas porqué.
Clarita:	Te explica más sobre el concierto y te hace una sugerencia.
Tú:	Reaccionas favorablemente y le ofreces una sugerencia.
Clarita:	Expresa su opinión y clarifica una duda que tiene.
Tú:	Respondes favorablemente y le propones una idea.
Clarita:	Continúa la conversación y te hace una pregunta.
Tú:	Respondes a su pregunta con entusiasmo.
Clarita:	Se pone muy contenta y se despide de ti.
Tú:	Te despides de Clarita y le recuerdas algo muy importante.

 Listen to Audio Selection 11

#12

Tema: La Ciencia y la Tecnología

Introducción

Has formado un club de ecología en tu escuela y deseas publicar un evento que se llevará a cabo el próximo fin de semana. Te llama por teléfono un periodista del periódico de tu ciudad. Él quiere ayudarte a publicar tu evento.

El Periodista:	Te saluda y te hace una pregunta.
Tú:	Respondes con entusiasmo.
El Periodista:	Te hace una pregunta relacionada con tu evento ecológico.
Tú:	Respondes con bastantes detalles a cada una de sus preguntas.
El Periodista:	Confirma los datos que le has dado y te da una sugerencia.
Tú:	Respondes favorablemente a su idea.
El Periodista:	Continúa la conversación y te elogia por tu interés y por hacer tomar conciencia de los problemas ambientales.
Tú:	Respondes con humildad a sus elogios.
El Periodista:	Se despide y te recuerda una fecha y hora importante.
Tú:	Te despides y terminas la conversación.

 Listen to Audio Selection 12

#13

Tema: Las Familias y las Comunidades

Introducción

Graciela es una amiga nicaragüense con la cual mantienes contacto desde donde ella vive. Ustedes dos hablan vía Skype de lo fantástico que es para muchas familias alrededor del mundo mantenerse en contacto a través de la tecnología de hoy en día.

Graciela:	Te saluda y te hace una pregunta.
Tú:	Respondes con interés a su pregunta.
Graciela:	Te hace unos comentarios y sigue la conversación.
Tú:	Reaccionas favorablemente y le das tu opinión.
Graciela:	Continúa la conversación y comparte algo contigo.
Tú:	Reaccionas con entusiasmo y expresas tu deseo de ir a Nicaragua.
Graciela:	Sigue la conversación y te hace una invitación.
Tú:	Respondes con mucha alegría y le propones algo.
Graciela:	Reacciona a tu propuesta y termina la conversación.
Tú:	Te despides y terminas la conversación.

 Listen to Audio Selection 13

#14

Tema: La Belleza y la Estética

Introducción

Tienes una conversación con una dependienta en un gran almacén en Barcelona, España. Resulta que olvidaste empacar tu crema de protección solar y necesitas de su ayuda para escoger una. Ustedes hablan en el mostrador.

La Dependienta:	Te saluda y ofrece su ayuda.
Tú:	La saludas y le explicas lo que necesitas.
La Dependienta:	Te muestra una crema que no te agrada para nada.
Tú:	Explicas de nuevo lo que necesitas con más detalle.
La Dependienta:	Te vuelve a mostrar un producto que no te gusta.
Tú:	Le pides de nuevo una crema que sea similar a la que olvidaste.
La Dependienta:	Te muestra dos productos y te explica cada uno.
Tú:	Reaccionas a favor de uno de los productos.
La Dependienta:	Te lleva a la caja y se despide de ti.
Tú:	Agradeces toda su paciencia y ayuda, y luego te despides.

 Listen to Audio Selection 14

#15

Tema: Las Identidades Personales y Públicas

Introducción

Recibes una llamada telefónica del alcalde de tu ciudad. Expresaste interés en programar una entrevista con él para presentarle tus ideas para hermanar tu ciudad con otra ciudad en Centroamérica.

El Alcalde:	Te saluda y te felicita por tu iniciativa. Te hace una pregunta.
Tú:	Respondes a su pregunta.
El Alcalde:	Te hace otra pregunta.
Tú:	Continúas la conversación y respondes a su pregunta.
El Alcalde:	Te propone una idea.
Tú:	Respondes con mucho interés a su propuesta.
El Alcalde:	Te describe con lujo de detalles el programa.
Tú:	Reaccionas con entusiasmo y le haces una pregunta.
El Alcalde:	Responde a tu pregunta y termina con la conversación.
Tú:	Te despides del alcalde y le das las gracias por considerar tu idea.

 Listen to Audio Selection 15

#16

Tema: La Ciencia y la Tecnología

Introducción

Tu profesora de Español AP se interesa mucho en cómo has avanzado en tu aprendizaje de español a través de la tecnología que empleas. Un día después de clase, se reúne contigo para que tú le muestres y expliques cómo estudias español con de la tecnología.

La Profesora:	Te saluda, te felicita y te hace una pregunta.
Tú:	Respondes a sus preguntas con ejemplos.
La Profesora:	Te hace otra pregunta y sigue la conversación.
Tú:	Respondes a su pregunta con detalle.
La Profesora:	Se interesa mucho por lo que le explicas y te hace otra pregunta.
Tú:	Contestas a su pregunta con más ejemplos concretos.
La Profesora:	Te explica algo y te da una sugerencia.
Tú:	Explicas que estás de acuerdo con mucho entusiasmo.
La Profesora:	Se pone de acuerdo contigo y termina la conversación.
Tú:	Te pones de acuerdo con la profesora y te despides de ella.

 Listen to Audio Selection 16

#17

Tema: La Belleza y la Estética

Introducción

Te fascina la pintura y has pintado un cuadro que se exhibe en la galería de arte de tu escuela. Por casualidad, un pintor conocido y famoso en la ciudad visita la exposición de arte y conversa contigo durante la exposición de arte.

El Pintor:	Te saluda, te elogia y te hace una pregunta.
Tú:	Respondes con humildad y contestas su pregunta.
El Pintor:	Expresa interés por tu pintura y te hace una pregunta.
Tú:	Respondes a su pregunta con detalle.
El Pintor:	Sigue la conversación y te invita a colaborar y estudiar con él.
Tú:	Aceptas con alegría y entusiasmo su propuesta.
El Pintor:	Te explica más detalladamente su idea.
Tú:	Reaccionas favorablemente y le haces una pregunta.
El Pintor:	Responde a tu pregunta y termina la conversación.
Tú:	Te despides del pintor y te pones de acuerdo con él.

 Listen to Audio Selection 17

#18

Tema: La Vida Contemporánea

Introducción

Eres el propietario de un apartamento en Lima, Perú. Lo has alquilado a un joven estudiante de español de una universidad estadounidense. Resulta que recibes una llamada del estudiante porque tiene varias preguntas.

El Estudiante:	Te saluda y te hace una pregunta.
Tú:	Respondes a la pregunta y le ofreces una sugerencia.
El Estudiante:	Responde negativamente a tu sugerencia.
Tú:	Ofreces otra solución para mejorar la situación.
El Estudiante:	Responde mejor a tu propuesta.
Tú:	Le dices que siempre hay solución y que esperas que le esté gustando la escuela y la ciudad.
El Estudiante:	Te hace otra pregunta relacionada a viajes durante el fin de semana.
Tú:	Le das ideas para salir el fin de semana y le aconsejas un lugar muy popular e increíble.
El Estudiante:	Responde con alegría y entusiasmo a tus sugerencias y se despide.
Tú:	Te despides y le deseas una agradable estadía en Lima, Perú.

 Listen to Audio Selection 18

#19

Tema: Las Familias y las Comunidades

Introducción

Leonor, tu amiga de Bariloche, Argentina, se comunica contigo vía satélite. Ella desea visitarte durante el verano para convivir, conocerse en persona y practicar los idiomas que están estudiando: ella el inglés y tú el español.

Leonor:	Te saluda con mucho entusiasmo y te plantea una idea.
Tú:	Respondes a su idea con el mismo entusiasmo.
Leonor:	Te hace unas preguntas relacionadas con su idea.
Tú:	Contestas a sus preguntas y le brindas detalles.
Leonor:	Sigue la conversación y te hace otra pregunta.
Tú:	Respondes con unos ejemplos con todo lujo de detalles.
Leonor:	Acepta tus sugerencias y te hace una pregunta que no esperabas.
Tú:	Respondes negativamente, pero ofreces otra posibilidad.
Leonor:	Acepta tu otra posibilidad y se despide con mucho gusto y afecto.
Tú:	Termina la conversación y te despides.

 Listen to Audio Selection 19

#20

Tema: Los Desafíos Mundiales

Introducción

Después de asistir a un evento comunitario de tu ciudad, el director de un programa de ayuda social para países en vías de desarrollo se te acerca y te invita a participar en el programa que él dirige porque. Él sabe que tú eres un joven al que le encanta participar en estos programas de ayuda humanitaria.

El Director:	Te saluda y te hace una pregunta.
Tú:	Respondes a su pregunta con mucho entusiasmo.
El Director:	Sigue la conversación y te hace otra pregunta.
Tú:	Respondes negativamente, pero le haces una sugerencia.
El Director:	Continúa la conversación y te explica el programa.
Tú:	Expresas tu interés y haces una pregunta.
El Director:	Te responde y te da unos datos importantes.
Tú:	Te pones de acuerdo con él y expresas tu apoyo.
El Director:	Se despide de ti y te recuerda algo importante.
Tú:	Terminas la conversación y te despides cordialmente de él.

 Listen to Audio Selection 20

#21

Tema: La Belleza y la Estética

Introducción

Trabajas en el museo de arte latinoamericano en tu ciudad como docente los fines de semana. Llega un grupo de turistas extranjeros y te toca a ti guiarlos por el museo.

Los Turistas:	Te saludan y se presentan.
Tú:	Les das la bienvenida y les explicas brevemente el recorrido.
Los Turistas:	Te hacen una pregunta que no esperabas.
Tú:	Respondes brindándoles la información que desean.
Los Turistas:	Muestran un interés en ciertas piezas de arte y te hacen una pregunta.
Tú:	Contestas la pregunta y les ofreces una opción.
Los Turistas:	Aceptan tu sugerencia y sigue la conversación.
Tú:	Les propones seguir el recorrido y les explicas cierta exposición que hay.
Los Turistas:	Responden favorablemente a tus explicaciones.
Tú:	Explicas con detalle la exposición, les dices que aquí termina el recorrido y te despides de ellos apropiadamente.

 Listen to Audio Selection 21

#22

Tema: Las Familias y las Comunidades

Introducción

Tu amiga estadounidense se pone en contacto contigo porque necesita saber sobre algunas tradiciones típicas de México que se celebran de enero a abril. Te hace una serie de preguntas para un reporte escolar que va a escribir.

Tu Amiga:	Te saluda y empieza la conversación.
Tú:	La saludas y respondes a su pregunta.
Tu Amiga:	Te hace un pregunta y sigue la conversación.
Tú:	Respondes a su pregunta con muchísimo detalle.
Tu Amiga:	Continúa la conversación con entusiasmo y te hace otra pregunta.
Tú:	Contestas su pregunta y le brindas ejemplos y detalles.
Tu Amiga:	Continúa la conversación para aclarar algo que no entiende.
Tú:	Aclaras la duda que ella tiene y le explicas a fondo la celebración.
Tu Amiga:	Te da las gracias, acaba la conversación y se despide de ti.
Tú:	Terminas la conversación y te despides cordialmente de ella.

 Listen to Audio Selection 22

#23

Tema: La Ciencia y la Tecnología

Introducción

Has participado en una feria de ciencia para estudiantes hispanos en una universidad. Has ganado el primer lugar en el concurso con tu proyecto científico el cual ayuda a familias hispanas a tener una mejor calidad de vida en sus países de origen. Tu proyecto tiene que ver con el uso de agua potable. Y ahora el conductor de un programa hispano de televisión por cable te hace una entrevista.

El Conductor:	Te saluda, te felicita y te hace una pregunta.
Tú:	Respondes a la pregunta con seriedad.
El Conductor:	Continúa con los elogios y te hace otra pregunta.
Tú:	Contestas su pregunta y le explicas tu proyecto.
El Conductor:	Quiere saber tus futuros planes científicos.
Tú:	Le explicas tus planes y proyectos para el próximo año.
El Conductor:	Se impresiona con tus metas y te recomienda un programa universitario disponible para jóvenes de preparatoria como tú.
Tú:	Respondes con mucho entusiasmo y le agradeces su apoyo y ayuda.
El Conductor:	Termina la entrevista, se despide de la teleaudiencia y te cede la palabra al final.
Tú:	Expresas unas palabras para los jóvenes televidentes para que se motiven a estudiar ciencia y así aporten proyectos para mejorar la calidad de vida en los países hispanos.

 Listen to Audio Selection 23

#24

Tema: La Vida Contemporánea

Introducción

Vives en México, D.F., y vas a hospedar a un estudiante extranjero de Montana, Estados Unidos. Se comunica contigo para conocerte mejor y salir de unas dudas que tiene. Su visita será durante cuatro semanas en el mes de junio.

El Estudiante:	Te saluda, se presenta y te hace una pregunta.
Tú:	Lo saludas con mucha alegría y contestas su pregunta.
El Estudiante:	Te hace más preguntas.
Tú:	Respondes a sus preguntas con detalle.
El Estudiante:	Sigue la conversación y te hace otras preguntas.
Tú:	Respondes negativamente y le haces una sugerencia.
El Estudiante:	Continúa la conversación y te hace una pregunta.
Tú:	Respondes a su pregunta con unas sugerencias.
El Estudiante:	Expresa lo agradecido que está y se despide de ti.
Tú:	Te despides del estudiante y le das algunas recomendaciones.

 Listen to Audio Selection 24

#25

Tema: Los Desafíos Mundiales

Introducción

Has colaborado con una revista ecologista para mejorar el medio ambiente en todos los bosques lluviosos en Latinoamérica. Debido a la popularidad del tema, la organización que patrocina la revista te quiere entrevistar para incluirte en un video en la red. Se comunican contigo para hacerte unas preguntas.

El Entrevistador:	Te saluda y te hace unas preguntas.
Tú:	Contestas las preguntas.
El Entrevistador:	Sigue la conversación y te hace otra pregunta.
Tú:	Respondes con mucho detalle a la pregunta.
El Entrevistador:	Continúa la entrevista y te hace más preguntas.
Tú:	Respondes con entusiasmo a las preguntas.
El Entrevistador:	Te propone una oportunidad para que participes en un comunicado por la red.
Tú:	Respondes favorablemente y expresas tu deseo de contribuir a tan noble causa.
El Entrevistador:	Expresa lo conforme que está y termina la conversación.
Tú:	Te despides y le das las gracias por considerarte parte del elenco en la red.

▶| **Listen to Audio Selection 25**

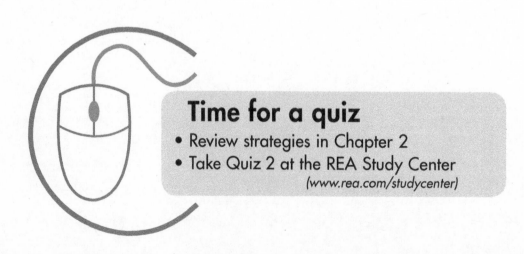

Time for a quiz
- Review strategies in Chapter 2
- Take Quiz 2 at the REA Study Center
  (www.rea.com/studycenter)

Presentational Communication

Spoken Presentational Communication

What Is Spoken Presentational Communication?

The spoken presentational communication section (Presentational Speaking: Cultural Comparison) of the AP Spanish Language and Culture exam measures a student's ability to understand and interpret Spanish by reading, listening, and speaking. The goal is for a native Spanish speaker to be able to understand the student's spoken Spanish without any assistance from the student. Students will plan, produce, and create a presentation on a given topic. Students will have four minutes to read the presentation topic and prepare the presentation and then two minutes to record the presentation.

Students will be graded on pronunciation, grammar, vocabulary range, and comprehensibility. It is vital that the students complete the task and the presentation is organized. To best prepare for this portion of the exam students should listen to and watch authentic sources in the target language, engage in oral presentations, read and summarize Spanish-language text regularly, and practice proper grammar and pronunciation. Becoming as immersed as possible in the target language will greatly contribute to the students' success.

During the presentational speaking portion of the exam, students will be asked to develop an oral presentation on a given topic to present in a formal or academic setting. Students will have four minutes to read that topic and prepare a presentation and will then have two minutes to record the presentation. Students should pay attention to the desired audience and ensure that their register and tone are appropriate.

Students will be graded on their ability to demonstrate an understanding of culture. Culture can range in topics from "what time Spaniards eat dinner" to "the role of Che Guevara in the Cuban Revolution." Students should read as much Spanish-language text as possible and examine the references made. It is impossible to know everything about more than twenty countries on topics ranging from family traditions to artists in the 1800s; however, students will discover interesting facts about a country's traditions by reading a short story or listening to a song and can then explore the historical and cultural references.

What Is the Knowledge Base of Spoken Presentational Communication?

According to the College Board, the AP Spanish Language and Culture exam centers on six basic themes in order to "create interesting, meaningful context in which to explore a variety of language concepts." The themes are as follows:

- Global Challenges (Los Desafíos Mundiales)

- Science and Technology (La Ciencia y la Tecnología)

- Contemporary Life (La Vida Contemporánea)

- Personal and Public Identities (Las Identidades Personales y Públicas)

- Families and Communities (Las Familias y las Comunidades)

- Beauty and Aesthetics (La Belleza y la Estética)

The objectives of the presentational speaking portion of the exam are to assess students' ability to create and present a persuasive speech, using authentic sources, and to demonstrate their understanding of the various topics featured in those six central themes. Students are expected to use the appropriate register and vocabulary when speaking.

It is very important that the students prepare themselves for the spoken presentational communication task. There are various ways to best prepare for this part of the exam. Visiting news sites from Spanish-speaking countries while taking note of the pronunciation, dialogue, and cultural references will help students keep abreast of current social issues covering all of the themes listed above. Students should also incorporate popular short stories into their preparation; literature provides a genuine observation of day-to-day life and cultural practices, while studying the grammar, varied vocabulary, and traditions of the Spanish-speaking world.

Students should become familiar with the recording equipment they will use during the AP Spanish exam and practice the skills of planning, producing, and presenting a spoken presentation. It is recommended that students get used to recording themselves, if they haven't already done so in their Spanish classes. Students should also become familiar with the scoring rubric and grade their own recordings as well as those of their peers. This will help the students become familiar with the rubric and get a better understanding of what they will be graded on.

What Are the Significant Differences Between Written Presentational Communication and Spoken Presentational Communication?

While both the written and the spoken presentational communication will focus on task completion, language structure, vocabulary, register, and culture, spoken presentational communication will also focus on the student's pronunciation and intonation.

Pronunciation: It is important to develop good pronunciation habits when learning to speak Spanish. While it may be difficult at first to roll the tongue pronouncing such words as *perro,* the more it is practiced correctly, the easier it will become in time to pronounce correctly. It is also important to ensure that the *h* is always silent. Oftentimes, students will pronounce the *h* in *hacer.* Also, the *j* has a strong English "h" sound. Lastly, students should keep in mind the *ll* and the *ñ* and practice pronouncing them.

Intonation: Intonation refers to the way a speaker's voice rises and falls during speech. It is important for a speaker to use the appropriate intonation when speaking to ensure the audience can understand the speaker. In Spanish, statements usually end with the pitch falling, while questions end with the pitch rising. These differences are especially important because the same word order can be used for a statement or a question: For example, *Andrea trabaja en la Escuela Juárez.* and *¿Andrea trabaja en la Escuela Juárez?* The only way to aurally differentiate between a question and a statement is by intonation.

Culture: Given that Spanish is spoken in more than twenty countries and territories around the world, students should be exposed to writings, video, audio, and print news sources from throughout the Spanish-speaking world. While the culture and even some vernacular may vary from country to country, there are cultural standards that students should be able to reference and understand. For example, the appropriate use of register—the formal *usted* and the informal *tú* (and their respective plural forms, *ustedes* and *vosotros*)—is a vital grammar skill that all Spanish speakers must know; however, this can be considered part of cultural competency as well.

Students should understand the roles of extended families in everyday life. The roles of grandparents, godparents, aunts, uncles, cousins, and the like affect the traditions and the lives of everyday people in the Spanish-speaking world. Students should understand these roles and other family traditions, including the *quinceañera (quinceaños), boda, bautizo,* and even funeral customs.

Studying the arts will also assist students in their knowledge of culture. The works of some famous painters such as Frida Kahlo, Diego Rivera, José Clemente Orozco, Pablo Picasso, Francisco Goya, Salvador Dalí, El Greco, and Joan Miró, among many others, provide

DID YOU KNOW?

A "traditional" Spanish breakfast consists of the vastly popular churros, served sprinkled with sugar or dunked in hot chocolate. Lunch is the main meal in many Spanish cultures and is usually eaten between 2 p.m. and 4 p.m.

observers with a peek into the artist's world. Study of the works of such artists teaches students about the history of the time and allows them to interpret the culture of the country. For example, one can neither examine Picasso's *Guernica* without discussing the Spanish Civil War, nor appreciate Frida's *Self-Portrait Dedicated to Leon Trotsky* without discussing the role of communism in Mexico and the world during the 1930s. Students should also read the works of such respected writers as Gabriel García Márquez, Juan Rulfo, Isabel Allende, Julio Cortázar, Pablo Neruda, Jorge Luis Borges, Julia Álvarez, and Octavio Paz, to name a few. García Márquez's short story "Un día de estos" gives readers an in-depth view into the life of an everyday citizen living under a corrupt and sometimes violent political regime, a rather common occurrence over the history of Latin America.

Prominent political and social leaders such as Augusto Pinochet, Fidel Castro, Ernesto "Che" Guevara, Miguel Hidalgo, Simón Bolívar, Eva Perón, Emiliano Zapata, José Martí, Porfirio Díaz, and Rigoberta Menchú played important roles in the history of Latin America, and students should study them as they may be referenced in a number of fiction and nonfiction works. These people affected the history of their countries and in the lives of their people. Historical references exist in many Spanish-language short stories; therefore, students should have a basic understanding of the Spanish conquest, the wars of independence, and the various revolutions in the Americas. Students should also study and read about the current social struggles across Latin America. For example, the present political climate in Venezuela, Cuba, Argentina, and Bolivia and the issues plaguing Mexico are current-events topics that students can find in every newspaper or news site and may be discussed in various sources.

Students should understand the role of the many indigenous groups in Latin American countries and the influences of these peoples on traditions. The Taíno of Hispaniola, the Aztec of Mexico, and the Inca of Peru, for example, were protagonists in the Spanish conquest of the Americas, and their legacies thrive in the traditions of modern-day Latin American nations. In fact, innumerable native traditions can be found in the culture of the festivities and customs of Latin America today. Students should become familiar with some holidays, including Día de los Reyes Magos, Semana Santa, Día de los Niños, Día de la Hispanidad, Día de los Muertos, Las Posadas, etc. They should also examine the role of religion in the Spanish-speaking world. Catholicism is the main religion in the Spanish-speaking world, although this is changing, and students should be able to understand the role that religion plays.

The Presentational Speaking: Cultural Comparison part of the AP Spanish exam assesses the student's ability to incorporate culture into a spoken essay with little help from the source. It is therefore important to stay focused and incorporate task-appropriate cultural knowledge effectively. The directions for this section are as follows:

You will make an oral presentation to the class. You will have 4 minutes to read the presentation topic and prepare your presentation. Then you will have 2 minutes to record your presentation. In your presentation, compare your community with that of a Spanish-speaking country you know. You should demonstrate your knowledge of the culture of a Spanish-speaking country. You should also organize your discussion clearly.	Vas a hacer una presentación para la clase. Tendrás 4 minutos para leer el tema de la presentación y preparar tu presentación. Entonces tendrás 2 minutos para grabar tu presentación. En tu presentación, compara tu comunidad con la de un país hispanohablante que conozcas. Debes demostrar tu conocimiento de la cultura. También debes organizar bien tu presentación.

These directions allow the student to refer to any country in the Spanish-speaking world and draw upon anything to compare with his or her own experiences. The student can refer to any audio, visual, or written source he or she has encountered. Keeping in mind that the preparation time is only four minutes, the student should stay focused on the task and ensure that it is addressed by using cultural references.

How Is the Spoken Presentational Communication Graded?

Real people, not machines, grade the spoken presentational communication section of the exam. The listeners, or "readers" as they are called, are high school AP teachers and college faculty members from across the country, and even abroad. All readers meet in a designated city in June and are trained by a chief reader, a college professor who ensures that students' scores are fair representations of college-level achievement. Readers are seated with table leaders who provide the readers with a set of CDs to listen to and score using the same rubric and standards. The table leaders cross-check the readers' scores to maintain consistency in scoring and provide a fair evaluation of student scoring.

Both the spoken and written presentational communication sections of the exam ask the students to evaluate the sources and apply them to the completion of a task. Students should not simply summarize or repeat what they read/heard; comparing and contrasting the sources is more highly regarded than simply quoting the text.

According to the College Board AP Spanish Language Presentational Speaking Scoring Guidelines, students are graded on the following key points:

- Discourse and Development: How well does the speaker address the task and develop his or her ideas?

- Strategies: How well does the speaker explain him- or herself; does self-correction exist when needed for clarification?

- Language Structures: How complex or simple are the sentence structures? If grammatical errors exist, do they affect the listener's ability to understand?

- Vocabulary: How diverse is the speaker's vocabulary, and can he or she include culturally appropriate vocabulary or idiomatic expressions?

- Pronunciation: How do the speaker's tone, pacing, pronunciation, and delivery affect the listener's ability to understand and comprehend what the speaker is saying?

- Register: Is the register appropriate for the audience, and is it consistent during the entire presentation?

- Cultures, Connections, and Comparisons: How well does the speaker incorporate and describe the practices of the various cultures within the Spanish-speaking world, including some geographic, historical, artistic, social, or political aspects?

Below is a sample of the rubric for Presentational Speaking: Cultural Comparison.

5-Strong

- The task is completely addressed and completed.

- Each source is accurately cited and integrated well in the presentation.

- The response is well prepared and organized; it flows naturally.

- Sources are appropriately compared and contrasted.

- Proper grammar and rich vocabulary are used appropriately and with very few errors.

- Register is appropriate.

- Pronunciation and fluency are high.

4-Good

- The task is appropriately addressed, and most of the questions are answered.

- All sources are referred to and integrated into the presentation.

- The topic of the presentation is relevant to the task and developed.

- The response is well organized.

- The information presented is factual.

- Sources are compared and contrasted, not just quoted.

- Appropriate social or cultural references exist.

- Vocabulary use is very good, as are fluency and pronunciation.

- Register is appropriate and used consistently.

- Grammar structure is complex and has few errors.

- Some clarification or self-correction is present and improves the listener's ability to understand.

3-Average

- The task is addressed and completed.

- Organization is evident.

- The response may feature more summary of information than comparing and contrasting of source information.

- Correct cultural references are presented.

- Grammar structure is simple but has few errors; complex structure is used with errors.

- Vocabulary usage is good and may have very little influence from another language.

- There is use of appropriate idiomatic expressions.

- Transitions are present and are used correctly for the most part.

- Some hesitation is present in fluency, but student corrects mistakes well.

- Register is appropriate.

- Student recognizes errors and self-corrects, which aids in comprehension.

2-Weak

- Task is partially addressed or completed; topic development is weak.

- Student only refers to one source.

- Organization is lacking.

- There is very little comparison and contrast of the provided information.

- Some cultural information/references may be inaccurate.

- It is difficult for the listener to understand without having to infer meaning.

- Grammar structure is very simple and has many errors.

- Vocabulary is limited.

- Speech may feature frequent interference from another language.

- Fluency is lacking.

- Register may be incorrect and may be inconsistent.

1-Poor

- Task is not completed.

- Student only references one source and does so very poorly.

- Topic development is lacking; student hardly addresses the appropriate task.

- Response is unorganized.

- Very little information is presented, much of which is false.

- There is no comparison and contrast of information.

- Grammar structure is very basic and may have many errors; there is no control.

- Vocabulary is weak, and there is clear influence of another language.

- Fluency and clear pronunciation are lacking tremendously; it is difficult to understand.

- Very few, if any, transitions are present.

- Register may be incorrect and inconsistent.

0-Unacceptable

- Task is not completed or addressed.

- Student may just repeat the assignment from the prompt or read directly from the sources.

- Reader cannot comprehend the answer.

- Answer is given in another language.

- Student completely disregards the prompt and/or speaks about something completely irrelevant.

- Says "*no comprendo*" or "*no sé.*"

- Recording is silent.

Taking the rubric into consideration, let's evaluate what the readers are looking for: control and fluency. How well can the speaker communicate the ideas? How easy is it to understand what the speaker is trying to say, and how well does he or she communicate the ideas?

A score of "5" features an answer that is well organized and uses detailed vocabulary and strong syntax. Vocabulary goes beyond the basic core vocabulary and includes higher-level usage of theme-specific words. Also, the use of idioms illustrates a strong grasp of the Spanish language and the ability to apply it correctly. Grammar usage is correct, and the speaker uses a variety of tenses appropriately, as well as detailed compound sentences. Any errors are immediately recognized and corrected, and the speaker's pronunciation is clear and correct. The speaker's pronunciation and pacing are appropriate and clear, and the listener is able to understand the speaker. Stressed syllables are clear and accented appropriately: *papá* vs. *papa*. The *rr* is distinguishable: It is clear whether the speaker is saying *pero* or *perro*. The register is appropriate for the audience. All sources are not only cited but are also compared and contrasted as well. The speaker can address various aspects of Spanish culture and language. The speaker's presentation shows a deep understanding of the sources and can interpret them by comparing and contrasting the information to complete the task without simply rephrasing what is being said. The speaker can also demonstrate understanding through the use of background knowledge and idiomatic expressions. The allotted time is used to its fullest; there is no "dead air," and the task is answered and developed within those two minutes.

A score of "4" is also a very strong example of the speaker's extensive vocabulary, using more complex words that go beyond the basic core vocabulary but may be less theme-specific. The grammar is strong and shows an understanding of correct tenses and their appropriate conjugation, but the speaker may struggle with complex sentence structures. Also, any errors are recognized and corrected, aiding in the comprehension of the presentation. Pronouns and articles reflect appropriate gender usage, and the speaker's fluency is regular but may include some pauses. Some errors may exist but are quickly corrected, thus aiding in the listener's comprehension and understanding. The correct register is used for the task throughout most of the presentation. The speaker also uses all of the allotted time and fully completes the task. All sources are mentioned and understanding of the sources is evident. The speaker is able to include some popular expressions or idioms. The task is addressed completely, and the speaker provides examples to support his or her ideas.

A score of "3" reflects a speaker's ability to complete the task in Spanish while using understandable grammar structures and core vocabulary correctly. The speaker has a strong grasp of the basic grammar structures and is able to create basic sentence structures

> **DID**YOU**KNOW?**
>
> Spain has many festivals, and one of the most famous is the Running of Bulls. It occurs on St. Fermin's Day in July in the northern town of Pamplona. Ernest Hemingway's novel *The Sun Also Rises* made the festival famous around the world.

correctly while discussing familiar topics. Comprehension of the sources is evident, and the task is completed; however, the analysis and interpretation of the materials are basic, and the expression is limited by the speaker's vocabulary and/or grammar. There are errors in grammar and pronunciation that can affect the listener's ability to understand; however, most errors are identified, and self-correction is present. The register may be inappropriate or may switch back and forth between formal and familiar at times. Some cultural practices or traditions may be identified.

A score of "2" reflects a speaker's ability to address the task, but it may not be fully completed. Organization is lacking, and while some, not all, of the sources are addressed, they are merely cited and not analyzed. The speaker is not developing or presenting a new idea, and some "dead air" exists. Vocabulary is limited to a very basic core skill set, although all vocabulary is appropriate to the topic. The speaker's grammar is lacking, and some verbs are not conjugated correctly. Control of sentence structure is lacking, and the errors present in the speaker's presentation affect the listener's ability to comprehend. There are issues with noun-verb agreement, and gender usage has some flaws. Fluency is lacking, and it is hard to understand the speaker; some errors are identified; self-correction is lacking and does not always aid in clarification. The speaker may only use the familiar register, and errors exist even so.

A score of "1" demonstrates the speaker's lack of ability to complete the task. Few, if any, sources are cited, and organization is lacking. Vocabulary consists of a few words in Spanish, and some English may be present. Clear influence of a language other than Spanish is present. Sentence structure is weak; verbs may be present, but they are not conjugated or done so incorrectly. Pronunciation and fluency are so weak that it is difficult to understand the speaker.

A speaker can score "0" on the presentational communication section if the task is completely ignored, spoken in another language, or no information is presented.

What Are Some Strategies for Success During the Spoken Presentational Communication?

- Remember that English and Spanish are not reciprocal languages and do not translate word for word. It is strongly suggested that students prepare their speech in Spanish and take notes in Spanish to help facilitate their fluency and organization.

- Students should always remember to stay on task! Regardless of how eloquent and perfect students' speeches may be, if the students do not complete the task and cite all sources, no points can be awarded and a "0" will be given. Students should read the task/question at least twice and ensure it is understood completely.

- Students should take notes during the auditory source. Since student notes are not graded, they do not need to be in complete sentences.

- Students should practice with the recording equipment ahead of time. Know how to record, pause, or stop and make sure there is a timer clearly visible.

- Students should be able to use transitional words in their speech and should focus on the appropriate register throughout.

- Students will be asked to record their AP identification number at the beginning of the recording and should speak clearly.

- Students should prepare all materials ahead of time: pencils with erasers, pens, photo ID, AP ID number, and a watch (no cell phones).

- Students should take time to organize their thoughts. Creating a brief outline or writing down key bullet points will help stay on track and complete the task and ensure that all sources are included.

- Students should refer to all *fuentes,* or sources, in the presentation; if the title or author is unknown, refer to source #1, #2, #3, etc.

- Students should practice keeping track of the time; any speech after the two minutes will not be graded.

- Students need to keep in mind the register and avoid flipping back and forth.

- Students should try not to leave "dead air," where nothing is being said.

- Students should make sure there is an ending to the presentation.

What Topics Are Included in "Core" Vocabulary?

Core vocabulary refers to the vocabulary skills acquired through years of studying Spanish. While most teachers differ in opinion as to what constitutes "core" vocabulary, most will agree that the vocabulary learned during the first few years of introductory Spanish courses makes up a strong core base. Below is a list of some of the topics students should have been exposed to during their Spanish courses and therefore should have a corresponding vocabulary:

Greetings and good-byes

Classroom/school/education

Food

Family/relationships

Home

Friends

Careers/work

Pastimes

Sports/activities

Travel

Health

Body

Weather/climate

Time/hour

Holidays and traditions

Technology

Government

These are just a few examples of core vocabulary and should be studied and developed over time. Students should know the vocabulary associated with these categories as well as common expressions and idioms. Students should also know how to ask and answer questions related to these topics in order to demonstrate a strong ability to communicate in Spanish.

An Example of a "5" Communication

The following is an example of a spoken presentational communication that would receive a score of "5." The breakdown and analysis of the example are provided in the paragraph that follows it.

Tema: Los Desafíos Mundiales

El medio ambiente está cambiando y está siendo dañado por culpa de los seres humanos. En tu opinión, ¿debemos proteger el medio ambiente y limitar la contaminación del aire y del agua? ¿Cómo y por qué? En tu presentación refiérete a lo que has estudiado en tus cursos.

Es mi opinión que, como seres humanos y habitantes del planeta Tierra, es nuestra responsabilidad cuidar y proteger la Tierra. Desde años atrás, los seres humanos han destruido el medio ambiente en busca de una vida mejor. El carbono, la contaminación, los productos químicos y el gasto de agua han sido los efectos de nuestros avances en tecnología y el progreso, incluyendo los autos, aviones, fábricas y otras máquinas.

Hemos cortado árboles y otras plantas para construir casas, tiendas, estacionamientos o edificios sin pensar cómo afectará al medio ambiente. La naturaleza limpia el aire y proporciona hogar a los animales. Las aves, las abejas, las ardillas y hasta las criaturas del mar están sufriendo por la contaminación y la pérdida de los bosques.

Pero los animales no son los únicos que están sufriendo. También los seres humanos están sintiendo los efectos de un mundo lleno de contaminantes. Es necesario proteger el medio ambiente para asegurar que las futuras generaciones tengan una vida sana. Si seguimos destruyendo el medio ambiente, pronto llegará el día en el cual las personas no podrán disfrutar de la naturaleza, beber agua limpia o respirar aire fresco. No se sabe cuánto daño hacemos a diario, pero el daño es mucho. Muchos pensarán que estas cosas no pasarán en muchos años y que son amenazas solamente, pero tomen en cuenta lo que pasó en la Ciudad de México. Allí la contaminación era tan severa que las personas necesitaban usar máscaras para poder caminar por las calles. La contaminación llegó a ser tan densa que la ciudad se veía como si estuviera cubierta por un manto de neblina. La gente sufría de asma, dolores de cabeza y hasta los animales estaban enfermos. Gracias a las nuevas leyes del gobierno sobre las emisiones de autos y fábricas, y también a los esfuerzos de la gente por reducir los días que conducen, el aire en la Ciudad de México ha mejorado, pero todavía hay mucho trabajo que hacer.

Para evitar que esto suceda en otras partes del mundo, es importante que nosotros reciclemos, usemos menos agua y manejemos menos. Estos cambios pueden ser muy fáciles de implementar. Podemos poner una caja de reciclaje en nuestras casas, escuelas o trabajos. Podemos ducharnos en menos tiempo y, finalmente, podemos montar en bicicleta o viajar en autobús para no manejar. Además podemos elegir líderes políticos que vayan a proteger el medio ambiente, haciendo leyes en contra de la contaminación.

The scoring rubric for a "5" includes the following:

- Spoken presentation demonstrates thorough and effective treatment of the topic and the ability to develop ideas while incorporating background knowledge.

- Few errors are made, and self-correction is utilized.

- Both simple and complex sentence structures are used.

- Speaker demonstrates a broad range of vocabulary beyond the core vocabulary, as well as the use of idiomatic expressions.

- Pronunciation, pacing, and intonation are easily comprehensible by a native speaker unfamiliar with language learners.

- Appropriate register is used.

- Identification of a relationship with the target culture is present.

Analysis of Score "5" Sample Communication

Spoken presentation demonstrates thorough and effective treatment of the topic and the ability to develop ideas while incorporating background knowledge.

This sample is organized and detailed. It is presented in clear paragraph form, with explanations and examples provided. The speaker begins with "*Desde años atrás, los seres humanos han destruido el medio ambiente en busca de una vida mejor,*" a reference to the origin of pollution and the issues that have led up to the present state of the environment. She provides a detailed argument on the effects of pollution on humanity and animals. The sentence "*Las aves, las abejas, las ardillas y hasta las criaturas del mar están sufriendo por la contaminación y la pérdida de los bosques*" incorporates both land and sea contamination and its effects. She then proceeds to provide numerous examples of how to protect the environment, ranging from steps that can be taken in the home, "*poner una caja de reciclaje en nuestras casas,*" to the role of responsible citizens, "*elegir líderes políticos que vayan a proteger el medio ambiente.*"

Few errors are made, and self-correction is utilized.

The sentence structure varies from basic to complex and is done so effortlessly. There are very few errors, and the comprehensibility level is very high. She has the ability to speak clearly, and a native Spanish speaker, without much strain or effort, easily understands her Spanish pronunciation. She used the entire two minutes fully and wasted no time during her presentation.

Both simple and complex sentence structures are used.

The speaker uses a variety of sentence structures and does so consistently and effortlessly. In the sentence *"Muchos persarán que estas cosas no pasarán en muchos años y que son amenazas solamente,"* she is able to address the arguments of others using the future tense and then make the switch to the present to address the current state of the threats. When speaking about today's air quality in Mexico City, she says, *"Gracias a las nuevas leyes… el aire en la Ciudad de México ha mejorado."* This sentence employs the use of the perfect tense and demonstrates a strong grasp of the Spanish language and the appropriate grammar conditions for use.

Speaker demonstrates a broad range of vocabulary beyond the core vocabulary, as well as the use of idiomatic expressions.

The speaker's vocabulary is relevant to the topic and reflects years of study and knowledge of core and extended vocabulary. Words like *amenazas* and *generaciones* demonstrate an expanded vocabulary. The use of *naturaleza* and *reciclaje* demonstrate a personal interest in the topic and the ability to easily incorporate words related to the environment.

Pronunciation, pacing, and intonation are easily comprehensible by a native speaker unfamiliar with language learners.

Pronunciation and pacing are appropriate and aid in understanding. It would be easy for a native speaker to understand the speaker.

Appropriate register is used.

The speaker's register is appropriate for the presentation and is consistent throughout the presentation.

Identification of a relationship with the target culture is present.

The speaker demonstrates background knowledge and includes references to culture and current events. The speaker refers to the pollution crisis in Mexico City and explains the problem as well as part of the solution and then ties them to her argument. Her use of statements such as *"un manto de neblina," "nunca se sabe,"* and *"a diario,"* is very much in line with the target language use of idioms, and demonstrates a natural comfort and confidence in speaking the language. The speaker uses idioms, demonstrating a strong grasp of Spanish language and culture.

An Example of a "3" Communication

The following is an example of a spoken presentational communication that would receive a score of "3." The breakdown and analysis of the example are provided in the paragraph that follows.

Tema: Los Desafíos Mundiales

El medio ambiente está cambiando y está siendo dañado por culpa de los seres humanos. En tu opinión, ¿debemos proteger el medio ambiente y limitar la contaminación del aire y del agua? ¿Cómo y por qué? En tu presentación refiérete a lo que has estudiado en tus cursos.

Sí, yo creo que el medio ambiente está cambiando y siendo dañado por culpa de los seres humanos. Los seres humanos no cuidan el medio ambiente y es importante. Sí, debemos proteger el medio ambiente y limitar la contaminación del aire y del agua. Podemos limitar la contaminación con métodos sencillos. Uno, podemos, … hum … primero podemos poner árboles en las escuelas o en las casas. Podemos caminar o montar en bicicleta o ir en autobús para no usar un auto. Podemos no usar electricidad cuando no es necesario y apagar la televisión o desconectar el cargador del teléfono celular. También podemos cambiar el … cambiar … hum … la luz en la casa y usar correo electrónico en vez de papel para escribir cartas. En casa podemos … hum … usar una botella de agua más de una vez para no tirarla en el bas … la basura. También usar la taza de café más de un vez. Es importante producir menos basura y protegemos el medio ambiente.

También debemos proteger el medio ambiente porque vivimos aquí y no tenemos otro planeta para vivir. El planeta necesita proteger el medio ambiente para que nosotros vivimos.

Cuando yo voy a España, tienen contenedores de reciclaje en las aceras y ellos reciclan más que en el resto de Europa. En España hay programas para reciclar mejor y muchas personas usan los contenedores de reciclaje. Es importante reciclar en España y en todas partes. Es bueno reciclar para proteger el medio ambiente.

Por eso debemos proteger el medio ambiente. Gracias, clase.

The scoring rubric for a "3" includes the following:

- Task is addressed, and ideas on familiar topics are developed.

- Communication skills are limited.

- Simple sentence structures are used.

- Vocabulary is limited to core vocabulary.

- Pronunciation and pacing are such that a listener used to working with language learners could understand.

- Register may be inappropriate or inconsistent.

- Speaker can identify some cultural practices.

Analysis of Score "3" Sample Communication

Task is addressed and ideas on familiar topics are developed.

This sample received a score of "3" because it showed some planning (there was a beginning, middle, and end), but it repeated the same points and used very basic sentence structure.

Communication skills are limited.

While the speaker was able to express his opinion, he repeated the same idea: *"debemos proteger el medio ambiente."* While the speaker is able to self-correct, thus aiding in the clarification of his ideas, it is clear he is limited in what he can say.

Simple sentence structures are used.

The sentence structures are basic, and the entire presentation is in the present tense.

Vocabulary is limited to core vocabulary.

While the speaker was able to express his opinion, it was clear he was limited by his vocabulary. In the sentence *"También podemos cambiar el … cambiar … um … la luz en la casa,"* one can assume he wanted to say *"bombilla"* or *"foco"* but could not find the word.

Pronunciation and pacing are such that a listener used to working with language learners could understand.

The pronunciation and pacing affected comprehensibility at times, and there were some long pauses. He often used "um" during his presentation.

Register may be inappropriate or inconsistent.

The register was appropriate.

Speaker can identify some cultural practices.

Some errors affected comprehensibility; however, the speaker was able to include background knowledge and cultural references correctly. He was able to refer to his trip to Spain but did so in the present tense. He noted that Spain recycles more than any other European nation but was unable to develop that point further.

Suggested Topics for Spoken Presentational Communication

Tema: Los Desafíos Mundiales

El Agua

En muchos países del mundo, la gente sufre por el limitado acceso al agua. Los científicos y ecologistas dicen que debemos conservar el agua para que el problema no siga aumentando. ¿Qué medidas para conservar el agua has tomado o se han implementado en tu comunidad? Compara tus ideas y situación con las realidades de los países hispanohablantes que tú has estudiado.

El Medio Ambiente

Proteger el medio ambiente suena como un trabajo grande, pero se pueden hacer cambios pequeños que puedan tener un gran impacto. ¿Qué cambios has hecho tú o han hecho los de tu familia o tu comunidad? Da ejemplos de cambios ecológicos que han ocurrido en países hispanohablantes que tú has estudiado.

La Medicina

Hoy en día hay muchas medicinas básicas a curar y prevenir enfermedades. Describe cómo la medicina ha mejorado la vida a millones de personas. Describe qué medicamentos y tratamientos se hacen para las comunidades donde vives y compara tu contexto con los países hispanohablantes que tú has estudiado.

Tema: La Ciencia y la Tecnología

La Brecha Digital

Hoy en día, la red de Internet tiene un papel importante en la educación y la comunicación para muchas personas. Pero, en muchas regiones del mundo, las personas no tienen acceso a la red. Esto se llama la "brecha digital". ¿Es importante que todo el mundo tenga acceso a la red? ¿Por qué? Describe métodos para llevar el acceso a la red a estas partes del mundo.

La Tecnología en las Escuelas

Como estudiante del siglo XXI, es muy probable que tú uses alguna forma de tecnología a diario. ¿Crees que la tecnología ayuda a los estudiantes y en qué manera? ¿Cómo usan la tecnología en tu escuela? Compara el uso de tecnología en tu escuela con su uso en las escuelas de alguno de los países hispanohablantes que has estudiado.

Los Avances Médicos

Los avances médicos de los últimos siglos han salvado la vida a millones de personas. En tu opinión, ¿cuáles son los avances médicos que más impacto han tenido para la humanidad? ¿Por qué es importante que la medicina siga avanzando?

Tema: La Vida Contemporánea

Las Redes Sociales en Internet

Las redes sociales de Internet, como Facebook, Twitter, LinkedIn, Google Plus, Pinterest, Instagram y muchas más, han cambiado la forma en que las personas se comunican, reciben noticias y hasta ven películas ven. En tu opinión, ¿cómo han cambiado estos sitios Web sociales la vida de los jóvenes de hoy? Describe los efectos negativos y positivos de ser miembro de una red social.

Estudiar en el Extranjero

Para muchos estudiantes de la universidad, ir a estudiar al extranjero unas semanas o hasta todo un semestre es una experiencia única y grata. ¿Te gustaría estudiar en el extranjero? ¿Por qué y en qué país? ¿Qué aprenderías?

La Edad Mínima Legal para Manejar

En tu comunidad, ¿a qué edad pueden sacar un permiso de conducir los jóvenes? ¿Crees que la edad es apropiada? Muchos países han subido la edad a los 18 años y otros no tienen edad mínima. Describe tus opiniones y compáralas con las prácticas de algunos países hispanohablantes.

Tema: Las Identidades Personales y Públicas

El Voto y los Jóvenes

El derecho de votar y elegir los líderes de un país es una responsabilidad muy grande. Aún así, muchos jóvenes no votan. ¿Por qué crees tú que no votan? ¿Deben votar los jóvenes? ¿Qué acciones has visto tú en tu comunidad para motivar a los jóvenes en tu comunidad a votar? ¿Qué impacto pueden tener los jóvenes en el mundo con su voto?

El Robo de Identidad por Criminales

El robo de identidad por criminales es algo por lo cual miles de personas sufren cada año y les cuesta miles de dólares. ¿Cómo puede la gente prevenir el robo de identidad? ¿Qué métodos has escuchado para educar a la gente? ¿Debe el gobierno preocuparse por estos crímenes?

La Identidad Personal

La identidad de una persona está definida por muchas cosas, incluyendo la familia, la religión, la comunidad y la cultura. ¿Cuáles son las cosas que más han creado tu identidad personal? ¿Cómo te describes y por qué? Compara tu experiencia de los aspectos que más impactan en tu identidad con la de los jóvenes de los países hispanohablantes que tú has estudiado.

Tema: Las Familias y las Comunidades

El Servicio a la Comunidad

Muchas escuelas están imponiendo el requisito de que los estudiantes deben completar cierta cantidad de horas de servicio comunitario para poder graduarse. En tu opinión, ¿debe ser requerido que los estudiantes donen su tiempo en forma de servicio a la comunidad? ¿Por qué? ¿Cuáles serían los resultados en tu comunidad? Compara tus experiencias como estudiante con las de estudiantes en otros países hispanohablantes que tú has estudiado.

La Importancia de la Comida Familiar

En todo el mundo, alguna comida familiar, sea la cena o el almuerzo, etc., tiene un lugar importante en la cultura y las tradiciones. Compara tus tradiciones de una comida familiar con las de uno de los países hispanohablantes que tú has estudiado.

La Importancia de la Familia Extendida

¿Te comunicas con tu familia extendida? ¿Qué papel tienen ellos en tu familia y tradiciones? Compara tus tradiciones y experiencias teniendo una familia extendida con las de uno de los países hispanohablantes que tú has estudiado.

Tema: La Belleza y la Estética

La Música

Se dice que la música es un idioma internacional y que une a la gente. ¿Has escuchado música en español? ¿Te gustó o no te gustó? ¿Cómo se puede comparar con la música que tú escuchas a diario?

La Literatura

Describe a un personaje de un cuento que hayas leído en la clase de español. ¿Qué te gustó de ese personaje? Compara ese personaje con un personaje de otro cuento que hayas leído.

Las Costumbres

Describe tus tradiciones de algún día festivo. ¿Tienen sus orígenes en el calendario de alguna religión? ¿Cómo se pueden comparar con las tradiciones de uno de los países hispanohablantes que tú has estudiado? ¿Qué papel tiene la religión en ese día en un país hispanohablante?

Written Presentational Communication

What Is Written Presentational Communication?

The written presentational communication section (Presentational Writing: Persuasive Essay) of the AP Spanish Language and Culture exam is designed to measure the student's ability to write in Spanish using correct spelling, grammar, and vocabulary. Students are assessed on their ability to complete the task, interpret and understand the provided authentic sources, and use a variety of sentence structures to present an idea through the written word. Students are asked to use reference tools to create expository, persuasive, or narrative essays. A student's ability to demonstrate an understanding of the culture of Spanish-speaking countries is also assessed. Students may have to listen to a recording, examine an image, read a passage from a story or an article, or examine multiple sources.

During the written presentational communication portion of the exam, students will be given three sources related to a topic. Regardless of whether the sources are written, auditory, or visual, students will have six minutes to read the essay topic and review the printed material. If an audio source is included, students will listen to the recording. After these preparatory minutes for the sources, students will have 40 minutes to prepare and write their persuasive essay. Students will have to compare and contrast information, formulate an opinion, draw on background knowledge, and analyze the sources to write a well-organized and well-written essay that flows throughout.

As with any essay writing assignment, it is important that students practice writing and organizing their thoughts. Using graphic organizers while studying for the AP exam is strongly suggested for those students whose writing skills are lacking. While these are skills they should have acquired in other courses and need to apply to their essay writing on the AP Spanish exam, it is important that all students, whether good writers or not, practice their organization skills prior to the exam.

Presentational communication also allows the writer to demonstrate background knowledge on the culture and practices of Spanish-speaking nations. Suggested preparation, therefore, includes reading Spanish-language newspapers, articles, and works of both fiction and nonfiction. Students should focus on the vocabulary, grammar structure, and organization of the reading materials, especially those in which information is being compared or analyzed.

How Does Presentational Communication Differ from Interpersonal Communication?

Interpersonal communication focuses on the test-taker's ability to interact with another person in conversation. It assesses the appropriateness in a social setting and how well the test-taker can use the appropriate register, engage in a conversation, and ask/answer questions. The written interpersonal communication portion of the exam, assesses the student's ability to communicate through short written responses such as an e-mail, postcard, or letter. The audience is clearly stated in interpersonal communication; therefore, the register is very important. During presentational communication, the audience may or may not be noted.

How Does Presentational Communication Differ from Interpretive Communication?

Interpretive communication asks the student to examine some authentic sources that can be written, auditory, or visual. Students are then asked a series of multiple-choice questions or questions requiring short answers pertaining to the sources given. There is no spoken component asked of the student, and the writing asked of the student, if any, is very minimal. Presentational communication will ask the student to speak and write extensively in Spanish, and grading will focus on grammar structure, vocabulary, register, pronunciation, and organization, among other criteria.

What Are Some Strategies for the Written Presentational Communication?

The written presentational communication section of the AP Spanish Language and Culture exam will ask the student to read, view, or listen to some authentic source materials from the Spanish-speaking world. Students will have six minutes to read and or view the source materials. These materials can be in the form of an excerpt from a story or article or a map, graph, or other visual material. If students are asked to listen to an audio recording of an authentic source, they will have time to hear it twice. Once their six minutes are up, students will have forty minutes to prepare and write their essay. Listed here are some proven tips for successfully writing the persuasive essay:

- Read the task/question at least twice, and make sure the task is clearly understood.

- Determine what the task is asking (i.e., compare and contrast, detail, defend, etc.).

- Remember to stay on task with the question. No matter how detailed and grammatically correct the essay may be, if the task is not completed, points will not be awarded.

- Take notes during the audio portion.

- It is acceptable to underline or make notes in the margins of the written sources (*fuentes*).

- Rewrite the task in your notes. This will keep you focused and reiterate what you need to look and listen for in the sources.

- Take time to organize your thoughts. Creating a brief outline or key bullet points will help you stay on track and complete the task and will ensure that you refer to all sources.

- Ensure the essay has a clear beginning, body, and ending.

- Include all the sources, or *fuentes,* in the essay. If the title or author is known, mention it.

- Don't just refer to the *fuentes*; interpret them. Take what the sources are saying, refer to them, and explain how they are supporting your argument.

- Allow time for self-correction; read what is written, and correct as many errors as possible.

- Study transitional words and phrases prior to the exam.

What Are the Grammatical Structures That a Student Is Expected to Be Able to Use Correctly and Appropriately When Writing the Persuasive Essay?

Students should be able to demonstrate their knowledge of the Spanish language and be able to communicate clearly using various grammar structures correctly. Following are some of these grammar structures.

Nouns and adjectives

- **Gender:** All nouns in Spanish are either masculine or feminine. Students should know the gender of common nouns (those nouns that would make up the core vocabulary). Students should also be able to use the appropriate article *el, la, los,* or *las* in accordance with the noun's gender and number.

- **Noun-adjective agreement:** Depending on the gender and number of the noun, students should ensure that any adjectives used agree with the noun. For example, students should know that the noun *hombres* is masculine and plural; therefore, in order to say the "wise men," students should use *sabios,* since it is masculine plural.

- **Adjective placement:** Students should know that while in English adjectives are always placed before the noun, in Spanish most of the time adjectives are placed after the noun. For example, in English we say "the interesting game," while in Spanish, the adjective must follow the noun and the phrase becomes *"un partido interesante."* Adjectives that are placed after the noun describe it and give more information about the noun. Adjectives that are placed before the noun embellish the noun. For example, in *"el amigo viejo,"* the adjective *viejo* follows the noun and thus refers to the friend's age, saying he is old; in *"el viejo amigo,"* the adjective precedes the noun because it refers to the friend having been around for a long time. The placement of the adjective changes the meaning.

- **Possessive adjectives:** Possessive adjectives show ownership and are placed before the noun. Students should know that they must agree with the noun in number and gender. For example, if two boys were to refer to "our friends," which happens to be a group of female friends, they must use the plural feminine *"nuestras amigas"* because *amigas* is feminine, regardless of the gender of the group in possession.

Pronouns

- **Personal:** Personal pronouns must be used correctly, since they are the first thing most Spanish students learn in terms of grammar. These include *yo, tú, usted (Ud.), él, ella, nosotros, nosotras, vosotros, vosotras, ustedes (Uds.), ellos,* and *ellas.* They are used in place of nouns; therefore, students must ensure that pronouns and verbs are in agreement, with the correct verb conjugation, as well as use the appropriate adjective form for the gender and number of the pronoun.

- **Direct object and indirect object:** Direct object pronouns answer the questions "What?" or "Who?" and go before the verb in Spanish. They are *me, te, lo, la, nos, os, los, las.* For example, to say "I know them," it would be *"los conozco."* In that sentence, *los* precedes the verb and answers the question "Who?" Indirect object pronouns replace nouns that indirectly receive the action of the verb; they answer the questions "For Whom?" or "To Whom?" or "From Whom?" and are also placed before the verb. They are *me, te, le, nos, os, les.* For example, to say "I wrote him," it would be, *"le escribí."*

Verb forms

- **Verb conjugation:** Students should know how to conjugate verbs correctly and ensure that verb and noun agree. The basic verb forms students should know and be able to communicate in are as follows:

  - Present tense—Students should know when to use the present tense and its conjugation forms. This is the most basic of all grammar structures and students should know it well.

  - Preterit tense—Students should be very comfortable when it comes to conjugating the simple past, or preterit tense. They should know how to conjugate both regular and irregular verbs and be able to communicate past events clearly. The conjugation of *-ar, -er,* and *-ir* verbs calls for an accent mark in the *yo, tú, Ud./él/ella,* and *vosotros/as* forms. Students must include these accents to ensure the meaning of the verb is clear. For example leaving the accent off the *Ud./él/ella* conjugation for *hablar* in preterit would change its meaning from "he spoke" *(habló)* to "I speak" *(hablo).*

  - Future tense—Students should be comfortable communicating in the future tense. From the very basic "*ir + a +* infinitive" method to using the

-é, -ás, -á, -emos, -éis, -án endings, students should know how to speak about the future.

- Imperfect tense—Students should be comfortable using the imperfect, especially since oftentimes they are asked to discuss their experiences. The imperfect talks about "what used to happen" or what was customary. When using the imperfect, students should keep in mind that the *nosotros/as* conjugation for *-ar* verbs, and all the verb forms for *-er* and *-ir* verbs have accent marks.

- Progressive tenses—The present, preterit, imperfect, future, subjunctive, conditional, and imperfect subjunctive, all have a form of the progressive tense. In the progressive tenses, students must conjugate not only the verb *estar* but also the present participle of the main action verb. While it is strongly suggested that students know how to use the present progressive (e.g., *ella está comiendo*), preterit progressive (*ella estuvo comiendo*), and the imperfect progressive (*ella estaba comiendo*), the other forms are not required for communication. The use of the progressive tenses is an example of the "higher-level" grammar structure described in the scoring rubrics.

- Perfect tenses—The perfect tenses are also considered "higher-level" grammar structure. Students will have probably studied them in their Spanish courses and may encounter them in readings. Using them for communicating on the AP exam will demonstrate their abilities and knowledge of higher-level grammar structures. The perfect tenses involve the use of the verb *haber* and the past participle of a verb. For example, *comer* in present perfect would be *"yo he comido"*; past perfect, *"yo había comido"*; future perfect, *"yo habré comido"*; and conditional perfect, *"yo habría comido."*

- Subjunctive tenses—The subjunctive mood is used to indicate uncertainty on the part of the writer/speaker and usually expresses emotions, doubt, feelings, suggestions, preferences, etc. Usually verbs conjugated into a subjunctive tense follow the word *que* in a complex sentence. There are four subjunctive tenses: present subjunctive (*yo hable*), imperfect subjunctive (*yo hablara*), present perfect subjunctive (*yo haya hablado*), and pluperfect subjunctive (*yo hubiera hablado*).

- **Irregular verbs:** Common irregular verbs, such as *ser, estar, decir, ir, tener, ver, saber,* and *dar* should be familiar to students, as well as verbs with irregular *yo* forms, such as those whose infinitives end in *-car, -gar, -cir, -gir, -ger, -guir,* and *-quir.* Students should also know how to conjugate common stem-changing verbs such as *vestir, dormir, encontrar, almorzar, querer, preferir, empezar,* and *cerrar,* among others. Students should know how to conjugate them in the present, preterit, future, imperfect, progressive, perfect, and subjunctive.

- **Subject-verb agreement:** It is very important that students know how to conjugate verbs correctly, which includes ensuring that the subject noun or pronoun is in agreement with the verb.

- **Reflexive verbs:** Reflexive verbs are very common in Spanish, and students should know how to use them. One can instantly recognize a reflexive verb because *se* is added to the end of the infinitive (*ducharse, casarse, vestirse,* etc). Reflexive verbs can be conjugated in any tense. Reflexive verbs are formed by adding the reflexive pronouns *me, te, se, nos, os, se* before the conjugated verb (*Ellos se visten*), at the end of the infinitive (*Ellos van a vestirse*), or attached to the present participle (*Ellos están vistiéndose*).

- **Commands:** Commands, or imperatives, tell someone what to do. To tell someone not to do something in Spanish, students add *no* before the verb. Students need to know how to give commands in Spanish because they may be asked their opinion on what a person should do in various situations.

Adverbs

Adverbs describe verbs, adjectives, or other adverbs and do not have gender or number differentiation. Students should know that many adverbs are created by adding *-mente* to the adjective (as in *fácilmente, naturalmente, nuevamente,* and *rápidamente*).

Interrogatives

Students can expect to carry on a conversation or be in a discussion in which they may have to ask questions. Part of any language is the ability to ask for information; therefore, it is very important that students know how to form questions and how to spell the question words correctly. All interrogatives in Spanish have accent marks, and students must use them. The main question words are *¿Qué?, ¿Quién?, ¿Cuándo?, ¿Cómo?, ¿Por qué?, ¿Cuánto?* and *¿Dónde?*.

Accent marks

Accent marks are very important when writing in Spanish, and students should know how and when to use them. Accent marks are only ever found on vowels. The following rules for accent marks and natural stresses should be followed.

- Words ending in a vowel or the consonants -*n* or -*s* have a natural stress on the next-to-last, or penultimate, syllable (e.g., *como, libros, gata, hablan*).

- Words ending in a consonant other than -*n* or -*s* have a natural stress on the last syllable (e.g., *amor, pared, tenedor, marcador*).

- Diphthongs are letter combinations where a weak vowel (*i, u, y*) is combined with a strong vowel (*a, e, o*). Usually you will hear the strong vowel (e.g., *ciencia, duelo, graciosa*).

- Written accent marks change the stress on the above rules. For example:

  o *mamá, canción, página*

  o *lápiz, básquetbol*

  o *grúa, García, suéter*

- Some words will have a very different meaning with or without a written accent mark but are pronounced the same. Students should know these common words below.

  o *tú / tu*

  o *él / el*

  o *dé / de*

  o *sé / se*

  o *mí / mi*

  o *sólo / solo*

  o *más / mas*

- The following words have different meanings and different pronunciations.

  o *está / esta*

  o *estás / estas*

- o *mamá / mama*

- o *papá / papa*

- Students should also note that all interrogative words have accent marks.

Transitional Words and Phrases

In any type of communication, students need to know how to transition between ideas. Especially when writing their persuasive essay, students need to be able to transition from one idea to another. Below are some transition words and phrases that all AP Spanish students should know.

- Aunque

- A pesar de

- Ante todo

- A la vez

- De todos modos

- Entonces

- En cuanto a

- En primer lugar / primeramente

- En fin / en conclusión

- En resumen

- Finalmente

- Hay que tener en cuenta

- Mientras tanto

- Opino

- Por lo tanto

- Por último

- Sobre todo

- Todavía

- Ya que

Idioms

A very good way to demonstrate knowledge of the target language culture is the use of idioms. Below are just a few common idioms that may be used as transitional phrases and that students may find useful.

- A lo mejor
- A fin de cuentas
- Cambiando de tema
- Como si fuera poco
- De costumbre
- En adelante
- Más o menos
- Menos mal
- Ojalá
- Otra vez
- Por casualidad
- Por cierto
- Por otro lado
- Por lo regular
- Se trata de
- Sin duda
- Tal vez
- Tener que

How Is the Written Presentational Communication Graded?

A real person, not a machine, grades the persuasive essay. As we've mentioned, the "readers," as the graders are called, are high school AP teachers and college faculty members who meet in a designated city in June. They are trained by a chief reader, a college professor who ensures that students' scores are fair representations of college-level achievement. All readers spend a day working with the table leaders to study the rubric and evaluate the scoring process. All readers are taught how to read and score the exams using the same rubric and standards. Readers are then given a set of essays to score. Table leaders will cross-check the readers' scores to maintain consistency in scoring and provide a fair evaluation of student scoring. All essays are awarded a score between "0" and "5."

According to the College Board AP Spanish Language Presentational Writing Scoring Guidelines, students will be graded on the following key points:

- Discourse and Development: How well does the writer address the task and develop his or her ideas? Is planning and organization evident? Does the writer use paragraph-length writing to support his or her ideas? Does the writer incorporate all the sources in the essay?

- Strategies: Does the writer use various types of methods to aid in the reader's ability to understand? Does the writer try to correct any errors, and if so, does it help the comprehensibility of the essay?

- Language Structures: Does the student use a variety of simple and complex sentences? Are there little or no errors? Do the errors that do exist prevent the reader from understanding what the writer is trying to convey?

- Vocabulary: Does the writer use a wide range of vocabulary words to express his or her ideas? Does the writer's knowledge of vocabulary extend beyond the core vocabulary? Can the writer incorporate some idiomatic words or phrases naturally?

- Writing Conventions: Is the writer using the correct punctuation, spelling, accent marks, and paragraph form? Is the writing legible?

- Register: Is the register appropriate for the audience, and is it consistent during the entire essay?

- Cultures, Connections, and Comparisons: How well does the speaker incorporate and describe the practices of the various cultures in the Spanish-speaking world, including some geographic, historical, artistic, social, or political aspects?

Below is a sample of the rubric for Presentational Writing: Persuasive Essay.

5-Strong

- Topic is addressed and answered very well.

- Student understands and uses all the sources well and incorporates the material into a well-thought-out argument. Sources are not simply quoted, but analyzed and applied.

- Student develops an opinion and is able to defend it.

- Essay is organized in such a way that it is easy to understand, and the writer's opinion is clearly expressed and supported. The use of transitional words and phrases aids in understanding and organization.

- The use of vocabulary and idiomatic expression is varied and strong.

- Grammar, spelling, punctuation, and the use of accent marks are accurate.

- Essay is written in well-organized paragraph form, and the sentences are both simple and complex. Essay has a clear introduction, body, and conclusion.

4-Good

- Topic is addressed and answered well.

- Understanding of the source material is evident, although there may be a few misunderstood ideas.

- All sources are incorporated into the essay.

- Student develops and creates an original idea and can defend it clearly.

- Essay is organized and uses transitional words and phrases to help the reader follow along.

- The reader can understand the essay with little effort; while a few errors may be present, they do not hinder the reader's ability to understand the essay.

- Vocabulary is varied, and student uses idiomatic expressions.

- Grammar, spelling, punctuation, and the use of accent marks are mostly accurate.

- Essay is written in paragraph form, and sentences are both simple and complex. There is an introduction, body, and conclusion.

3-Fair

- The topic is addressed within the essay.

- The writer is able to understand and refer to most of the sources, though some errors exist.

- At least two of the sources are incorporated into the essay.

- Student can create an opinion and defends it to the degree that the reader can understand it, with some effort at times.

- Some organization is evident; however, essay lacks clear flow and use of transitional phrases.

- Reader is able to understand the essay, although some errors may hinder the reader's ability to clearly comprehend.

- Vocabulary is basic, and idiomatic expressions are very few.

- Grammar, spelling, punctuation, and the use of accent marks show some control.

- Essay lacks a clear paragraph form consisting of sentences. There is no clear introduction, body, and conclusion format.

2-Weak

- The topic is minimally addressed.

- Very little comprehension of the sources is present, and information is often wrong.

- While the sources are referred to, they are only quoted and do not necessarily support the writer's essay.

- Writer states an opinion but is unable to persuade the reader due to the argument being unclear.

- There is very little organization; the essay jumps from one idea to another without any natural flow or transitional phrases.

- Parts of the essay are not understandable, and the many errors affect the reader's ability to follow along.

- Vocabulary is very limited.

- Grammar, spelling, and use of accent marks are often wrong; there is little or no punctuation.

- Very simple sentences are used and may be influenced by another language.

1-Poor

- The topic is hardly addressed.

- Very little understanding of the sources is demonstrated.

- Sources are quoted, but no interpretation or application of ideas is evident.

- There is little or no organization evident.

- It is hard to understand due to the quantity of errors.

- Vocabulary is very limited.

- Grammar, spelling, and use of accent marks are wrong; there is little or no punctuation.

- Sentences are very short or may be fragments.

- There is clear evidence of the influence of another language.

0-Unacceptable

- Student simply copied down the writing prompt.

- Student does not respond to the prompt.

- Essay was left blank, with no response.

- Student wrote "I don't know" or *"yo no sé."*

Sample Persuasive Essays

Below is a sample of a persuasive essay prompt and its sources. The two sample essays that follow demonstrate a strong written response, earning a score of "5", and a fair written response, earning a score of "3." The directions for the exam are immediately below.

You are asked to write an article for your school newspaper. The essay topic is based on the three sources below. Two of the sources are texts, and one is a visual source. You will have 10 minutes to read the essay topic and review the provided sources. Then, you will have 40 minutes to prepare and write your essay.

In your essay, you should present the sources' different viewpoints on the topic and develop and clearly defend your own opinion on the topic. Use information from all of the sources to support your ideas. Make sure that your writing is organized and is in paragraph form.

Vas a escribir un ensayo para el periódico de tu escuela. El tema del ensayo será sobre la información presentada en las tres siguientes fuentes. Dos de las fuentes son artículos y uno es una fuente visual. Tendrás 10 minutos para revisar las fuentes. Luego tendrás 40 minutos para preparar y escribir tu ensayo.

En tu ensayo, debes presentar las distintas opinones de las fuentes y formar y defender tu propia opinión. Usa información de las tres fuentes para apoyar tus ideas. Asegúrate que tu ensayo esté organizado y contenga párrafos bien desarrollados.

Tema: La Vida Contemporánea

¿Cómo deben estudiar los estudiantes de hoy en día? ¿Cuáles son las mejores maneras de estudiar para tener éxito en los exámenes?

Fuente número 1

Meta Aprendizaje, 6 de diciembre, 2012.

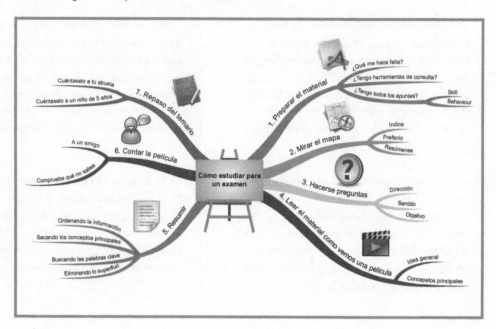

Fuente número 2

Colegio Nuestra Señora del Rosario, Sama de Langreo, Asturias.

Dónde y Cómo Estudiar

- En una habitación que dispongas para ello, si puede ser de tu uso exclusivo, sin malos olores, bien aireada y ventilada, ni con mucho calor ni con frío, sin molestias de ruidos, ni otro tipo de distracciones (televisión, cuarto de juegos de los hermanos, radio, etc.).

- Ten una mesa de trabajo amplia, en la que puedas tener encima todo el material que vas a necesitar, sin otros objetos de distracción como revistas, juegos, adornos móviles, etc.

- La luz que sea preferiblemente natural y si no es así que sea blanca o azul y que proceda del lado contrario a la mano con la que escribes (a un zurdo la luz tendrá que provenirle de la derecha).

- Tanto la mesa como la silla deberán estar en consonancia con tu altura, ser cómodas pero no en exceso. La silla tiene que tener respaldo y ser dura. La comodidad excesiva te llevará a rendir menos e incluso a dejar de estudiar, pero con la incomodidad ocurrirá lo mismo.

- Debes cuidar mucho la postura. Con el tronco estirado y la espalda apoyada en el respaldo de la silla. A una distancia alrededor de 30 cm. del libro o apuntes y si es posible que estén inclinados por un atril u otro objeto, esto hace que la vista y los ojos no se cansen tan pronto.

- Es muy importante estar decidido a la hora de ponerse a estudiar, no titubees e intenta mentalizarte de que ese es el trabajo que tienes que hacer y es mejor hacerlo con alegría y distensión que enfadado y sin ganas.

- Es muy importante que antes de ponerte a estudiar hagas una reflexión sobre todo lo que vas a necesitar y lo coloques o en la mesa o al alcance de la mano (diccionarios, libros de consulta, bolígrafos, reglas, enciclopedias, etc.).

- También es muy importante que sepas qué es lo que vas a hacer cada día y tenerlo todo planificado (pero con flexibilidad). Por eso es muy conveniente que hagas un horario de estudio diario pero que tiene que ser realista, teniendo en cuenta tus capacidades, realizable, factible y también flexible y preparado para los imprevistos, donde no sólo esté reflejado el tiempo de estudio sino también el tiempo de ocio y descanso. Recuerda que cada hora debes descansar 10 minutos.

- A la hora de hacer tu horario piensa cuál es el mejor momento para estudiar, según tus condiciones, y siempre empieza por las asignaturas más fáciles para pasar posteriormente a las más difíciles y terminar con otras también fáciles.

- Las horas de ocio también son importantes, no te olvides de ellas.

- Debes dormir una media de 8 a 10 horas, es fundamental para luego rendir bien.

Fuente número 3

Examtime (http://www.examtime.es/musica-para-estudiar-10-consejos/).

Música para Estudiar

Se dice que para estudiar es necesario estar en un entorno tranquilo y sin distracciones. Sin embargo, para algunos estudiar en un ambiente demasiado silencioso puede resultar contraproducente. En el peor de los escenarios, ese ambiente ideal para estudiar puede hacer que acabes luchando por no quedarte dormido.

A pesar de que algunos estudios dicen que escuchar música no es bueno para estudiar, creemos que escuchar música es una buena alternativa a estudiar en silencio. Te sigue proporcionando un ambiente tranquilo, en el que puedes ser productivo estudiando pero a la vez no estás en un silencio absoluto. La música además ayuda a elevar tu estado de ánimo y a motivarte a continuar.

El reto está en seleccionar la música adecuada. Si eliges un tipo de música es posible que acabes distraído por ella en vez de mejorar tu concentración para aprender el temario de tu próximo examen.

An Example of a "5" Written Communication

Mi padre siempre dice que todo lo que es bueno cuesta trabajo. Esto es verdad. Por eso yo tengo que estudiar todos los días para las clases y para los exámenes. Cada estudiante tiene sus maneras preferidas de estudiar. Yo tengo mis maneras preferidas y les voy a explicar porqué yo creo que son las mejores maneras de estudiar.

Primeramente, estudiar para un examen es como un trabajo y es necesario tener tus herramientas para el trabajo. Mis herramientas de estudio son mis libros, el escritorio y la lámpara en mi dormitorio, mi computadora y mi iPod con mi música favorita. En la primera fuente, la foto dice que el estudiante debe preparar el material; para mí el material son mis herramientas de estudio. En la segunda fuente, el autor menciona que es necesario tener una silla cómoda y luz natural. Yo estoy de acuerdo porque si yo no estudio sentada en mi escritorio no puedo concentrarme y después me duelen la cabeza y la espalda. También necesito tener mi música favorita sonando. En la tercera fuente, el autor explica cómo un ambiente demasiado silencioso puede resultar contraproducente. Eso me pasa si no escucho música, porque oigo a las personas de al rededor o pienso en otras cosas y no en lo que estoy leyendo. Así entonces, yo escucho música para relajarme y ponerme de buen humor para estudiar. Depende en qué país viva un estudiante o qué idioma hable, la música será diferente. Yo escucho música de todo tipo y ahora escucho a Juanes por la clase de español.

Una vez que un estudiante tenga las herramientas, o materiales, es importante que él o ella lea el material como está el número 4 en la fuente #1. Los estudiantes deben leer el material y repasarlo hasta que puedan resumirlo como dice el número 5. Hacer esto ayuda a que el estudiante ordene la información y después pueda usar la información en el examen y no la olvide al final de semestre. Yo uso fichas para estudiar y repasar los datos importantes de cada curso.

También es muy importante que un estudiante repase la información al final del año para los exámenes finales. Ser organizada me ayuda a guardar mis apuntes en un cuaderno en la computadora y usar los apuntes después del año. En la fuente #2 el autor dice que es importante saber qué vas a hacer cada día, y es verdad. Si un estudiante estudia todos los días y no solamente para el examen, el estudiante saca mejor notas. Pero también es importante descansar y ser realista, como dice la fuente #2. Yo estudio veinte minutos o media hora a diario, y los días que tengo un examen estudio una hora o más. Estudiar así me ayuda a sacar buenas notas y no tener mucho estress el día antes de un examen.

Al fin y al cabo, todos tienen que estudiar y es importante buscar la mejor manera para cada persona. Estudiar ayuda sacar buenas notas y también a ser responsable, pero como cada persona es diferente, es importante que cada estudiante busque su mejor manera de estudiar y tener exito en su trabajo de estudiante.

The scoring rubric for a "5" includes the following:

- Topic is addressed and answered very well.

- Writer understands and uses all the sources well and incorporates the material into a well-thought-out argument.

- All sources are utilized well in the essay; they are not simply quoted but analyzed and applied.

- Writer develops an opinion and is able to defend it.

- Essay is easy to understand; the use of transitional words and phrases aids in understanding and organization.

- Use of vocabulary and idiomatic expression is varied and strong.

- Grammar, spelling, punctuation, and the use of accent marks are accurate.

- Essay has well-organized paragraph form, with clear introduction, body, and conclusion; the sentences are both simple and complex.

Analysis of Score "5" Sample Communication

Topic is addressed and answered very well.

The writer answers both parts of the essay thoroughly. She gives examples of how she studies and explains how it helps her do well in her classes, thus answering the second part of the task. The register is appropriate for the essay, although the task was to write an article for a school newspaper. She could have made the essay directed toward a student population; nonetheless, she remains consistent throughout the essay.

Writer understands and uses all the sources well and incorporates the material into a well-thought-out argument.

She refers to the third source first because it flows naturally with her explanation of the *herramientas*, or "tools," she uses for her studying. She then jumps to the first source in the third paragraph to support her idea for her study methods, and lastly refers to the second source toward the end of her essay when she talks about planning and frequency.

All sources are utilized well in the essay; they are not simply quoted but analyzed and applied.

Her use of the sources in her essay is strong. She does not simply quote the sources; she refers to them, explains them, and applies them. A good example of this is in her fourth paragraph where she refers to the second *fuente*. She uses the source as a platform to support her ideas. She develops her ideas well and gives a personal experience for each.

Writer develops an opinion and is able to defend it.

Her essay offers three ideas on when and how to study, and she uses the sources to back her up. In the fourth paragraph, she refers to the second source and explains the frequency in her study habits, then provides the rationale and outcome.

Essay is easy to understand; the use of transitional words and phrases aids in understanding and organization.

The essay is clearly laid out, and organization is very evident. The introductory paragraph draws in the reader and lays out what will be said in the essay. The use of *primeramente, una vez que, también,* and *al fin y al cabo* lets the reader know the essay's progression and transitions the reader from one idea to the next.

Use of vocabulary and idiomatic expression is varied and strong.

The writer is able to use varied language to explain her ideas and persuade the reader to understand her opinion. The writer is able to use words and idiomatic expressions such as *herramientas, luz natural, personas de alrededor, apuntes, a diario,* and *al fin y al cabo.*

Grammar, spelling, punctuation, and the use of accent marks are accurate.

There are very few errors in this essay. The grammar is correct, and there is clear noun and verb agreement. As far as spelling mistakes, *al rededor* is incorrect, for example, and *éxito* is missing an accent, although these may have been oversights due to lack of time rather than lack of knowledge.

Essay has well-organized paragraph form, with clear introduction, body, and conclusion; the sentences are both simple and complex.

The essay is written in five clear paragraphs, each with its own main idea and supporting sentences. The first sentence is an attention grabber and sets the tone for the entire essay: *"Mi padre siempre dice que todo lo que es bueno cuesta trabajo."* This sentence represents a strong opening. Throughout the essay, the writer uses sentences that are both simple and complex (*Una vez que un estudiante tenga … es importante que…lea …*).

An Example of a "3" Written Communication

No me gusta estudiar pero yo tengo que estudiar por las clases. Estudiar es muy importante porque los estudiantes saben más en los exámenes si estudian bien y yo quiero aprobar las clases. Porque tengo que estudiar, es importante estudiar como a mi me gusta más. Voy a explicar como estudio y cuál es la mejor manera de estudiar.

En la fuente #1 se dice que la mejor manera de estudiar es preparar el material, mirar el mapa, hacerse preguntas, leer, resumir, contar y repasar. Es muy buena idea preparar el material porque es importante saber qué se debe estudiar. También es importante hacerse preguntas. Muchos estudiantes hacen exámenes para estudiar, y yo también. Me gusta estudiar y hacerme preguntas porque así aprendo más para el examen. La fuente dice que los estudiantes deben resumir y yo creo que eso también es importante y bueno. En las clases de inglés e historia es muy importante resumir para aprender las historias. La fuente dice que los estudiantes deben contar la película, y para mi no es importante, ni tampoco el repaso del temario a una abuela y un niño de 5 años, porque lleva mucho tiempo y los estudiantes tienen muchas clases y tareas y exámenes. En la fuente #2 se dicen muchas ideas y me gustan mucho, pero también puedes estudiar en el dormitorio.

Yo estudio en mi dormitorio, estoy solo y me gusta estudiar en mi cama porque es muy cómoda. Yo creo que el autor dice que "empieza por las asignaturas más fáciles" porque así tú te sientes mejor al empezar. Yo hacer la tarea y despues estudiar. Me gusta comida y comer estudio para que no duermo. La fuente #3 dice que estudiar con música es "una buena alternativa a estudiar en silencio. Te sigue proporcionando un ambiente tranquilo, en el que puedes ser productivo estudiando pero a la vez no estás en un silencio absoluto. La música además ayuda a elevar tu estado de ánimo y a motivarte a continuar."

En conclusión, es importante estudiar y los estudiantes deben estudiar hoy en día con música.

The scoring rubric for a "3" includes the following:

- The topic is addressed within the essay.

- The writer is able to understand and refer to most of the sources, though some errors exist.

- At least two of the sources are incorporated into the essay.

- The student can create an opinion and defends it to the degree that the reader can understand it, with some effort at times.

- Some organization is evident; however, the essay lacks clear flow and use of transitional phrases.

- The reader is able to understand the essay, although some errors may hinder the reader's ability to clearly comprehend.

- Vocabulary is basic, and idiomatic expressions are very few.

- Grammar, spelling, punctuation, and the use of accent marks show some control.

- Essay lacks a clear paragraph form consisting of sentences. There is no clear introduction, body, and conclusion format.

Analysis of Score "3" Sample Communication

The topic is addressed within the essay.

The writer addresses the task and is able to understand most of the sources. While the essay is written in paragraph form and has an introduction, body, and conclusion, the closing is very weak, and the essay lacks organization and fluidity.

The writer is able to understand and refer to most of the sources, though some errors exist.

Although the writer makes reference to all three sources, he mostly quotes the sources and misunderstands the first source. The source says to recount the information and break it down as if to a grandmother or five-year-old, thereby understanding the information holistically; however, the writer understands that the source is telling the reader to do so literally. The writer calls this a waste of time.

At least two of the sources are incorporated into the essay.

The writer refers to all three sources but only mentions the second source briefly and quotes one sentence without further explanation.

The student can create an opinion and defends it to the degree that the reader can understand it, with some effort at times.

The writer opens the essay by saying that he does not like to study, although the grammar structure is incorrect. He is able to create an opinion on how to study and explains his study habits, although the weak sentence structure and grammar require the reader to make some effort to understand this.

Some organization is evident; however, the essay lacks clear flow and use of transitional phrases.

The writer does not use any transitional phrases until the final paragraph. The body is not broken up into individual paragraphs; instead, there is an introduction, a long flow of ideas, and a weak closing paragraph. As the writer references each of the sources, however, the reader is able to understand that a new idea is forming.

The reader is able to understand the essay, although some errors may hinder the reader's ability to clearly comprehend.

The writer's ideas are communicated to the reader. A reader who is used to working with language learners would be able to understand the essay; however, a native speaker may struggle at times. The sentence, for example, *"Me gusta comida y comer estudio para que no duermo"* is poorly written, and the reader must struggle to comprehend that the writer means to say he likes to eat while he studies so he doesn't fall asleep.

Vocabulary is basic, and idiomatic expressions are very few.

The vocabulary is very basic; however, he is able to put together a complete essay. There aren't many idiomatic expressions other than *hoy en día,* which is part of the question.

Grammar, spelling, punctuation, and the use of accent marks show some control.

For the most part, the reader can understand the writer's meaning. Misspellings are few, and punctuation is good. Some accent marks are missing, but his use of accents on *sé* and *película* demonstrate that he can use them appropriately. The grammar is the weakest part of the essay. Many verbs are left in the infinitive form, and sentences are generally simple in structure. The sentence *"Yo hacer la tarea y despues estudiar"* has both verbs in the infinitive and *después* is missing its accent mark.

Essay lacks a clear paragraph form made up of sentences. There is no clear introduction, body, and conclusion format.

While three paragraphs are present, the essay has sentences that are confusing and do not flow. The last sentence prior to the final paragraph does not end the idea and leaves the reader hanging on for more.

Sample Essay Questions for Written Presentational Communication

Tema: Los desafíos mundiales

Hoy en día, millones de personas alrededor del mundo pasan hambre. ¿Qué pueden hacer los líderes mundiales para ayudar a las personas que padecen hambruna?

Latinoamérica Avanza en la Lucha Contra el Hambre

Latinoamérica y el Caribe han logrado avances significativos en la lucha contra el hambre y la desnutrición al reducir en 16 millones el número de personas hambrientas en más de una década. Así lo indicó este viernes la directora general del Programa Mundial de Alimentos, Ertharin Cousin, en una visita de dos días a Panamá.

Sin embargo, la titular del PMA agregó que a pesar de los avances, casi 7 millones de niños en edad preescolar están crónicamente desnutridos, un problema que se concentra en las comunidades indígenas y afrodescendientes.

Cousin subrayó que el hambre tiene solución e indicó que el PMA tiene planeado asistir directamente a más de 8 millones de personas en la región, la mayoría de ellas afectadas por las profundas desigualdades y los desastres naturales recurrentes. También destacó la importancia de ayudar a los gobiernos a desarrollar y mejorar planes sostenibles para combatir el hambre.

Iniciativas como "Hambre Cero" en Brasil y la reciente "Cruzada Nacional contra el Hambre" en México pueden liderar el camino, señaló Cousin.

Duración: 1' Producción: Carlos Martínez

Questions to consider:

1. Who are the people that experience hunger?

2. In what parts of the world do they live?

3. What natural resources (or lack thereof) contribute to world hunger in those parts of the world?

4. What actions have been taken to help the hungry?

5. What can be done to help the hungry?

Tema: La Belleza y la Estética

¿Qué tipos de tratamientos naturales sirven para mejorar el bienestar del cuerpo?

Medicina Alternativa: La Aromaterapia

La aromaterapia es un tipo de tratamiento alternativo que emplea aceites esenciales o líquidos aromáticos de plantas, cortezas, hierbas y flores los cuales se frotan en la piel, se inhalan, se ingieren o se añaden al baño con el fin de promover tanto el bienestar físico como psicológico.

En ocasiones, se pueden usar en combinación con masajes y otras técnicas terapéuticas como parte de un enfoque holístico de tratamiento.

El empleo de aromas con fines terapéuticos no es nuevo y ya se utilizaba en el año 4500 A.C. en China. Los antiguos egipcios también usaban aceites esenciales, tanto con fines terapéuticos como para embalsamar. En la Grecia antigua, grandes médicos como Hipócrates y Galeno empleaban hierbas aromáticas y aceites esenciales para tratar a sus pacientes.

En la Europa medieval, las hierbas y aceites solían utilizarse para combatir enfermedades, y en la época del Renacimiento, la Reina Isabel I de Inglaterra apoyó su uso.

Sin embargo, la aromaterapia médica, considerada como el estudio de la farmacología y la química de los aceites esenciales, es de fecha reciente, pero, a pesar de ello, tiene muchos adeptos. Incluso en algunos países como Francia y el Reino Unido la han incorporado en sus sistemas de medicina oficial.

Questions to consider:

1. Why would people want to use aromatherapy instead of other forms of modern medicine?

2. Why does the author mention that *"El empleo de aromas con fines terapéuticos no es nuevo y ya se utilizaba en el año 4500 A.C. en China"*?

3. What modern sciences contribute to the advancement of aromatherapy? Do you believe they are related? In what ways?

4. What are some ways to utilize aromatherapy?

5. What is the main idea of this article?

6. Who is the intended audience?

Tema: Las Familias y las Comunidades

¿Cómo ha cambiado la estructura familiar en los últimos 100 años?

La Crisis Económica y La Estructura de la Familia

Hay una conexión directa entre la crisis económica y la estructura de las familias contemporáneas. Mientras más pobre es un grupo social, más tendencia vemos a la familia ampliada, horizontal, tipo clan, donde cada quien aporta algo de recursos para la manutención del grupo. Es conveniente para todos formar parte de la familia. Por eso mismo suelen nacer más niños en estas estructuras grupales. A falta de un estado de bienestar, la solidaridad intergeneracional: se espera de los niños que cuiden de los viejos cuando llegue el momento. Las familias nucleares clásicas se estructuraron sobre el modelo de la madre criando a los niños, cocinando, cuidando al marido, mientras éste salía a buscar el sustento.

Durante la II Guerra Mundial, las mujeres se hicieron cargo de las fábricas mientras los maridos iban al frente. Al regresar éstos, ellas no quisieron seguir siendo simples amas de casa. Los empresarios, sobre todo en USA, las descubrieron como generadoras de recursos y un mercado gigantesco: con el apoyo de la publicidad, se desató una espiral de producción y consumo sin freno (el consumismo) y se inventaron las tarjetas de crédito.

El resultado es que en los países industrializados y en las clases altas de los países emergentes, las mujeres contribuyen en el presupuesto familiar, que cada vez es más elevado, porque hay que pagar guarderías para los niños, pensiones de retiro, hipotecas, tarjetas de crédito y montones de productos suntuarios necesarios para soportar el estrés que genera el reto de producir sin freno, cada vez más, para poder garantizar la estabilidad del presupuesto familiar.

Questions to consider:

1. How does the author feel about families with two working parents?

2. What does the author refer to in the phrase *"familias nucleares clásicas"*?

3. How does an economic crisis affect traditional family structures? Describe the role of an extended family in your family or a family you may know.

4. Describe some of the arguments he makes against women working outside the home.

5. How did World War II forever change the workforce and the role of women in the workplace?

6. In what way does he rationalize the need for two working parents?

7. What is your opinion of this article?

Tema: La Vida Contemporánea

¿Qué necesita una persona para ser feliz hoy en día?

Comprobado: El Dinero No Compra La Felicidad

¿Sueña con ganarse la lotería y ser feliz para siempre?

Muchos de nosotros también, pero antes de que ponga todas sus esperanzas en un boleto, hay algo que debe saber: toda la evidencia apunta a que ni siquiera un premio grande hará mucha diferencia al final.

Ganarse la lotería no es un tiquet a la felicidad verdadera, no importa cuán atractivo sea imaginar no volver a trabajar nunca y poder comprar todo lo que uno quiera.

Un estudio—"Ganadores de lotería y víctimas de accidentes: ¿Es la felicidad relativa?"—encontró que la gente que ganó grandes premios no eran más felices que quienes compraron boletos pero no ganaron. Al parecer, si uno puede evitar las miserias básicas de la vida, tener un montón de dinero no te hace más feliz que tener poco.

Una manera de explicar esto es asumir que los ganadores de la lotería se acostumbran a su nuevo nivel de riqueza y sencillamente se adaptan a un nivel básico de felicidad, conocido como la "noria hedónica".

Otra explicación es que nuestra felicidad depende de cómo nos sentimos en relación con nuestros pares. Si uno se gana la lotería quizás se sienta más rico que los vecinos y piense que si se muda a una mansión en otro barrio será más feliz. Pero luego mira por la ventana y se da cuenta de que todos los nuevos amigos tienen casas más grandes.

Questions to consider:

1. What does the author consider to be the source of happiness?

2. Why do you think the author wrote this article?

3. Describe some of the *"miserias básicas de la vida"* the author refers to in the third paragraph.

4. Do you agree or disagree with the editorial? Defend your opinion.

Tema: La Ciencia y la Tecnología

¿Qué lugar tiene la tecnología en las aulas?

La Tecnología en la Escuela

Un desafío que tiene nuestro sistema educativo es la incorporación de las nuevas tecnologías para mejorar la calidad de la enseñanza y, obviamente, para ajustarse a las transformaciones técnicas del fin de siglo. Pero no se trata de la mera presencia de computadoras en las aulas. Tampoco de hacer lo que se viene haciendo con un nuevo instrumento. Se trata de aprovechar el sinfín de recursos informáticos para alcanzar nuevos objetivos, para incentivar la creatividad de los estudiantes, para modificar la dinámica de las clases, para traer el mundo a la pantalla del aula.

Se estima que hay cerca de cien mil computadoras entre todos los colegios del país, pero no están, en general, ni bien aprovechadas ni bien distribuidas en la geografía nacional. El número no es pequeño, pero aún parece insuficiente.

Es necesario, junto con los equipos, que se brinde mantenimiento, conexión a Internet, software educativo y capacitación a los docentes. Sólo de esta manera se puede revertir el analfabetismo informático de muchos de nuestros escolares y, también, es la única vía capaz de hacer que las nuevas tecnologías echen raíz en las escuelas actuales.

En este sentido, una interesante iniciativa es el lanzamiento de la Primera Red Telemática de Educación que, a partir de abril y vía fibra óptica, conectará a doce escuelas de educación técnica y tres centros de formación pedagógica de la Ciudad de Buenos Aires. Las autoridades educativas porteñas estiman que para fin de año podrán sumar a las 124 escuelas de nivel medio y a los 21 centros de formación docente. En el futuro está previsto integrar a las escuelas públicas primarias.

A través de la red los estudiantes podrán navegar gratuitamente por Internet y disponer de correo electrónico propio. A la vez, se promoverá el intercambio entre escuelas, docentes y alumnos. Se contempla capacitar a los docentes a fin de que se apropien de la computadora como instrumento docente y, de esa forma, puedan contribuir a que los chicos se apropien de los recursos informáticos para poder navegar por el mundo contemporáneo con la brújula más apropiada.

Así como la educación es un medio de socialización y de preservación de lazos comunitarios, también es una instancia de adaptación al mundo existente. Y, en este sentido, nuestra realidad está profundamente ligada a las transformaciones técnicas. Si las escuelas se apartan de ellas, pierden eficacia en su función. En cambio, si entrelazan la tradición con la innovación técnica, ganará toda la comunidad.

Questions to consider:

1. Who is the intended audience of this editorial?

2. How does the author feel about technology in education? How do you know?

3. What are the proposed benefits of integrating technology in the schools?

4. Why does the author feel that the technology that does exist is not advanced enough?

5. What do you think the author is referring to in the phrase *"el sinfín de recursos informáticos"*?

Time for a quiz
- Review strategies in Chapter 2
- Take Quiz 3 at the REA Study Center
  (www.rea.com/studycenter)

Practice Exam 1

Also available at the REA Study Center *(www.rea.com/studycenter)*

This practice exam is available at the REA Study Center. Although AP exams are administered in paper-and-pencil format, we recommend that you take the online version of the practice exam for the benefits of:

- Instant scoring
- Enforced time conditions
- Integrated audio for the listening portions of the exam
- Detailed score report of your strengths and weaknesses

Section I, Part A

Interpretive Communication: Print Texts

Total time for Section I: 1 hour, 35 minutes

Part A time: 40 minutes

You will read several selections. Each selection is accompanied by a number of questions. For each question, choose the response that is best according to the selection, and mark your answer on your answer sheet.

Vas a leer varios textos. Cada texto va acompañado de varias preguntas. Para cada pregunta, elige la mejor respuesta según el texto e indícala en la hoja de respuestas.

Selección 1

Tema curricular: Las Familias y las Comunidades

Introducción

Este anuncio es sobre un evento culinario que celebra la diversidad de la cocina caribeña, que a su vez tiene influencias de la cocina libanesa, alemana, italiana y judía. Este anuncio apareció originalmente en la revista *Avianca*, de Colombia, en 2009.

Sabor Caribe

SABOR BARRANQUILLA 2009, evento culinario que celebra su segunda versión entre el 21 y el 23 de agosto en el Country Club de la Arenosa.

Asista si le gusta la buena mesa, el sabor variado, dulzón y picante de la comida Caribe y quiere pasar unos días en Barranquilla, Colombia. Esta es la celebración
5   que enaltece la comida de esta región y le da una identidad única.

Este año estarán como invitados especiales cocineros de la Guajira y Panamá. También asistirán chefs de Cartagena, Barranquilla, Montería y Medellín, entre otros. Ellos intercambiarán sus conocimientos con otros cocineros famosos de España y Argentina, quienes se unirán a la causa común sin ninguna retribución
10   económica, si no" a favor de La Cruz Roja Colombiana, seccional Atlántico.

MENU DE ACTIVIDADES

Feria comercial: restaurantes, artesanos y escuelas de cocina exponen sus productos y servicios relacionados con la industria gastronómica.

Gran salón gourmet: los amantes del buen comer tienen a su disposición un
15   salón con degustaciones de los mejores restaurantes de la región, que ofrecerán sus preparaciones al público.

Jornadas académicas: charlas, talleres, conferencias y conservatorios dirigidos por prestigiosos cocineros e investigadores de la cocina del Caribe.

Cocina en vivo: un selecto grupo de chefs invitados harán presentaciones culi-
20   narias ante los asistentes.

Para más información puede llamar a Confenalcoatlántico, teléfono (574) 335 1553. Reserva de entradas solamente en línea: www.saborbarranquilla.com

---

1.   ¿De qué trata este anuncio?

      (A) Promueve una celebración

      (B) Vende mesas

      (C) Quiere atraer turistas

      (D) Ofrece menús

2.   Los cocineros que participan en este evento

      (A) lo hacen para competir

      (B) quieren conocer chefs de otros países

      (C) son todos de la Guajira y de Panamá

      (D) contribuyen con su tiempo a ayudar a una organización mundial

3.   ¿Cómo podemos describir la comida que se ofrece en "Sabor Barranquilla"?

      (A) Variada y exótica

      (B) Simple y sin sabor

      (C) Muy salada

      (D) Común

4.   ¿Cómo puede la gente conseguir entradas para asistir a este evento?

   (A) Puede comprar boletos en el Country Club.

   (B) Es posible conseguirlas por correo.

   (C) Se pueden adquirir llamando por teléfono.

   (D) Deben reservarse en la Red.

5.   Este tipo de evento culinario se ha organizado

   (A) muchas veces.

   (B) una vez.

   (C) todos los meses.

   (D) todos los años.

Selección 2

Tema curricular: Las Identidades Personales y Públicas

Introducción

En la fábula que sigue el pescador escucha lo que le dice un pequeño pez que ha caído en su red acerca de lo que debe hacer con él.

El pescador y el pez

Por Félix María de Samaniego

Recoge un pescador su red tendida

y saca un pececillo. - ¡Por tu vida!

Exclamó el inocente prisionero.

- ¡Dame la libertad! Sólo la quiero,

5 mira que no te engaño,

porque ahora soy ruin: dentro de un año

sin duda lograrás el gran consuelo

de pescarme más grande que mi abuelo.

¡Qué! ¿Te burlas? ¿Te ríes de mi llanto?

10 Sólo por otro tanto,

a un hermano mío

un señor pescador lo tiró al río.

- ¿Por otro tanto al río? ¡Qué manía!

Replicó el pescador. – Pues no sabía

15 que el refrán castellano dice:

Más vale pájaro en mano…

¡A sartén te condeno, que mi panza

no se llena jamás con la esperanza!

---

6. ¿Cómo logró pescar el pescador al pequeño pez?

    (A) Sacándolo del agua con las manos.

    (B) Con una caña de pescar.

    (C) Con una red.

    (D) Con una cesta de pescador.

7. ¿Por qué le habla el pececillo al pescador?

    (A) Porque quiere ser libre.

    (B) Porque quiere presentarle a su abuelo.

    (C) Porque tiene un hermano.

    (D) Porque no le gusta el pescador.

8. ¿Cómo trata de engañar el animal al hombre?

    (A) Se burla de él.

    (B) Le dice que es muy pequeño todavía.

    (C) Le dice que lo deje nadar en el río.

    (D) Le explica que es inocente.

9. ¿Por qué se refiere el autor al pececillo como "prisionero"?

    (A) Porque está en la cárcel.

    (B) Porque perdió su libertad.

    (C) Porque está atrapado y no puede escaparse.

    (D) (B) y (C).

10. ¿Qué quiere hacer el pescador con el pez?

    (A) Tirarlo al río porque quiere otro más grande.

    (B) Enseñarle un refrán.

    (C) Comérselo.

    (D) Dárselo a un pájaro.

11.   ¿Qué podemos deducir de la conversación entre el pececillo y el pescador?

(A) El animalito es muy listo.

(B) El pescador es un tonto.

(C) Ambos, el pez y el hombre, son astutos.

(D) El pececillo no es muy inteligente.

12.   ¿Qué significa la frase del pescador dirigiéndose al pez: "¡A sartén te condeno…!"?

(A) El pescador cree que el pez es culpable y debe ser castigado.

(B) Va a usar una sartén para castigarlo.

(C) Va a cocinarlo en una sartén.

(D) Que lo condena a una prisión.

Selección 3

Tema curricular: La Ciencia y la Tecnología

Fuente número 1

Introducción

Este artículo, un fragmento del texto publicado por PressABC/Madrid, 2013, presenta los resultados de un estudio hecho sobre los usuarios de Facebook y los efectos de su uso en la memoria.

Recordamos mejor un estado de Facebook que una cara conocida

Las personas recuerdan con mayor facilidad un estado en Facebook o cualquier mensaje en las redes sociales que una cara o frases de un libro. Uno de los factores que propician esta facilidad para recordar las actualizaciones en las redes sociales es el lenguaje coloquial que se utiliza, según concluye un estudio. El tiempo que
5   los usuarios pasan en las redes sociales hace que cada vez sea más común oír en las conversaciones frases del tipo «sí, lo he leído/visto en Facebook» o «me he enterado por Twitter».

Muchas de las informaciones que los usuarios leen a lo largo del día lo hacen a través de las redes sociales, de ahí que muchos lo consideren como una fuente
10   para recibir información, eso sí, siempre con cautela. La influencia de las redes sociales llega hasta tal punto que las personas recuerdan mejor un estado o una actualización en la red social que incluso la cara de un conocido. Este estudio ha sido realizado por el área de psicología de la Universidad de Warwick.

Para ello, se recopilaron 200 actualizaciones de estado de Facebook, les quitaron
15   el contexto y se las mostraron a 32 participantes, junto a otras 200 frases descontextualizadas de diferentes libros de ficción y no ficción. A los participantes se les mostraron las líneas en una pantalla, brevemente, y se les dio la opción de decir si se habían repetido desde que se inició el experimento o no.

Los resultados encontraron que, en general, la gente era una vez y media más
20   propensa a recordar una entrada de Facebook que una línea de un libro y, cuando un experimento similar se realizó con la cara de una persona en lugar de frases de

novelas, las personas eran dos veces y media más propensas a recordar los mensajes de Facebook que los rostros.

Según la directora del experimento, Laura Mickes, este tipo de diferencias "son
25 de una magnitud similar a las diferencias entre los amnésicos y las personas con memoria saludable". Sin embargo, la clave de que esto ocurra es el lenguaje utilizado. Lo que la gente escribe en sus actualizaciones se hace con un lenguaje menos culto que el que recogen las frases de una novela o una biografía. "La escritura fácil y rápida de generar también es fácil de recordar", afirma Mickes.
30 Además afirma que esto puede ayudar al diseño de herramientas educativas, así como ofrecer información útil en campos como el de la comunicación o la publicidad.

Fuente número 2

Introducción

Esta gráfica muestra la distribución por género de los usuarios de Facebook en México con datos de mayo de 2012, provistos por Facebook y el Instituto Nacional de Estadística y Geografía de México.

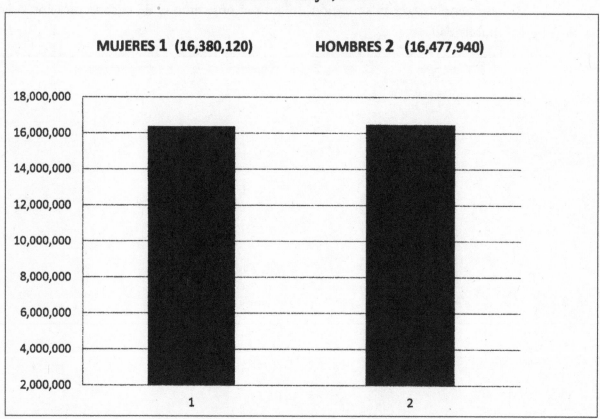

DISTRIBUCION DE USUARIOS POR GENERO
Datos de mayo, 2012

MUJERES 1 (16,380,120)   HOMBRES 2 (16,477,940)

Datos provistos por Facebook y el Instituto Nacional de Estadística y Geografía de México

Fuente número 3

Introducción

Esta gráfica muestra la distribución por edad de los usuarios de Facebook en México con datos de mayo de 2012, provistos por Facebook y el Instituto Nacional de Estadística y Geografía de México.

Distribución de edades en Facebook en México
Datos de mayo, 2012

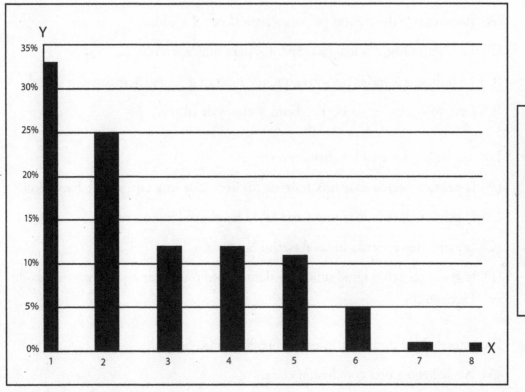

Edades
1. 18 a 24
2. 25 a 34
3. 16 a 17
4. 35 a 44
5. 13 a 15
6. 45 a 54
7. 55 a 64
8. 65 o más

13. Según el artículo, ¿por qué es más fácil recordar mensajes en las redes sociales que una cara o lo que dicen los libros?

   (A) Porque los mensajes en las redes sociales contienen información actual.

   (B) Por el tipo de lenguaje sencillo que se usa en las redes sociales.

   (C) Porque hay sólo pocos mensajes.

   (D) Porque no es fácil recordar una cara.

14. ¿Qué nos dice el artículo sobre el estudio de la Universidad de Warwick?

   (A) Reunieron a doscientas personas para hacer el estudio.

   (B) Les dieron libros a los participantes para que leyeran.

   (C) Le pidieron a varias personas que recordaran a 32 participantes.

   (D) Les mostraron frases de Facebook y frases de libros.

15. Los resultados del estudio afirman que

   (A) la gente recuerda más una frase de un libro que una entrada de Facebook.

   (B) la gente recuerda más una entrada de Facebook que un rostro.

   (C) la gente no recuerda ni las frases ni las caras.

   (D) la gente recuerda igual una frase de un libro o una cara que una entrada de Facebook.

16. En general, ¿qué podemos inferir sobre el estudio hecho?

   (A) No se llegó a una conclusión clara.

   (B) Tenía como propósito estudiar la mente de las personas que sufren de amnesia.

   (C) La gente puede recordar más fácilmente frases cortas y lenguaje sencillo.

   (D) Solamente la gente con una memoria saludable puede participar en este estudio.

17. El artículo sugiere que el experimento

    (A) podría contribuir al área de la educación.

    (B) sería inútil en anuncios comerciales.

    (C) no dio los resultados que esperaba la directora.

    (D) concluyó que la gente no usa las redes sociales a menudo.

18. ¿Qué afirmación es correcta de acuerdo con el artículo?

    (A) El uso de cierta tecnología afecta la percepción de los individuos.

    (B) La tecnología no tiene influencia en la gente.

    (C) La gente que usa Facebook como su medio social pierde la memoria.

    (D) El uso de Facebook no es popular por el tipo de lenguaje que se usa.

19. Según la primera gráfica, ¿qué afirmación es cierta?

    (A) Los hombres usan Facebook el doble que las mujeres.

    (B) Las mujeres usan Facebook casi tanto como los hombres.

    (C) Ni los hombres ni las mujeres usan Facebook como medio social.

    (D) La gráfica no muestra información clara.

20. ¿Qué tipo de información provee la segunda gráfica?

    (A) Indica cuántos años tiene la gente en México.

    (B) Dice qué edad tiene México.

    (C) Informa sobre el número de personas que viven en México.

    (D) Nos dice la edad de la gente que más usa Facebook y la de quien lo usa menos.

21. De acuerdo con la segunda gráfica podemos deducir que

    (A) las personas mayores usan menos las redes sociales que los jóvenes.

    (B) la gente de todas las edades usa Facebook con la misma frecuencia.

    (C) la gente joven entre los 13 y los 17 años usa Facebook casi con la misma frecuencia que los adultos entre los 35 y los 44 años.

    (D) (A) y (C) son correctas.

22. Según los datos de la segunda gráfica, podemos inferir que

    (A) a la gente mayor le encanta usar Facebook como medio social.

    (B) a los muy jóvenes les gusta muchísimo usar Facebook.

    (C) los adultos de edad media nunca usan Facebook.

    (D) Facebook es el medio social favorito entre los adultos jóvenes.

23. La información en la segunda gráfica muestra que los grupos que más usan Facebook en México según la edad son

    (A) los grupos combinados entre los dieciocho y los treinta y cuatro años.

    (B) los grupos combinados entre los treinta y cinco y los cincuenta y cuatro años.

    (C) los grupos combinados entre los dieciséis y los veinticuatro años.

    (D) los grupos combinados entre los cincuenta y cinco y los sesenta y cuatro.

Selección 4

Tema Curricular: Las Familias Y Las Comunidades

Introducción

Esta carta explora algunos conflictos que se presentan en las relaciones familiares.

Últimamente estoy hecho un lío

18 de febrero

Queridos padres:

Estoy en el colegio y me han dado la oportunidad de decir todo lo que siento y pienso en estos momentos. Por eso quiero aprovechar la ocasión para comentaros algunas cosas que no me atrevo a comentaros a viva voz.

5   Algunos de mis problemas los sabéis, como el de las notas… Me cuesta mucho concentrarme en lo que estoy haciendo y así vienen los resultados. Es normal que me exijáis, pero es que no sabéis hablar de otra cosa, como si fuese lo único que os importase. Y resulta bastante pesado escuchar todos los días el mismo rollo.

¿Cómo es mi relación con vosotros? Pues, sinceramente os digo que no es como
10   me gustaría que fuese.

Mamá, contigo estoy bastante bien, pues hablamos y compartimos ideas. Sin embargo, de vez en cuando te pones bastante pesada: que si tengo que bajar la música (o en cuanto me pongo a descansar un minuto me dices que lo único que hago es oír música), que las posturas, que a ver con quién ando, que dónde he
15   estado… Lo quieres saber todo como si todavía tuviese diez años… y la verdad es que no me das libertad para nada. ¿Te acuerdas del follón que montaste el domingo cuando llegué un poco tarde a casa? ¿A qué hora crees que les dejan llegar a mis amigos?

Contigo, papá, no me puedo comunicar. Y no es porque no lo intente. Puede
20   que sea porque tú no sepas como hablar conmigo o porque tus padres tampoco se comunicaron contigo. El caso es que cuando llegas a casa (cansado), saltas a la mínima. Cuando estás cenando, hablas poco y te gusta que estemos en silencio. Claro que tampoco es el mejor lugar para hablar con confianza. Lo malo es que

25 luego también prefieres ver la tele a escucharme (y no digas que no). Ya sé que no me vas a dar la razón.

¿Qué más me gustaría deciros? No sé si les pasará lo mismo a todos los chicos de mi edad, pero últimamente estoy hecho un lío. Cosas que hasta hace poco eran importantes para mí, ahora ya no me dicen nada, y al revés.

Hay una chavala de clase que me gusta muchísimo. Pero lo gordo del asunto es 30 que me cuesta un montón hablar con ella. Digo yo, ¿será la timidez?, pero no suelo tener problemas para relacionarme con la gente.

A veces me deprimo o me enojo sin saber por qué y me dan ganas de mandar todo por ahí. Y como casi siempre estáis vosotros sacando cinco pies al gato, el follón está asegurado.

35 No os extrañe si de vez en cuando os cuento alguna mentirilla, porque todo el mundo tiene que contar mentiras; lo malo es si te cogen. Pero todos mentimos en las mismas cosas porque a todos nos prohíben lo mismo. Y nos callamos las mismas cosas o nos hacemos los locos sobre ellas con vosotros.

Sin más, se despide vuestro hijo que os quiere,

CHICO

15 años

---

24. ¿Quién escribe esta carta y a quién?

(A) Un chico a sus padres.

(B) Un padre a un chico.

(C) Un padre a la madre del chico.

(D) Los padres a un chico.

25. La razón por la cual el autor escribe esta carta es que

(A) tiene una oportunidad de ir al colegio.

(B) quiere hacer algunos comentarios sobre el colegio.

(C) le da vergüenza hablar en persona de sus sentimientos con sus padres.

(D) quiere aprovechar esta ocasión para hacer algunas cosas en el colegio.

26. De acuerdo con lo que dice la carta

    (A) el chico saca buenas notas.

    (B) el chico no tiene buenas calificaciones.

    (C) los padres nunca le hablan de sus notas.

    (D) a los padres del chico no les interesan los resultados de sus estudios.

27. ¿Cuál de las siguientes frases refleja mejor la relación entre el chico y sus padres?

    (A) Se llevan muy bien y mantienen una relación abierta y sincera.

    (B) Se tratan de una manera espontánea y natural.

    (C) No hay confianza entre ellos y a menudo no están de acuerdo.

    (D) Se comunican fácilmente y se entienden bien.

28. Todas las afirmaciones siguientes son ciertas de acuerdo a la carta excepto:

    (A) Los intereses del chico han cambiado de un extremo al otro.

    (B) El chico se ha vuelto tímido últimamente.

    (C) Se siente triste o enojado frecuentemente.

    (D) Habla todo el tiempo con una chica de su clase que le gusta.

29. ¿Qué parece sugerir esta carta acerca de las relaciones entre padres e hijos?

    (A) Son fáciles y en general no hay problemas entre ellos.

    (B) Hay muchos desacuerdos y conflictos entre las dos generaciones.

    (C) Los jóvenes siempre son honestos y sinceros con sus padres.

    (D) Las relaciones de los hijos con el padre y la madre son muy similares.

30. ¿Qué términos describen mejor al autor de la carta?

(A) Distante e impersonal

(B) Melancólico y confundido

(C) Íntimo y personal

(D) Crítico y humorístico

END OF SECTION I, PART A

Section I, Part B

Interpretive Communication: Print and Audio Texts

Part B time: 55 minutes

You will listen to several audio selections. The first two audio selections are accompanied by reading selections. When there is a reading selection, you will have a designated amount of time to read it.

For each audio selection, first you will have a designated amount of time to read a preview of the selection as well as to skim the questions that you will be asked. Each selection will be played twice. As you listen to each selection, you may take notes. Your notes will not be scored.

After listening to each selection the first time, you will have 1 minute to begin answering the questions; after listening to each selection the second time, you will have 15 seconds per question to finish answering the questions. For each question, choose the response that is the best according to the audio and/or reading selection, and mark your answer on your answer sheet.

Vas a escuchar varias grabaciones. Las dos primeras grabaciones van acompañadas de lecturas. Cuando haya una lectura, vas a tener un tiempo determinado para leerla.

Para cada grabación, primero vas a tener un tiempo determinado para leer la introducción y prever las preguntas. Vas a escuchar cada grabación dos veces. Mientras escuchas puedes tomar apuntes. Tus apuntes no van a ser calificados.

Después de escuchar cada selección por primera vez, vas a tener 1 minuto para empezar a contestar las preguntas; después de escuchar por segunda vez, vas a tener 15 segundos por pregunta para terminarlas. Para cada pregunta, elige la mejor respuesta según la grabación o el texto e indícala en la hoja de respuestas.

Selección 1

Tema curricular: La Vida Contemporánea

Fuente número 1

Primero tienes 4 minutos para leer la fuente número 1.

Introducción

En esta adaptación del artículo original de Jorge O. Melo, director de la Biblioteca Luis Ángel Arango, el autor explica que ahora hay bibliotecas en Colombia en todos los rincones y el público puede tener acceso a libros y otros servicios que antes no tenía, aún en las comunidades más pequeñas y remotas.

Colombia vive una silenciosa revolución de la lectura

Colombia se ha ido convirtiendo, en pocos años, en el país de las bibliotecas. En Bogotá, el número de visitantes a las bibliotecas públicas aumentó en 4 años de unos 4 o 5 millones anuales a más de 12 millones. Se sabe que la Luis Ángel Arango es la biblioteca más visitada del mundo.

5   Pero lo sorprendente es que las bibliotecas compran obras nuevas, no sólo las novelas acabadas de salir, sino el libro de cocina reciente, el de las estrategias del fútbol o los manuales de construcción o costura, tienen videos con películas de toda clase y computadoras que la gente puede usar.

Hay más de 150 bibliotecas que cubren casi todas las capitales departamentales y
10   otras creadas por la comunidad, como la del Rincón del Mar, donde los jóvenes de secundaria ayudan a los niños a usar una colección de dos mil libros, o las que llevan libros a veredas* alejadas en burro o canoa. Estas bibliotecas están llenas de gente. Son lectores comunes y corrientes: niños y jóvenes, universitarios, apasionados de la novela fantástica, amantes de la música rock, jugadores de billar y
15   otros que van a escuchar música o ver películas. Son personas que se aficionaron al libro porque sus padres les leían en voz alta, porque sus profesores o amigos les entusiasmaron con un poema o un relato, porque de repente y por azar descubrieron que en los libros encontraban el saber sobre el sexo y el alma.

20 Ponen los libros en estanterías abiertas, al alcance del público, y abren cuando la gente no está en el colegio ni en el trabajo; en las tardes y los sábados y hasta los domingos.

¿Pero tiene importancia real para el país lo que está pasando con las bibliotecas y la lectura? A economistas y funcionarios públicos les interesa que los niños adquieran la costumbre de leer. Otros ponen grandes esperanzas en el papel civi-
25 lizador de la lectura, en su eventual aporte a la paz. Quizás más valiosas que las ventajas prácticas de la lectura son sus ventajas invisibles. Con ella se mejora el dominio del lenguaje, se enriquece la calidad de la comunicación y, sobre todo, se desarrolla la capacidad de mirar críticamente el mundo y la sociedad. La lectura estimula y refuerza una actitud crítica. No se lee sin discutir, sin pensar en la
30 validez de lo que afirma el periódico o el libro, sin detenerse a pensar si lo que se dice es cierto o no, si está bien argumentado o no. Puede que sea una bobada pensar que la lectura nos librará de la violencia o la pobreza. Pero si nos libera en alguna medida de la ignorancia, de la credulidad y de la tontería, será bastante.

---

*vereda: en Colombia, es una comunidad rural muy pequeña.

Fuente número 2

Primero tienes 2 minutos para leer la introducción y prever las preguntas.

Introducción

Esta grabación es un fragmento de un artículo publicado en 2013 en el diario *El País*, Madrid. Se trata de una nueva manera de visitar los museos del mundo en línea. Se creó para dar la oportunidad, a la gente que no puede visitarlos, de tener acceso a obras de arte famosas desde cualquier lugar aunque sean pequeñas comunidades y en lugares remotos. Su creador explica sus motivos para iniciarlo y sus sueños para el futuro.

 Selección Auditiva 1

31. ¿Qué nos dice el artículo sobre las bibliotecas en Colombia?

    (A) Han sido populares por cuatro o cinco años.

    (B) Hay bibliotecas solamente en zonas rurales.

    (C) Son muy visitadas todos los años por numerosas personas.

    (D) Luis Ángel Arango las ha visitado.

32. Según el artículo, la gente que visita las bibliotecas se sorprende por

    (A) la construcción.

    (B) la variedad de obras que se ofrecen.

    (C) la limitada selección de libros.

    (D) la carencia de computadoras.

33. ¿Qué dice el artículo sobre el tipo de usuarios que llena las bibliotecas?

    (A) Es gente que toca música rock.

    (B) Son estudiantes solamente.

    (C) Son solo mujeres y niños.

    (D) Es toda clase de gente.

34. Una ventaja de practicar la lectura que no se menciona en el artículo es

    (A) que ayuda a combatir la ignorancia.

    (B) que contribuye a mejorar la forma en que la gente se comunica.

    (C) que mejora la percepción crítica del mundo.

    (D) que aumenta la imaginación.

35. Según la fuente auditiva, ¿qué es GoogleArt Project?

    (A) Un nuevo museo de arte.

    (B) Algunas de las principales obras maestras del mundo.

    (C) Una galería de arte con los cuadros favoritos de cada usuario.

    (D) Un programa en línea donde se pueden visitar muchos museos de arte y ver las obras que exponen.

36. Según la grabación, ¿cómo se dio inicio al proyecto?

    (A) Con la colaboración de diecisiete museos famosos.

    (B) Con más de doscientos cuadros.

    (C) Con más de cuatrocientos usuarios.

    (D) Con quince millones de usuarios en Amsterdam, Nueva York y Madrid.

37. De acuerdo con lo que has escuchado, ¿qué pareció motivar al director Amit Sood para crear el proyecto?

    (A) En India hay muchas galerías de arte y museos.

    (B) La mayoría de gente no puede visitar los museos de arte con facilidad.

    (C) En Bombay la gente no se despierta los domingos.

    (D) Los europeos y los estadounidenses nacieron en los museos.

38. ¿A qué se refiere el señor Sood al decir que habrá logrado su meta si logra ofrecer mejor acceso al arte en la Red?

    (A) A que las obras de arte antes inaccesibles para muchos estarán al alcance de todos ahora.

    (B) A que la gente tiene acceso a la Red ahora pero no antes.

    (C) A que es un arte tener acceso a la Red.

    (D) A que es mejor tener acceso a la Red que tener acceso al arte.

39. Un aspecto importante que beneficia a muchos por tener bibliotecas y el proyecto GoogleArt es que

    (A) la gente no quiere ir a los museos si ve las obras de arte en línea.

    (B) ver las obras de arte en línea impide que la gente vaya a las bibliotecas.

    (C) más gente en el mundo tiene ahora acceso a libros y a ver obras de arte, que no tenía antes.

    (D) la gente no se beneficia teniendo acceso a los libros que ofrecen las bibliotecas o viendo las obras de arte en línea.

40. ¿Qué palabras describen mejor a ambas selecciones, el artículo sobre las bibliotecas y la fuente auditiva sobre el proyecto de GoogleArt?

    (A) Irónico y destructivo.

    (B) Sarcástico y pesimista.

    (C) Misterioso y oscuro.

    (D) Innovador y optimista.

Selección 2

Tema curricular: Los Desafíos Mundiales

Fuente número 1

Primero tienes 1 minuto para leer la fuente número 1.

Introducción

Esta tabla muestra los actos de violencia contra las mujeres en distintas etapas de la vida, desde antes de nacer hasta la vejez. Los datos abarcan mujeres de distintos países en todo el mundo.

Violencia contra la mujer a través del ciclo de la vida	
FASE	TIPO DE VIOLENCIA
Prenatal	Abortos selectivos según el sexo del feto; efectos sobre el recién nacido de la violencia durante el embarazo.
Infancia	Infanticidio femenino; abuso físico, sexual y psicológico.
Adolescencia y vida adulta	Violencia durante el cortejo y el noviazgo (p.e., alteración de bebidas y violaciones); sexo forzado por razones económicas (p.e., niñas estudiantes que tienen relaciones sexuales con adultos a cambio de favores); incesto; abuso sexual en el lugar de trabajo; violaciones; acoso sexual; prostitución y pornografía forzadas; tráfico de mujeres; violencia conyugal; violación marital; abuso y homicidio; homicidio conyugal; abuso psicológico; abuso de mujeres discapacitadas; embarazos forzados.
Vejez	"Suicidio" forzado y homicidio de viudas por razones económicas; abuso físico, sexual y psicológico.
Fuente: Datos obtenidos de un artículo en línea enviado por "peloticadechocolate" sobre la desigualdad de la mujer y la violencia que sufre en el mundo.	

Fuente número 2

Tienes 1 minuto para leer la introducción y prever las preguntas.

Introducción

En esta conversación, dos mujeres, Ana y una amiga, discuten sobre la igualdad de la mujer, los avances logrados y la discriminación contra la mujer que todavía existe en muchos campos.

 Selección Auditiva 2

41. ¿Cuál de estas frases describe mejor el propósito de la tabla?

(A) Informar sobre la edad de las mujeres.

(B) Denunciar el maltrato de las mujeres en muchos países.

(C) Estudiar a qué edad las mujeres sufren más.

(D) Saber qué tipos de violencia se usan contra las mujeres.

42. El texto muestra que

(A) las mujeres son víctimas de violencia solamente si son viejas.

(B) las niñas sufren más abusos que las mujeres adultas.

(C) las mujeres pueden ser víctimas de homicidio a cualquier edad.

(D) las mujeres sufren de abuso físico solamente.

43. ¿Qué manifiesta la información de del texto?

(A) Los hombres son muy fuertes.

(B) Las mujeres son débiles.

(C) Favorece a las jóvenes.

(D) Los hombres son violentos.

44. De acuerdo con la conversación, ¿cuál fue la reacción de Ana al saber la situación de muchas mujeres?

    (A) Quiere vengarse.

    (B) Quiere hacer algo.

    (C) Quiere castigar a los que maltratan a las mujeres.

    (D) Quiere analizar el tema.

45. Según la conversación, ¿por qué quiere escribir Ana un libro?

    (A) Cree que puede conocer a otras mujeres.

    (B) Sus familias han abandonado a las mujeres.

    (C) Piensa que va a contribuir a mejorar la situación de las mujeres.

    (D) Sospecha que las mujeres van a conseguir trabajo.

46. ¿Qué piensa Ana que se debe ofrecer a las mujeres?

    (A) Más educación.

    (B) Reuniones.

    (C) Vacaciones.

    (D) Libros.

47. ¿Qué afirman la tabla y Ana sobre los abusos que sufren las mujeres?

    (A) Las mujeres no son víctimas de la violencia.

    (B) Los mismos esposos maltratan a las mujeres.

    (C) Las mujeres sufren abusos solamente de su familia.

    (D) Las mujeres se consideran superiores a los hombres.

Selección 3

Tema curricular: Las Familias y las Comunidades

Primero tienes 1 minuto para leer la introducción y prever las preguntas.

Introducción

Esta grabación trata de algunos problemas en los colegios españoles y la falta de comunicación. En esta entrevista de 2012 titulada "Hay que recuperar la responsabilidad complementaria entre la familia y la escuela en la tarea educativa", la profesora Ana María Vega habla sobre la falta de interés de las escuelas en dar información a los padres y al mismo tiempo el poco interés de los padres en lo relativo a la escuela, excepto en relación con las notas. Vega es titular de la Cátedra UNESCO de Ciudadanía Democrática y Libertad Cultural de la Universidad de La Rioja.

 Selección Auditiva 3

48. ¿Qué ha observado la profesora Vega sobre la comunicación entre los padres y los centros educativos?

    (A) Los colegios dan información clara a los padres.

    (B) Los colegios no quieren dar los resultados de evaluación a los padres.

    (C) Los centros educativos informan a las familias sobre sus proyectos educativos.

    (D) Los padres reciben datos sobre el funcionamiento de los centros educativos.

49. ¿Qué dice la profesora Vega en la entrevista sobre el papel de los padres en la educación ahora?

    (A) Dice que ha perdido fuerza.

    (B) Dice que ahora los padres y los hijos pasan mucho tiempo juntos hablando del colegio.

    (C) Dice que los padres enseñan valores a sus hijos en casa y desean que los colegios hagan lo mismo.

    (D) Dice que ahora es más complicado por los avances tecnológicos.

50. Todas las afirmaciones siguientes son correctas de acuerdo con lo que dice la profesora Vega excepto:

    (A) Los padres deben saber los resultados de la evaluación de los centros educativos.

    (B) Los padres tienen derecho a elegir el colegio que quieren para sus hijos, basados en la evaluación del mismo.

    (C) Los colegios no tienen que garantizar la buena calidad de la educación que ofrecen.

    (D) Se necesita más participación de los padres en la educación.

51. La profesora Vega cree que la participación de los padres aumentaría si

    (A) los centros educativos tienen reuniones por las mañanas cuando es hora de trabajar.

    (B) las opiniones de los padres se ignoran.

    (C) la falta de comunicación del sistema educativo continúa.

    (D) se crean nuevos métodos para facilitar la participación de los padres.

52. ¿Qué sugerencias hace la profesora Vega para mejorar la comunicación y la participación de los padres y los centros educativos?

    (A) Crear escuelas dirigidas por los padres.

    (B) Comprar herramientas para mejorar la comunicación.

    (C) Crear contratos entre las escuelas y las familias.

    (D) (A) y (C).

Selección 4

Tema curricular: La Vida Contemporánea

Primero tienes 1 minuto para leer la introducción y prever las preguntas.

Introducción

Vas a escuchar este audio sobre algunos consejos que se deben seguir para bajar de peso. Está adaptado de un artículo original escrito por Sureya Orellana y publicado en la revista *Ella* el 17 de septiembre, 2012.

 Selección Auditiva 4

53. ¿Cuál es el propósito de la selección?

    (A) Explicar los beneficios de hacer ejercicio.

    (B) Dar instrucciones para adoptar un hábito.

    (C) Enseñar a contar calorías.

    (D) Dar consejos para adelgazar de una forma fácil.

54. Según la grabación, ¿por qué es importante comer vegetales?

    (A) Porque los vegetales tienen bastantes calorías.

    (B) Porque se pueden comer menos y no tener hambre.

    (C) Porque se pueden comer con aderezos con crema sin ganar peso.

    (D) Porque contienen limón o vinagre.

55. De acuerdo con la grabación, ¿cuál de las siguientes afirmaciones es correcta?

    (A) Nunca se deben comer los alimentos favoritos.

    (B) Los alimentos que contienen muchas calorías deben consumirse en porciones grandes.

    (C) Es mejor comer poco pero frecuentemente para quemar calorías.

    (D) No se recomienda comer meriendas.

56. Según la grabación, ¿de qué manera se puede reducir la cantidad de azúcar en la dieta?

    (A) Dejando de comer postres.

    (B) Dejando de beber té y café.

    (C) No bebiendo sodas o jugos.

    (D) No bebiendo agua.

57. Además de seguir una dieta equilibrada, ¿qué otras recomendaciones se sugieren para perder peso?

    (A) Hacer ejercicios como nadar y caminar.

    (B) Ir al supermercado.

    (C) Cambiar de ropa.

    (D) Ir al gimnasio cuando se tiene hambre.

Selección 5

Tema curricular: Las Familias y las Comunidades

Primero tienes 1 minuto para leer la introducción y prever las preguntas.

Introducción

Este artículo presenta información sobre una tradición importante en la vida de las niñas en los países hispanohablantes. Aunque hay variaciones de país en país, la idea central es la celebración del cambio de niña a mujer. El artículo original apareció en línea en organice-suevento.com.

 Selección Auditiva 5

58. La celebración de la quinceañera, según la presentación, tiene origen en una tradición de

    (A) Latinoamérica

    (B) Uruguay

    (C) Europa

    (D) Viena

59. El propósito de esta celebración es anunciar que la quinceañera

    (A) cumple quince años.

    (B) ha llegado a ser mujer.

    (C) es una niña.

    (D) tiene una ilusión.

60. Hay diferentes tipos de rituales de la quinceañera. ¿Qué dice de uno de ellos, mencionado por el artículo, para el momento de la celebración?

    (A) Dice que una niñita lleva un corazón y un niño lleva una corona pequeña.

    (B) Dice que una pequeñita lleva una almohadita con un corazón pequeño.

    (C) Habla de una niña que lleva una corona y de un niño que lleva unos zapatos.

    (D) Dice que una niña con una corona pequeña lleva a un niño con zapatos.

61. La tradición de tirar una muñeca a las niñas invitadas se puede comparar con la tradición en las bodas cuando

    (A) los novios cortan el pastel de bodas.

    (B) la novia tira su ramo de flores a las solteras.

    (C) una niña pequeña tira pétalos de flores en el piso.

    (D) la novia tira la liga en la boda a los jóvenes.

62. ¿Quién escoge la canción que se escucha al comienzo de la fiesta?

    (A) La niña que cumple los quince años.

    (B) El padre de la quinceañera.

    (C) Amigos y parientes de la quinceañera.

    (D) La madre de la chica que cumple quince años.

63. ¿Qué simbolizan las quince rosas y las quince velas en la ceremonia que se practica en Uruguay?

    (A) Representan los quince jóvenes que la acompañan.

    (B) Son un símbolo de los escalones que la quinceañera baja.

    (C) Representan la edad de la quinceañera.

    (D) Simbolizan las canciones que ella ha escogido.

64. Todas las afirmaciones siguientes son correctas de acuerdo al audio excepto:

    (A) La quinceañera puede bailar primero con su padre.

    (B) La quinceañera puede bailar primero con su hermano.

    (C) La quinceañera puede bailar primero con su abuelo.

    (D) La quinceañera puede bailar primero con su padrino.

65. ¿Cuál es el propósito de este artículo?

    (A) Informar sobre tradiciones y culturas.

    (B) Hablar de la sociedad europea.

    (C) Relatar tradiciones de Uruguay.

    (D) Describir la sociedad y las mujeres.

END OF SECTION I, PART B

Section II, Part A

Interpersonal Writing: E-mail Reply

Total time for Section II: 85 minutes

Part A time: 15 minutes

You will write a reply to an e-mail message. You have 15 minutes to read the message and write your reply. You should include in your reply a greeting and a closing and should respond to all questions and requests in the message. In your reply, you should ask for more details about something mentioned in the message. Also, you should use a formal form of address.

Vas a escribir una respuesta a un correo electrónico. Tienes 15 minutos para leer el correo y escribir tu respuesta. Tu respuesta debe incluir un saludo y una despedida, y debe responder a todas las preguntas y peticiones del mensaje. En tu respuesta debes pedir más información sobre algo mencionado en el correo. Debes responder de una manera formal.

Tema curricular: Las Identidades Personales y Públicas

Introducción

Este correo te lo envía un reportero del periódico estudiantil. Él está trabajando en una sección sobre los diferentes clubes de servicio. Tú has sido elegido presidente del Club de Español y te va a hacer preguntas sobre lo que piensas hacer. Debes prepararte para explicar los planes del club durante tu presidencia.

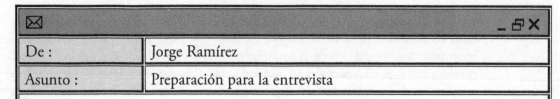

De :	Jorge Ramírez
Asunto :	Preparación para la entrevista

Estimado/a estudiante:

El semanario estudiantil *Nueva Generación* está preparando la edición para la próxima semana. Entre los artículos que planeamos incluir en este número habrá uno especial dedicado a todos los clubes de servicio. El propósito del artículo es promover las diferentes actividades de cada organización y los proyectos que tienen planeados, y de esta manera atraer a nuevos estudiantes para que se unan a los clubes.

En el artículo hablaremos de los temas básicos, como los costos para cada miembro y las ventajas de unirse a un club. También debemos informar a nuestros lectores sobre las actividades específicas de cada uno y por esta razón le pedimos que responda a las siguientes preguntas:

- ¿Qué tipo de actividades culturales va a promover el club mientras usted sea presidente?

- ¿Cómo se van a usar los fondos recaudados para servir a la comunidad?

- ¿Ha desarrollado una campaña para promover las ventajas de ser miembro de su club y aumentar así el número de participantes?

Espero su pronta respuesta y de antemano le agradezco su colaboración. Le pido redactar sus respuestas en un texto breve y enviarlas a este correo electrónico.

Atentamente,

Jorge Ramírez

Reportero, semanario estudiantil *Nueva Generación*

END OF SECTION II, PART A

Section II, Part B

Presentational Writing: Persuasive Essay

Part B time: 55 minutes

You will write a persuasive essay to submit to a Spanish writing contest. The essay topic is based on three accompanying sources, which present different viewpoints on the topic and include both print and audio materials. First, you will have 6 minutes to read the essay topic and the printed material. Afterward, you will hear the audio material twice; you should take notes while you listen. Then, you will have 40 minutes to prepare and write your essay.

In your persuasive essay, you should present the sources' different viewpoints on the topic and also clearly indicate your own viewpoint and defend it thoroughly. Use information from all sources to support your essay. As you refer to the sources, identify them. Also, organize your essay into clear paragraphs.

Vas a escribir un ensayo para un concurso de redacción en español. El tema del ensayo se basa en las tres fuentes adjuntas, que presentan diferentes puntos de vista sobre el tema e incluyen material escrito y grabado. Primero, vas a tener 6 minutos para leer el tema del ensayo y los textos. Después vas a escuchar la grabación dos veces; debes tomar apuntes mientras escuchas. Luego vas a tener 40 minutos para preparar y escribir tu ensayo.

En un ensayo persuasivo, debes presentar los diferentes puntos de vista de las fuentes sobre el tema y expresar claramente tu propio punto de vista y defenderlo. Usa información de todas las fuentes para justificar tu punto de vista. Al referirte a las fuentes, identifícalas apropiadamente. Además, organiza el ensayo en párrafos bien desarrollados.

Tema curricular: Los Desafíos Mundiales

Primero tienes 6 minutos para leer el tema del ensayo, la fuente número 1 y la fuente número 2.

Tema del ensayo

El problema de la pobreza ha aumentado en algunos países en los últimos años. ¿A qué se debe este aumento y como afecta a los países que deben hacerle frente?

Fuente número 1

Introducción

En este artículo publicado el primer día de mayo de 2013 en el diario español *El País*, Santiago de Compostela, el presidente de los Bancos de Alimentos en Galicia, España, advierte que el constante aumento de la pobreza hace que los víveres de sus almacenes no sean suficientes para ayudar a todos.

Situación "caótica" en los Bancos de Alimentos al dispararse la demanda

Los Bancos de Alimentos gallegos están "prácticamente vacíos", ya que la cantidad de comida para repartir entre los necesitados, que puede "parecer mucha", finalmente se "queda en nada" dado el aumento "constante" de la demanda. "La situación es caótica", aseguran sus responsables. En una entrevista concedida a Europa Press, el presidente de la Federación Gallega de Bancos de Alimentos, José Pita, se ha hecho eco de esta situación que mantiene al límite a esta institución, que abastece de alimentos a las entidades que trabajan directamente con las personas necesitadas. "Lo estamos haciendo lo mejor que podemos, pero cada vez es más preocupante".

En los últimos tiempos, y a causa de la crisis económica, el aumento de la demanda es notable y "están apareciendo nuevas entidades pidiendo y nuevos necesitados", ha indicado José Pita. Por eso, la cantidad de víveres en sus almacenes "no llega a nada" ante la aparición de nuevos necesitados. Además de una "tendencia" que es "a pedir cada vez más", el perfil del necesitado también ha ido variando influido por la crisis. "Antes era gente pobre, conocida, muchos extranjeros, pero ahora eso ha variado, ahora son pobres de corbata", indica José Pita, "gente de clase media que se han quedado sin trabajo, se les ha acabado el paro y se han quedado sin nada". "El perfil es totalmente distinto, ahora hay los que había antes y los que se están incorporando", afirma.

Entre este nuevo perfil de personas necesitadas, José Pita presta especial atención a las familias con niños. Es por eso por lo que, entre los productos que más reclama como donaciones para los bancos de alimentos gallegos están los alimentos para niños. "Yo suelo pedir mucho para los niños, suelo pedir leche y galletas, que les asegura un desayuno y una cena", ha recordado el presidente de la federación, quien también incide en los beneficios de donar conservas, que "solucionan una comida". A pesar de estas especificaciones, "todo es necesario", resalta.

Los bancos de alimentos a nivel español reparten 250 millones de kilos de víveres al año entre las entidades que ayudan a los necesitados. En Galicia, el promedio es de 3,5 millones de kilos de alimentos por año y provincia. Paralelamente al aumento de las necesidades, José Pita destaca un aumento en la solidaridad de las personas. "Estoy gratamente sorprendido", ha señalado al referirse al incremento de las donaciones y al incremento de la concienciación de la población.

Fuente número 2

Introducción

En esta tabla se muestra la evolución de la pobreza en Latinoamérica entre 2002 y 2010. La tabla original fue publicada en la revista *CEPAL* (Comisión Económica para América Latina y el Caribe) en diciembre de 2010 y está incluida en un estudio de Guillermo Paraje sobre la desnutrición crónica infantil y la desigualdad socioeconómica en Latinoamérica y el Caribe.

América Latina (9 países) en situación de pobreza o indigencia, 2002 y 2010
(En porcentajes)

	2002		2010	
País	pobreza	indigencia	pobreza	indigencia
Argentina	34.9	14.9	8.6	2.8
Bolivia	62.4	37.1	42.4	22.4
Chile	20.2	5.6	11.5	3.5
Colombia	49.7	17.8	37.3	12.3
Ecuador	49.0	19.4	37.1	14.2
Guatemala	60.2	30.9	54.8	29.1
México	39.4	12.6	36.3	13.3
Perú	54.7	24.4	31.3	9.8
Venezuela	48.6	22.2	27.8	10.7

Fuente número 3

Tienes 30 segundos para leer la introducción.

Introducción

En este reportaje vas a escuchar sobre la pobreza en México, donde se estima que alrededor de 52 millones de mexicanos viven en situación de pobreza o extrema pobreza. Una pequeña comunidad indígena del estado de Hidalgo, Tonchintlán, es un ejemplo de la grave situación grave que vive a diario mucha gente. El artículo original, escrito por Mari Luz Peinado y Raquel Seco, fue publicado en 2013 en el diario español *El País*.

 Selección Auditiva 6

END OF SECTION II, PART B

Section II, Part C

Interpersonal Speaking: Conversation

You will participate in a conversation. First, you will have 1 minute to read a preview of the conversation, including an outline of each turn in the conversation. Afterward, the conversation will begin, following the outline. Each time it is your turn to speak, you will have 20 seconds to respond. A tone will indicate when you should begin and end speaking. You should participate in the conversation as fully and appropriately as possible.

Vas a participar en una conversación simulada. Primero, tienes 1 minuto para leer la introducción y el esquema de la conversación. Después, comenzará la conversación siguiendo el esquema. Cada vez que te corresponda participar en la conversación, tendrás 20 segundos para responder. Una señal te indicará cuando debes empezar y terminar de hablar. Debes participar en la conversación de la manera más completa y apropiada que sea posible.

Tema curricular: Los Desafíos Mundiales

Introducción

Esta es una conversación con tu amiga María. Tu amiga te llama por teléfono y te deja un mensaje. Escucharás el mensaje en la grabación. Tú le devuelves la llamada, ella contesta el teléfono y comienza la conversación.

 Selección Auditiva 7

María: (Contesta el teléfono). Te saluda y te agradece que la hayas llamado.

Tú: Salúdala y pregúntale cuál es el problema.

María: Te explica su predicamento y te pide ayuda.

Tú: Le dices que la ayudarás y le pides más detalles.

María: Continúa la conversación y te hace una pregunta.

Tú: Respondes a su pregunta y le haces una sugerencia.

María: Continúa la conversación.

Tú: Responde y ofrécele otra opción.

María: Finaliza los planes.

Tú: Reacciona a la idea de María y despídete.

END OF SECTION II, PART C

Section II, Part D

Presentational Speaking: Cultural Comparison

Part D time: 6 minutes

You will make an oral presentation on a specific topic to your class. You will have 4 minutes to read the presentation topic and prepare your presentation. Then you will have 2 minutes to record your presentation. In your presentation, compare your own community to an area of the Spanish-speaking world with which you are familiar. You should demonstrate your understanding of cultural features of the Spanish-speaking world. You should also organize your presentation clearly.

Vas a dar una presentación oral a tu clase sobre un tema específico. Tienes 4 minutos para leer el tema de la presentación y prepararla. Después tendrás 2 minutos para grabar tu presentación. En tu presentación, compara tu propia comunidad con una región del mundo hispanohablante que te sea familiar. Debes demostrar tu comprensión de aspectos culturales del mundo hispanohablante y debes organizar tu presentación de una manera clara.

Tema curricular: Los Desafíos Mundiales

Introducción

Hay muchos niños en el mundo que sufren desnutrición crónica, mientras otros consumen a diario comida que contiene mucha grasa o mucho azúcar y carece de los elementos nutritivos necesarios para un desarrollo adecuado.

Tema para la presentación

¿Qué tipo de repercusiones sociales, en la vida de un adulto, puede causar la falta de una alimentación nutritiva y adecuada durante la infancia?

END OF SECTION II, PART D

END OF EXAM

Practice Exam 1

Answer Key and Explanations

Section I, Part A

Selection 1

Question 1

(A)	**This answer is correct because the article says it celebrates a culinary event.**
(B)	This answer is incorrect because the word *mesa* is in reference to food, not to furniture.
(C)	This answer is incorrect because the purpose of the ad is to invite all people, not just tourists.
(D)	This answer is incorrect because this event does not offer menus. The word is in reference to the different activities people will be offered when they attend this event.

Question 2

(A)	This answer is incorrect because it is not a competition.
(B)	This answer is incorrect because that idea is not suggested.
(C)	This answer is incorrect because only the special guests are from la Guajira and Panama. All other chefs are from other places.
(D)	**This answer is correct because the chefs want to contribute to help the Red Cross.**

Question 3

(A)	**This answer is correct because the ad says this type of food is influenced by Lebanese, German, Italian, and Jewish cuisine, mixed with Caribbean flavors.**
(B)	This answer is incorrect because the food is varied.
(C)	This answer is incorrect because they refer to the food as a little sweet.
(D)	This answer is incorrect because the food is unique.

Question 4

(A)	This answer is incorrect because they do not sell the tickets at the Country Club.
(B)	This answer is incorrect because this ad does not mention that possibility.
(C)	This answer is incorrect because the ad says people can call if they have questions.
(D)	**This answer is correct because the ad says tickets can be reserved online only.**

Question 5

(A)	This answer is incorrect because there is no mention of many prior events.
(B)	**This is the correct answer because the ad says this is the second time the event takes place.**
(C)	This answer is incorrect because the event has taken place only once before.
(D)	This answer is incorrect because the event has taken place only once before.

Selection 2

Question 6

(A)	This answer is incorrect because the fisherman did not use his hands to fish.
(B)	This answer is incorrect because the fisherman did not use a fishing rod to fish.
(C)	**This answer is correct because the fisherman used a net to catch the little fish.**
(D)	This answer is incorrect because the fisherman did not use a basket to fish.

Question 7

(A)	**This answer is correct because the little fish wants to convince the fisherman to give him his freedom.**
(B)	This answer is incorrect because the little fish does not want to introduce his grandfather to the fisherman.
(C)	This answer is incorrect because it is irrelevant if the little fish has a brother.
(D)	This answer is incorrect because whether he likes the fisherman or not is not important.

Question 8

(A)	This answer is incorrect because the little fish is not trying to make fun of the fisherman.
(B)	**This answer is correct because this is the reason the little fish uses to try to convince the fisherman to let him go.**
(C)	This answer is incorrect because this is not what the little fish said to the fisherman.
(D)	This answer is incorrect because this is not what the little fish said to the fisherman.

Question 9

(A)	This answer is incorrect because the little fish is not in jail.
(B)	This answer is correct because the little fish lost his freedom.
(C)	This answer is correct because the fisherman trapped him and he can't escape.
(D)	**This is the correct answer because both B and C are true statements.**

Question 10

(A)	This answer is incorrect because the fisherman wants to keep the little fish.
(B)	This answer is incorrect because the fisherman does not want to teach a proverb to the little fish.
(C)	**This answer is correct because the fisherman wants to eat the little fish.**
(D)	This answer is incorrect because the fisherman does not want to give the little fish to a bird.

Question 11

(A)	This answer is not correct because he is not the only smart one.
(B)	This answer is incorrect because the fisherman is not a fool.
(C)	**This answer is correct because both the little fish and the fisherman are smart.**
(D)	This answer is incorrect because the little fish is very smart trying to talk the fisherman into letting him go.

Question 12

(A)	This answer is incorrect because the little fish is not guilty of any crime.
(B)	This answer is incorrect because the fisherman is not going to use a pan to punish the little fish.
(C)	**This answer is correct because the fisherman is going to use a pan to cook the little fish.**
(D)	This answer is incorrect because the fisherman does not want to condemn the little fish to a prison.

Selection 3

Question 13

(A)	This answer is incorrect because the article does not mention the type of information in the messages.
(B)	**This answer is correct because that was the conclusion of the experiment.**
(C)	This answer is incorrect because the article implies that people spend a lot of time on social media.
(D)	This answer is incorrect because the article says a face can be remembered, but not as easily as messages on Facebook.

Question 14

(A)	This answer is incorrect because the number 200 refers to phrases, not people.
(B)	This answer is incorrect because the participants were not given books.
(C)	This answer is incorrect because the experiment was not to remember people.
(D)	**This answer is correct because the participants were asked to remember phrases from books and from Facebook.**

Question 15

(A)	This answer is incorrect because the experiment did not show such results.
(B)	**This answer is correct because that was one of the conclusions of the experiment.**
(C)	This answer is incorrect because the results of the experiment clearly say that people remember phrases.
(D)	This answer is incorrect because the results of the experiment showed that people remember short phrases more easily than faces or phrases from books.

Question 16

(A)	This answer is incorrect because the article talks about the conclusions reached with the experiment.
(B)	This answer is incorrect because that was not the purpose of the experiment.
(C)	**This answer is correct because that was one of the conclusions of the experiment.**
(D)	This answer is incorrect because they did not mention any requirements to participants.

Question 17

(A)	**This answer is correct because the article says that the conclusions of the experiment could be used to design educational tools.**
(B)	This answer is incorrect because the article affirms that the conclusions of the experiment could be useful in commercials.
(C)	This answer is incorrect because the article does not mention the director's expectations.
(D)	This answer is incorrect because the article says people use social media often.

Question 18

(A)	**This answer is correct because the experiment concluded that people remember phrases from Facebook more easily than phrases from books.**
(B)	This answer is incorrect because the experiment concluded the opposite.
(C)	This answer is incorrect because the reference to loss of memory is not referring to people who use Facebook.
(D)	This answer is incorrect because the article suggests this is one of the reasons people like to use this social media.

Question 19

(A)	This answer is incorrect because the graph clearly shows that this is not a correct statement.
(B)	**This answer is correct because the bars on the graph show the data is very similar for both genders.**
(C)	This answer is incorrect because the data shows people of both genders use Facebook.
(D)	This answer is incorrect because the graph is simple to read and understand.

Question 20

(A)	This answer is incorrect because the information is not about people's age in Mexico.
(B)	This answer is incorrect because the information is not about how old Mexico is.
(C)	This answer is incorrect because the information on the graph is not referring to the number of people who live in Mexico.
(D)	**This answer is correct because the graph shows the distribution of people who use Facebook in Mexico by age groups.**

Question 21

(A)	This answer is correct because the graph data shows older people use it less frequently.
(B)	This answer is incorrect because according to the graph this statement is erroneous.
(C)	This answer is correct according to the data.
(D)	**This answer is correct because both A and C are true statements.**

Question 22

(A)	This answer is incorrect because the data shows old people do not use Facebook often.
(B)	This answer is incorrect because the graph shows this age group uses Facebook but not as often as other groups.
(C)	This answer is incorrect because middle-aged people use Facebook sometimes.
(D)	**This answer is correct according to the data.**

Question 23

(A)	**This answer is correct according to the data. The sum of the two groups makes up the majority.**
(B)	This answer is incorrect because the information on the graph shows otherwise.
(C)	This answer is incorrect because the information on the graph shows otherwise.
(D)	This answer is incorrect because the information on the graph shows otherwise.

Selection 4

Question 24

(A)	**This answer is correct according to the letter. The heading is directed to the parents, and it is signed by a boy.**
(B)	This answer is incorrect because it is the opposite of the correct answer.
(C)	This answer is incorrect because the letter is written to the parents and not by one of them.
(D)	This answer is incorrect because the letter is written to the parents and not by them.

Question 25

(A)	This answer is incorrect because the opportunity mentioned is given at school.
(B)	This answer is incorrect because the boy does not want to speak about his school.
(C)	**This answer is correct because the boy feels more comfortable talking about his feelings by writing to his parents.**
(D)	This answer is incorrect because the letter is not about school matters.

Question 26

(A)	This answer is incorrect because the boy says in the letter he has problems with his grades.
(B)	**This answer is correct because the boy says he could do better.**
(C)	This answer is incorrect because his parents talk to him about this problem all the time.
(D)	This answer is incorrect because the boy says his parents nag him about his schoolwork frequently.

Question 27

(A)	This answer is incorrect because they do not get along and are not open to each other.
(B)	This answer is incorrect because the boy feels the need to write a letter about his feelings because he can't confront his parents face to face.
(C)	**This answer is correct because it clearly explains the relationship between the boy and his parents.**
(D)	This answer is incorrect because this is the contrary of what goes on in the family.

Question 28

(A)	This answer is incorrect because he actually says he has changed a great deal.
(B)	This answer is incorrect because the boy says he is turning into a timid person.
(C)	This answer is incorrect because he feels his mood changes without reason.
(D)	**This answer is correct because it is the only choice that is not true, according to the letter. He says he likes a girl, but he can't talk to her.**

Question 29

(A)	This answer is incorrect because the boy thinks most young people have similar problems with their parents.
(B)	**This answer is correct because the letter suggests that parents and children usually have different views, and this creates conflicts.**
(C)	This answer is incorrect because the boy says in the letter that he lies to his parents, and he thinks it is normal for young people to do so.
(D)	This answer is incorrect because the boy says he can talk to his mother but has a difficult time when he tries to talk with his father.

Question 30

(A)	This answer is incorrect because he writes a personal letter to his parents.
(B)	**This answer is correct because he says in his letter he feels sadness and sometimes he is not sure about his own feelings.**
(C)	This answer is incorrect because his letter is personal but lacks intimacy in his relationship with his parents.
(D)	This answer is incorrect because there is no humor reflected in his letter.

Section I, Part B

Selection 1

Question 31

(A)	This answer is incorrect because the article does not say for how long libraries have been popular.
(B)	This answer is incorrect because the article mentions they are everywhere.
(C)	**This answer is correct because the article says that more than 12 million people visit them every year.**
(D)	This answer is incorrect because Luis Ángel Arango is the name of a library.

Question 32

(A)	This answer is incorrect because the article does not talk about the libraries' construction.
(B)	**This answer is correct because the article talks about the different subjects and books they have to offer.**
(C)	This answer is incorrect because the article says that the libraries offer many selections.
(D)	This answer is incorrect because the article mentions they have computers for people to use.

Question 33

(A)	This answer is incorrect because the article says that music lovers make up just one of the groups of people who visit the libraries.
(B)	This answer is incorrect because the article says that students are among just one of the groups of people who visit the libraries.
(C)	This answer is incorrect because the article says that women and children are just one of the groups of people who visit the libraries.
(D)	**This answer is correct because the article says that the libraries are visited by all kind of people.**

Question 34

(A)	This answer is incorrect because the article says that reading is a way to combat ignorance.
(B)	This answer is incorrect because the article says that reading helps people improve the way they communicate.
(C)	This answer is incorrect because the article says people who read have a critical view of the world.
(D)	**This answer is correct because the article does not mention this idea.**

Question 35

(A)	This answer is incorrect because the source says the GoogleArt Project is a way to view works of art at different museums online.
(B)	This answer is incorrect because the article says the GoogleArt Project is a way to view works of art online, not that it is a work of art.
(C)	This answer is incorrect because the article says the project is a way to see art, but it is not a personal art gallery.
(D)	**This answer is correct because the article mentions that many museums in the world can be visited online via the GoogleArt Project.**

Question 36

(A)	**This answer is correct because the source says the GoogleArt Project began with the collaboration of 17 art museums.**
(B)	This answer is incorrect because the source says the GoogleArt Project can access more than 40,000 works of art.
(C)	This answer is incorrect because the source says the project has attracted more than 15 million users.
(D)	This answer is incorrect because the number refers to users all over the world, not only to these cities.

Question 37

(A)	This answer is incorrect because the source says the GoogleArt Project began as an idea because of the lack of museums in India.
(B)	**This answer is correct because the source says most people cannot easily visit art museums.**
(C)	This answer is incorrect because the source does not mention that idea.
(D)	This answer is incorrect because the source says that people in the United States and Europe are used to their museums, not that they were born at museums.

Question 38

(A)	**This answer is correct because the source says that this was the goal of the founder of the project.**
(B)	This answer is incorrect because in the source there is no mention of people not having access to Internet.
(C)	This answer is incorrect because the source does not say it is an art to have access to the Internet.
(D)	This answer is incorrect because the source does not say it is better to have access to the Internet than to have access to art.

Question 39

(A)	This answer is incorrect because the source says the GoogleArt Project does not prevent people from going to the museums.
(B)	This answer is incorrect because there is no mention of that.
(C)	**This answer is correct because the sources say many people benefit from these services**
(D)	This answer is incorrect because the source says the opposite.

Question 40

(A)	This answer is incorrect because the source says the GoogleArt Project will help people.
(B)	This answer is incorrect because the source shows the founder is glad and has hopes of improving.
(C)	This answer is incorrect because the sources are clear and explicit.
(D)	**This answer is correct because the sources say these are new ways to benefit people with these services.**

Selection 2

Question 41

(A)	This answer is incorrect because the chart shows more than women's age.
(B)	**This answer is correct because the chart shows the horrific situation of women of all ages.**
(C)	This answer is incorrect because the chart shows women suffer abuse at all ages.
(D)	This answer is incorrect because the purpose of the chart is to show the abuse in general.

Question 42

(A)	This answer is incorrect because the chart shows women suffer at all ages.
(B)	This answer is incorrect because the chart does not show that information.
(C)	**This answer is correct because the chart shows women are killed at any age.**
(D)	This answer is incorrect because the chart shows there are other types of abuse.

Question 43

(A)	This answer is incorrect because the chart does not show that kind of information.
(B)	This answer is incorrect because the chart does not show that information.
(C)	This answer is incorrect because the chart does not show that information.
(D)	**This answer is correct because the chart information suggests men are the abusers.**

Question 44

(A)	This answer is incorrect because the conversation says Ana does not want revenge.
(B)	**This answer is correct because the book Ana wants to write will denounce abuses and help abused women.**
(C)	This answer is incorrect because the conversation does not suggest Ana wants to punish men who abuse women.
(D)	This answer is incorrect because the conversation shows she already did that, and that's why she wants to write the book.

Question 45

(A)	This answer is incorrect because the conversation says Ana does not want to meet women but to help abused women.
(B)	This answer is incorrect because in the book, Ana wants to help abused women.
(C)	**This answer is correct because the conversation says Ana wants to help abused women.**
(D)	This answer is incorrect because the conversation does not talk about getting jobs.

Question 46

(A)	**This answer is correct because in the conversation Ana says women need more education.**
(B)	This answer is incorrect because Ana does not want to offer reunions to them.
(C)	This answer is incorrect because Ana does not say she wants to offer vacations to women.
(D)	This answer is incorrect because the conversation does not talk about getting books to them.

Question 47

(A)	This answer is incorrect because the conversation and the chart show that women are victims of violence.
(B)	**This answer is correct because Ana says husbands abuse their wives and the chart shows the same.**
(C)	This answer is incorrect because both sources show other abuses.
(D)	This answer is incorrect because the conversation says they are considered inferior.

Selection 3

Question 48

(A)	This answer is incorrect because during the interview, Professor Vega says schools do not provide clear information to parents.
(B)	**This answer is correct because according to Professor Vega, some schools do not want to provide this information.**
(C)	This answer is incorrect because according to Professor Vega, schools do not provide this information.
(D)	This answer is incorrect because according to Professor Vega, schools do not provide this information.

Question 49

(A)	This answer is incorrect because during the interview, Professor Vega says the opposite.
(B)	This answer is incorrect because during the interview, Professor Vega says families do not spend much time together.
(C)	This answer is incorrect because according to Professor Vega, parents do not do this at home.
(D)	**This answer is correct because according to Professor Vega, that is the reason it is more difficult now.**

Question 50

(A)	This answer is incorrect because during the interview, Professor Vega says that is true.
(B)	This answer is incorrect because during the interview, Professor Vega says that parents should have an educated choice.
(C)	**This answer is correct because according to Professor Vega, schools must assure parents they provide good education.**
(D)	This answer is incorrect because according to Professor Vega, it is important to have parents more involved in their children's education.

Question 51

(A)	This answer is incorrect because during the interview, Professor Vega says that meetings should be after working hours.
(B)	This answer is incorrect because during the interview, Professor Vega says that parents' opinions should be considered.
(C)	This answer is incorrect because according to Professor Vega, schools must keep in touch with parents.
(D)	**This answer is correct because according to Professor Vega, it is important to have parents more involved, and schools should make it easier for them to participate.**

Question 52

(A)	This answer is incorrect because during the interview, Professor Vega says that is a good idea.
(B)	This answer is incorrect because Professor Vega does not say anything about buying tools.
(C)	This answer is incorrect because according to Professor Vega, that is a good idea.
(D)	**This answer is correct because according to Professor Vega, both are good ideas.**

Selection 4

Question 53

(A)	This answer is incorrect because the purpose of the article is not to talk about exercise.
(B)	This answer is incorrect because the purpose of the article is not to talk about how to create a new habit.
(C)	This answer is incorrect because the purpose of the article is not to talk about how to count calories.
(D)	**This answer is correct because the purpose of the article is to teach steps about how to lose weight easily.**

Question 54

(A)	This answer is incorrect because the article says vegetables provide fiber, not calories.
(B)	**This answer is correct because the article says that is true about vegetables.**
(C)	This answer is incorrect because the article says the opposite.
(D)	This answer is incorrect because the article says vegetables contain fiber, not lemon or vinegar.

Question 55

(A)	This answer is incorrect because the article says people can eat their favorite foods.
(B)	This answer is incorrect because the article says that food containing many calories should seldom be eaten.
(C)	**This answer is correct because the article says eating frequently helps burn calories.**
(D)	This answer is incorrect because the article recommends eating snacks.

Question 56

(A)	This answer is incorrect because the article says people can eat desserts in moderation.
(B)	This answer is incorrect because the article says people can drink coffee and tea without sugar.
(C)	**This answer is correct because the article says this is the way to reduce the amount of sugar in one's diet.**
(D)	This answer is incorrect because the article recommends drinking water.

Question 57

(A)	**This answer is correct because the article recommends that people exercise.**
(B)	This answer is incorrect because the article does not recommend going to the supermarket.
(C)	This answer is incorrect because the article does not suggest that changing clothes will help lose weight.
(D)	This answer is incorrect because the article does not recommend going to the gym when you're hungry.

Selection 5

Question 58

(A)	This answer is incorrect because the presentation says it was based on a European tradition.
(B)	This answer is incorrect because the presentation says it was based on a European tradition.
(C)	**This answer is correct because the presentation says it was based on a European tradition.**
(D)	This answer is incorrect because the presentation says it was based on a European tradition.

Question 59

(A)	This answer is incorrect because the presentation says the purpose is to celebrate a girl's coming of age.
(B)	**This answer is correct because the presentation says the purpose is to celebrate a girl becoming a woman.**
(C)	This answer is incorrect because the presentation does not celebrate infancy.
(D)	This answer is incorrect because the celebration is not about having dreams.

Question 60

(A)	This answer is incorrect because the ritual is not about a girl who carries a heart and a boy who carries a crown.
(B)	This answer is incorrect because the ritual is not about a girl who carries a little pillow with a small heart.
(C)	**This answer is correct because the ritual is about a girl who carries a crown and a boy who carries a pair of shoes.**
(D)	This answer is incorrect because the ritual is not about a girl wearing a crown who carries a boy with shoes.

Question 61

(A)	This answer is incorrect because the presentation does not compare this tradition with cutting the cake in a wedding.
(B)	This answer is incorrect because the presentation does not compare this tradition with throwing the bride's bouquet.
(C)	This answer is incorrect because the presentation does not compare this tradition with tossing flower petals on the floor.
(D)	**This answer is correct because the presentation compares this tradition with throwing the garter.**

Question 62

(A)	**This answer is correct because the presentation says the birthday girl chooses it.**
(B)	This answer is incorrect because the presentation does not say the girl's father chooses the song.
(C)	This answer is incorrect because the presentation does not say friends and relatives of the girl choose the song.
(D)	This answer is incorrect because the presentation does not say the girl's mother chooses the song.

Question 63

(A)	This answer is incorrect because according to presentation, the fifteen roses and candles do not represent fifteen young boys.
(B)	This answer is incorrect because according to the presentation, they do not represent the number of stair steps.
(C)	**This answer is correct because according to the presentation, they represent the age of the birthday girl.**
(D)	This answer is incorrect because according to the presentation, they do not represent the songs.

Question 64

(A)	This answer is incorrect because according to the presentation, that answer is true.
(B)	**This answer is correct because according to the presentation, that is not true.**
(C)	This answer is incorrect because according to the presentation, that answer is true.
(D)	This answer is incorrect because according to the presentation, that answer is true.

Question 65

(A)	**This answer is correct because it is the clear purpose of the presentation.**
(B)	This answer is incorrect because they mention people from Europe to talk about the origin of the celebration.
(C)	This answer is incorrect because the presentation is not about Uruguay.
(D)	This answer is incorrect because the presentation is not about society and women.

Section II, Part A

Sample e-mail reply

Muy estimado Sr. Ramírez:

Estoy muy complacida por la oportunidad que se me presenta y se la agradezco. Su artículo es el medio ideal para que nuestro club informe a todos los estudiantes de las actividades que vamos a realizar para ayudar a la comunidad, además de las reuniones semanales para discutir temas culturales entre los miembros. Será muy divertido y será una ocasión ideal para conocerse mejor.

Estoy segura de que muchos estarán interesados en unirse al Club de Español y formar parte de esta organización. El costo para unirse es de solamente diez exploran al año.

Los miembros podrán disfrutar de películas semanales que exploren diferentes aspectos culturales de países hispanohablantes, actividades al aire libre, discusiones sobre literatura de autores hispanos y visitas a ferias gastronómicas con sabor latino.

El dinero se usará para proveer becas a estudiantes que necesiten ayuda económica. El número de miembros determinará cuántos estudiantes pueden beneficiarse.

Todavía no hemos empezado a desarrollar un plan para dar a conocer el club. Me gustaría hacerle unas preguntas sobre el tipo de información que podemos incluir en los anuncios. También quisiera saber si podemos poner fotos como parte de la campaña.

Si tiene más preguntas, por favor escríbame de nuevo. Muchas gracias otra vez.

Atentamente,

Luisa Vélez

Presidente, Club de Español

Section II, Part B

Sample persuasive essay

La pobreza, un problema global.

Hoy en día hay muchos problemas que afectan a la gente en todo el mundo. Entre los problemas que podemos mencionar están los problemas de la falta de educación, la dificultad para conseguir trabajo, la pobreza y la desnutrición infantil. Desafortunadamente estos son problemas que afectan a gente en muchos países del mundo, gente en España, México y otros países de América Latina y el Caribe.

La pobreza es el resultado de la crisis económica mundial. Muchos países pobres han tenido este problema antes, pero ahora muchos países desarrollados también sufren la pobreza. Cada día hay más gente que pierde su trabajo y después de meses sin sueldo tienen que pedir ayuda al gobierno. Aunque todos estos problemas son muy importantes, el más terrible, para mí, es la falta de alimentación adecuada, especialmente en los niños. Si los niños no tienen una dieta que incluya vitaminas y proteínas, pueden tener problemas físicos y mentales.

En España, según la información del artículo sobre los bancos de alimentos, el presidente de esta organización está muy preocupado porque no tiene comida suficiente para darles a todos los pobres que necesitan ayuda. Él le pide a la gente que done cosas como leche y galletas, especialmente para que los niños tengan algo para comer.

De acuerdo con la segunda fuente, la pobreza también se sufre en Latinoamérica y países del Caribe. La gráfica muestra que casi la mitad de la gente en estos países es pobre y casi el 20 por ciento es indigente. Esto dice que la pobreza no se limita a sólo un país, sino que ahora se extiende a muchas naciones que tienen que buscar recursos para ayudar a todos. La cantidad de pobres aumenta y crea más problemas para el gobierno, que muchas veces no está preparado para combatir el hambre.

Según la grabación, en México los indígenas son especialmente pobres y sufren más. El gobierno está tratando de mandar comida a las familias pero no es suficiente. Además, manda cosas que ellos no comen porque no es su tradición. Los mexicanos comen tradicionalmente tortillas de maíz y salsa picante, pero esta comida no es muy nutritiva.

El desarrollo físico de los niños indígenas no es normal. Además la anemia es más común entre estos niños que en otros en México. La falta de una dieta nutritiva, que afecta a niños y adultos, ha provocado que muchas personas mueran de desnutrición.

Es muy importante que todos ayudemos a resolver este problema. Los niños son nuestro futuro y merecen la oportunidad de crecer sanos. Todos debemos contribuir para ayudar con programas o donaciones.

Section II, Part C

Sample Conversation

Tu vecino: Hola, me llamo Iván Terrones y soy de Venezuela. A mí me encanta este congreso sobre la conservación del medio ambiente. El medio ambiente es el conjunto de todas las cosas vivas que nos rodean. De éste obtenemos agua, comida, combustibles y materias primas que sirven para fabricar las cosas que utilizamos diariamente. Al abusar o hacer mal uso de los recursos naturales que se obtienen del medio ambiente, lo ponemos en peligro y lo agotamos.

Tú: Expresa tu intención de cambiar esta situación y proponle contribuir su apoyo y estudio para investigar maneras de ahorrar energía en las habitaciones privadas y en los edificios públicos. Pregúntale sobre su experiencia y conocimiento en el uso de la energía.

Tu vecino: Oiga, sí, gran parte de la población como que no tiene conciencia, hay veces que por flojera echan la basura en la calle en vez de en las papeleras, y por lo tanto estas personas ocasionan muchos problemas ambientales como, por ejemplo, la destrucción de las áreas verdes, lo cual nos puede llevar a la causa de muchos incendios forestales. Pero, dígame más sobre sus ideas sobre la reducción del uso de la energía tradicional y de la energía alternativa. ¿Qué opina de los esfuerzos en esta dirección?

Tú: Contesta la pregunta con detalles e ideas nuevas e interesantes.

Tu vecino: Me interesa mucho este diálogo y quisiera colaborar en el futuro. ¿Qué piensa si continuamos este intercambio de ideas y colaboramos en el futuro para aplicar y validar una propuesta de investigación en el campo de las energías alternativas?

Tú: Contéstale a su propuesta mostrando interés con muchos detalles temáticos y a la vez mostrando pena de no estar disponible en el futuro por razones de empleo.

Tu vecino: Comprendo, ¿pero qué piensa de empezar este proyecto el verano que viene?

Tú: Responde dando o exponiendo tu opinión y añadiendo detalles para cumplir este proyecto de colaboración juntos.

Tu vecino: ¡Muy bien! Le contactaré después del congreso. Aquí está mi correo electrónico y mi número de móvil.

Tú: Expresa tu deseo de colaborar en este proyecto y despídete de él.

Section II, Part D

Sample cultural comparison presentation

El tema de la nutrición es algo muy común hoy en día. Hay mucha gente obesa y mucha gente desnutrida. Muchos niños comen comida basura en los Estados Unidos, en cambio hay muchos niños que no tienen nada que comer en países como la República Dominicana.

Por un lado la gente pobre no tiene trabajo y no puede comprar la comida necesaria para su familia, en cambio yo conozco mucha gente joven que es obesa. Algunos de mis amigos comen mucho y además comen comida basura. Esto es un problema en los Estados Unidos y ahora los médicos y nutricionistas están hablando de esto para que la gente cambie sus hábitos alimenticios.

Ambas cosas, la falta de comida y el exceso, son malos. Primero, es malo no comer lo suficiente porque la comida con los nutrientes necesarios, como la leche, que contiene calcio para los huesos, y vegetales o frutas, que contienen vitaminas, es necesaria para estar sano. La falta de una dieta saludable puede tener consecuencias cuando estos niños de la República Dominicana crezcan, como retraso físico y mental.

También es un problema comer mucha grasa y comida con mucho azúcar. Esto es malo para la salud de los niños porque cuando crezcan pueden tener problemas de diabetes y del corazón, como muchos niños en los Estados Unidos. Afortunadamente ahora los colegios tienen comida más saludable para ofrecer y estos programas ayudan a cambiar lo que usualmente comen por algo mejor, como manzanas, plátanos, leche y otras cosas.

Tanto los niños pobres de la República Dominicana, que no tienen una nutrición adecuada porque no comen mucho, como los niños que comen comida basura, tendrán problemas de salud cuando sean mayores y esto puede impedir que obtengan un trabajo o que puedan estudiar o capacitarse para mejorar sus opciones. Además, esto tendrá consecuencias que afectan a todos porque necesitan atención médica y medicinas. Estas personas pueden ser adultos dependientes del sistema, lo que representa más gasto en salud pública.

Lo más importante es que todos los niños del mundo puedan comer lo necesario y eviten la comida basura para tener una vida sana.

Practice Exam 2

Also available at the REA Study Center (*www.rea.com/studycenter*)

This practice exam is available at the REA Study Center. Although AP exams are administered in paper-and-pencil format, we recommend that you take the online version of the practice exam for the benefits of:

- Instant scoring
- Enforced time conditions
- Integrated audio for the listening portions of the exam
- Detailed score report of your strengths and weaknesses

Audio for this printed practice exam may be downloaded from the REA Study Center (*www.rea.com/studycenter*). First, you need to redeem your access code, which can be found on the inside front cover of this book.

Section I, Part A

Interpretive Communication: Print Texts

Total time for Section I: 1 hour, 35 minutes

Part A time: 40 minutes

You will read several selections. Each selection is accompanied by a number of questions. For each question, choose the response that is best according to the selection, and mark your answer on your answer sheet.	Vas a leer varios textos. Cada texto va acompañado de varias preguntas. Para cada pregunta, elige la mejor respuesta según el texto e indícala en la hoja de respuestas.

Selección 1

Tema curricular: La Vida Contemporánea

Introducción

Este texto trata de un sitio para acampar. El anuncio original aparece en el sitio Web "Camping La Campiña".

La Campiña

La Campiña está situada en el centro de Andalucía, entre las Sierras Subbéticas y el Valle del Guadalquivir, a una altura de 300 m sobre el nivel del mar. El Camping La Campiña es un lugar familiar y tranquilo (7.000 m²), situado en plena "Campiña Cordobesa", tierra de olivares, de vino de Montilla y del arte alfarero de La Rambla, rodeado de olivos, olmos y zonas ajardinadas. Se encuentra en un punto estratégico a 32 km. de Córdoba, 110 km. de Sevilla, 140 km. de Málaga (Costa del Sol) y 170 km. de Granada.

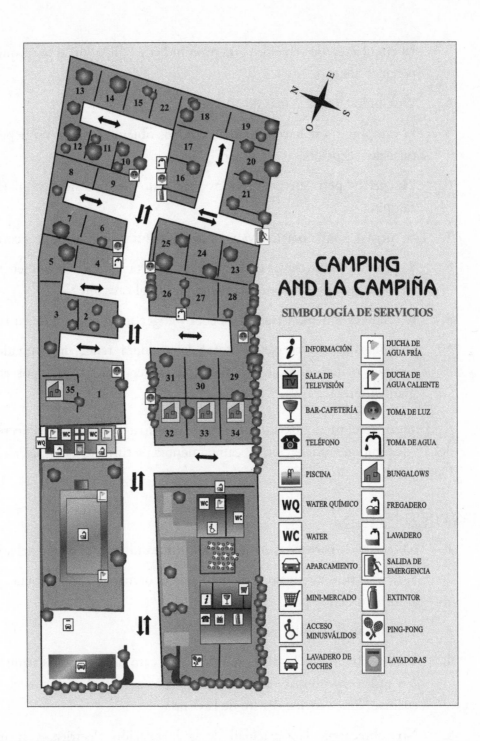

NORMAS INTERNAS

1. La jornada finaliza a las 12 del mediodía, con posterioridad a esta hora se facturará una jornada completa. Si la salida se va a producir antes de la apertura de la recepción, deberá liquidar su factura la víspera.

2. Las visitas se facturarán a partir de media hora según tarifa vigente.

3. La circulación de vehículos está prohibida de 23h. a 7h, al igual que se ruega respeten el silencio.

4. Prohibido circular a más de 10 km/h.

5. El camping no se hace responsable de los objetos de valor no depositados en las cajas de recepción.

6. Los perros permanecerán atados; haciendo sus necesidades en el exterior del camping.

7. Se ruega depositar botellas, vidrio y demás basuras en los depósitos correspondientes.

8. Se prohíbe clavar clavos en los árboles y cortar ramas. Cualquier desperfecto en los jardines o instalaciones será repercutido al causante.

9. Las fuentes son exclusivas para beber y coger agua; no para fregar la vajilla.

10. La conexión eléctrica está protegida y podrá tener un limitador de potencia para evitar sobrecargas. Solo podrán ser manipuladas por el personal de mantenimiento.

Este reglamento está basado siguiendo la normativa turística del decreto 164/2003 del 17 de junio, de ordenación de campamentos de turismo / Consejería de Turismo y Deporte, 2003.

NORMAS PREVENTIVAS

1. No encienda barbacoas en el suelo ni utilizando ramas o leña del arbolado.

2. Si tiene extintor, téngalo a mano al usar su barbacoa; si no lo tiene, prepare junto al fuego un cubo de agua.

3. Si fuma, utilice ceniceros.

4. Vigile el buen estado de su bombona de camping-gas y sus equipos de cocina. No utilice bombonas de gas domésticas. Asegure al suelo los elementos de la cocina. Nunca cocine dentro de la tienda.

5. No sobrecargue la capacidad de la instalación eléctrica. Consulte amperaje y potencia máxima. Compruebe el buen estado de su conexión eléctrica y la toma de tierra de sus aparatos. No manipule las cajas de toma de corriente. Comunique en recepción cualquier anomalía que observe en la conexión eléctrica.

6. No utilice aparatos eléctricos en las duchas.

7.   En caso de fuerte viento, asegure los tirantes de su tienda y absténgase de hacer ningún tipo de fuego.

8.   Si se aloja en el camping con niños tenga especial cuidado con los objetos punzantes (tijeras, cuchillos...), con los medicamentos, con los productos de limpieza y con productos inflamables (pastillas enciende fuegos, cerillas, velas, mecheros,...).

RECOMENDACIONES PARA CASOS DE EMERGENCIA

1.   Al instalarse en su parcela o zona sin parcelar, estudie en el plano su situación dentro del camping (Nº de parcela) y localice la salida de emergencia más cercana así como los extintores más próximos.

2.   Si observa algún inicio de fuego en la arboleda, tienda, caravana o algún otro lugar del camping o sus inmediaciones, avise inmediatamente al personal de mantenimiento del camping o a la propia recepción, indicando lo más aproximadamente posible el alcance del presunto fuego y su situación (bungaló, parcela, módulo de aseo...). Si es necesario utilice el extintor más próximo: suelte la anilla de seguridad y dirija el chorro a la base de la llama.

3.   Al acudir el personal del camping, bomberos o miembros de protección civil, deje a ellos la iniciativa y ofrezca su colaboración dentro de sus posibilidades sin interferir en las decisiones de las personas responsables.

4.   Si prende fuego en una sartén no use agua; cúbrala con una tapadera o paño muy húmedo.

5.   En caso de alguien accidentado, no mueva a la víctima hasta que se valoren sus lesiones por personal especializado.

6.   No utilice el coche ni la caravana. Diríjase a pie a un sitio despejado, adonde le indiquen o a la salida de emergencia más próxima. Compruebe que ninguno de los suyos se queda rezagado.

1. ¿Por qué se escribió esta información?

    (A) Para explicar la agricultura del lugar

    (B) Para apoyar a los ecologistas

    (C) Para aprender a manejarse en el sitio

    (D) Para avisar a los excursionistas sobre los servicios aprovechables en Andalucía

2. ¿Para qué no se puede usar el mapa?

    (A) Para aprender cómo se puede manejar en La Campiña

    (B) Para enseñar sobre los servicios disponibles

    (C) Para ir a Córdoba

    (D) Para mirar las zonas ajardinadas

3. ¿Cuál es el propósito del fregadero en este lugar?

    (A) Lavar platos

    (B) Congelar comida

    (C) Enjabonar los coches

    (D) Obtener agua muy fría

4. Geográficamente, La Campiña está

    (A) en el sur de España.

    (B) en el corazón de las Sierras Subbéticas.

    (C) en una zona alpina.

    (D) en una zona marítima.

5. ¿Cómo se puede utilizar mejor el "WQ"?

    (A) Cuando se tiene sed

    (B) Cuando se vaya a lavar el cuerpo

    (C) Cuando necesite regar las plantas con agua potable

    (D) Cuando tenga que hacer las necesidades en el baño

6. ¿Cómo son el tono y la perspectiva de esta información?

    (A) Pedantes

    (B) Cultos

    (C) Autoritarios

    (D) Naturales

7. ¿Cuál es el objetivo de las normas internas?

    (A) Cumplir con las normativas turísticas

    (B) Mostrar lo que no debe traer al camping

    (C) Enseñar las normas cotidianas para sobrevivir en el bosque

    (D) No tenerlas en cuenta

8. No se permite a la gente manejar los automóviles en el camping

    (A) entre 11 pm y 7 am.

    (B) entre 11 am y 7 pm.

    (C) a ninguna hora.

    (D) todo el año.

9. ¿Qué papel tienen las normas preventivas?

    (A) Informar sobre la importancia de la convivencia de plantas y animales

    (B) Mejorar el bienestar del medio ambiente

    (C) Poner énfasis en cómo no respetar las normas que pueden dañar a los humanos

    (D) Crear un esquema mental de La Campiña

10. En las recomendaciones para casos de emergencia, ¿cuál es el mejor sinónimo para "sartén"?

    (A) Bungaló

    (B) Coche

    (C) Tienda de campaña

    (D) Recipiente metálico para freír

Selección 2

Tema curricular: Los Desafíos Mundiales

Introducción

Este texto trata del medio ambiente. El artículo original se encuentra en el sitio Web del Colegio Bérriz y fue publicado en febrero de 2012 en España.

Energía para hoy, futuro para mañana

Únete al ahorro con tus compañeros de 1º de bachillerato.

Una fuente de energía es un recurso natural capaz de producir energía y obtener alguna utilidad, ya sea directamente o a través de alguna transformación.

La transformación más habitual es la producción de electricidad, ya que es fácil de transportar, distribuir y convertir en otros tipos de energía.

Las fuentes de energía se clasifican en dos grandes grupos: energías renovables y no renovables.

Energía no renovable se refiere a aquellas fuentes de energía que se encuentran en la naturaleza en una cantidad limitada y una vez consumidas en su totalidad, no pueden sustituirse, ya que no existe sistema de producción o extracción viable.

Son fuentes de energía no renovables los combustibles fósiles (carbón, petróleo y gas natural) y la energía nuclear.

Se denomina energía renovable a la energía que se obtiene de fuentes naturales inagotables, ya sea por la inmensa cantidad de energía que contienen, o porque son capaces de regenerarse por medios naturales.

Entre las energías renovables se cuentan la hidroeléctrica, eólica, solar, geotérmica, mareomotriz, la biomasa y los biocombustibles.

El agua está en todas partes, en las nubes, en los mares, congelada en los polos y glaciares de montaña, bajo la tierra y como parte de todos los seres vivos. Pero solo una pequeña parte de toda esa agua sirve para el consumo humano.

Por eso el agua potable es uno de los recursos naturales más valiosos, ya que de ella depende nuestra propia vida.

---

11.   ¿Quién es el autor de este artículo?

   (A) Un grupo de estudiantes estadounidenses

   (B) Un conjunto de científicos

   (C) Algunos estudiantes en el último año de estudio en España

   (D) Anónimo

12.   Según el texto, ¿qué se puede decir del agua potable?

   (A) El agua se puede encontrar en todas partes de los Estados Unidos.

   (B) Esta agua es un tipo de recurso de energía renovable.

   (C) Es un gran recurso natural.

   (D) No se puede beber.

13.   ¿Dónde se puede encontrar agua?

   (A) En el mar

   (B) En el mar y los océanos

   (C) En todas partes de la Tierra

   (D) En formas múltiples en la Tierra y los seres humanos

14.   ¿En qué cantidad existe el agua potable en la Tierra?

   (A) Descomedida

   (B) Desaforada

   (C) Enorme

   (D) Restringida

15.   Según el texto, ¿por qué es importante conservar energía hoy?

   (A) Para utilizar los automóviles

   (B) Para sobrevivir en el presente

   (C) Para que los animales puedan sobrevivir

   (D) Para el futuro de mañana

16. ¿De qué tipos de energía se trata en este texto?

    (A) Renovable

    (B) No renovable

    (C) Electricidad

    (D) Renovables y no renovables

17. ¿Con que propósito se menciona el tema de la energía?

    (A) Mostrar el apoyo financiero que ha recibido el programa de esta escuela

    (B) Enseñar información para la biodiversidad

    (C) Exponer algunas ideas contrarias al programa de medio ambiente de la escuela

    (D) Enfatizar la importancia política de unas organizaciones

Selección 3

Tema curricular: Las Identidades Personales y Públicas

Introducción

Este texto es de un artículo del 5 de julio de 2013, de la BBC Mundo, que examinó las actividades políticas del ejército en Egipto.

Egipto y el verdadero poder del Ejército

Es un hecho que las Fuerzas Armadas de Egipto son la entidad más poderosa del país, como quedó demostrado en los hechos más recientes que condujeron a la destitución del presidente democráticamente electo Mohamed Morsi. Actualmente, el general al Sisi es el jefe de las Fuerzas Armadas de Egipto y fue imprescindible para destituir al presidente Morsi.

Y han estado a cargo del país desde que derrocaron a la monarquía en 1952.

Desde entonces, cuatro de los últimos cinco mandatarios egipcios: Gammal Abdel Nasser, Anwar Sadat, Hosni Mubarak y Mohammed Hussein Tantawi, han sido miembros de las Fuerzas Armadas.

Su control no sólo se extiende al ámbito político: también juegan un papel clave en la economía egipcia.

Tal como explica Said Shehata, analista de la BBC, aunque muchos pensaban que desde hace dos años, cuando Mubarak fue depuesto, los militares habían quedado relegados, "los hechos recientes muestran que todavía mantienen un inmenso poder."

Influencia "penetrante"

Cuando cayó Hosni Mubarak en 2011 se formó el Supremo Consejo de las Fuerzas Armadas (SCAF), el organismo de gobierno de las Fuerzas Armadas que dirigió el país hasta la elección del presidente Morsi en 2012.

"La intervención militar esta vez es muy diferente de la ocurrida tras la caída de Hosni Mubarak en febrero de 2011", explica Said Shehata.

"Cuando el SCAF mantuvo el poder como autoridad legislativa y ejecutiva, emitió declaraciones constitucionales y cometió errores", en particular errores que fueron ampliamente criticados por la oposición y la población, por ejemplo, al ordenar las polémicas "pruebas de virginidad" en mujeres detenidas en prisiones militares.

Ese periodo en el poder le brindó una útil lección a las Fuerzas Armadas: se dieron cuenta de que era mejor estar tras las bambalinas "dirigiendo la obra" que en el escenario, donde podían mostrar sus vulnerabilidades y ser blanco de críticas.

Con un personal de más de 460.000 —y un millón de reservas— las fuerzas armadas poseen vastas tierras y propiedades, lo cual las hace mantener un papel social y económico activo, ofreciendo empleo a muchos egipcios.

Sus empresas, además de la producción de la mayoría de sus armas y provisiones, también incluyen una amplia variedad de bienes de consumo.

Como los recursos de las Fuerzas Armadas son secreto de Estado, igual que su presupuesto, no se sabe con certeza cuál es el valor de las industrias que poseen.

Los cálculos varían, pero se dice que éstas suman hasta el 40% del Producto Nacional Bruto de Egipto.

"Estatus privilegiado"

Según un cable dado a conocer por WikiLeaks en 2008, filtrado de la embajada de Estados Unidos en El Cairo, las Fuerzas Armadas eran "una empresa casi comercial".

"Los contactos nos dicen que las compañías que poseen los militares, que a menudo son dirigidas por generales retirados, son particularmente activas en las industrias de agua, aceite de oliva, cemento, construcción, hostelería y gasolina", decía el documento.

Según el cable de WikiLeaks, "el papel de las Fuerzas Armadas ha conducido a tensiones con líderes empresariales, pero los militares a menudo han comprometido 'sus considerables recursos' para producir pan, por ejemplo, durante un periodo de escasez que condujo a manifestaciones en 2008", señalaba el documento.

Y su influencia va más allá de sus instituciones y empresas: muchos de los gobernadores provinciales son oficiales retirados del ejército y, hasta antes de la elección del presidente Morsi, muchas de las instituciones civiles y del sector público estaban dirigidas por ex generales.

"Durante décadas, sus decenas de miles de oficiales de élite han vigilado celosamente su estatus privilegiado", dice Ben Hubbard, corresponsal en Medio Oriente del *The New York Times*.

"Viven como una clase aparte, son dueños de sus propios clubes sociales, hoteles, hospitales, parques y otros beneficios financiados por el Estado".

"Muchos también se han enriquecido con contratos gubernamentales y acuerdos empresariales facilitados por sus puestos. Es, en ciertos aspectos, una casta Brahmán hereditaria, en la cual los hijos siguen las carreras de sus padres y todos viven dentro de un círculo social cerrado".

Cuidando sus intereses

Durante mucho tiempo había sido criticada la penetrante influencia de los militares, pero ésta quedó de manifiesto durante el año que la SCAF mantuvo el poder.

Esta vez, sin embargo, la SCAF actuó de diferente forma, como señala Said Shehata, de la BBC.

"Parece que ahora el ejército aprendió la lección al orquestar una medida astuta: invitando a todas las facciones de la sociedad egipcia a participar en el gobierno, excepto a la Hermandad Musulmana y a los ex militantes islamistas del grupo Gamma al-Islamiya, los cuales, se dice, rechazaron la invitación del Ejército", dice el analista.

Y aunque el ejército pudo haber mejorado su imagen ante los ojos de los egipcios que se manifestaron contra Morsi, muchos ven con sospecha el rol que podría jugar en el futuro.

Con el juramento del presidente interino civil Adly Mansour, se informa que están regresando a sus cargos funcionarios que fungieron durante el régimen de Mubarak —y que fueron reemplazados por Morsi—, como Abdel Meguid Mahmoud, el antiguo Fiscal General, y el que fue ministro de Relaciones Exteriores antes de Morsi, Mohamed Kamenl Amr.

Aunque los militares siempre se han presentado como "los guardianes de la estabilidad y la paz nacional," muchos temen que su principal objetivo es proteger sus propios intereses y preservar sus privilegios dentro del Estado.

Desde 1952, dice el analista de la BBC Said Shehata, "el Ejército ha sido la institución más fuerte y más estable en Egipto".

"La principal razón por la cual han jugado este rol son la frágil democracia y el debilitado aparato estatal".

"Si se logra en el futuro fortalecer la democracia y establecer un firme aparato estatal, el ejército podría dejar de desempeñar ese papel tan prominente", concluye el experto.

---

18. ¿De qué trata este artículo?

(A) El estado de Egipto como una fuente de riqueza

(B) Los faraones pasados y sus riquezas y poderes

(C) El presente estado de la economía

(D) La situación presente política, económica y social en el país

19. Según el artículo, ¿cuál es el significado de la frase "Su control no sólo se extiende al ámbito político: también juegan un papel clave en la economía egipcia"?

(A) El ejército tiene un poder menor en el estado.

(B) Egipto es un país grande y poderoso.

(C) En este país la población es muy grande y diversa.

(D) El ejército tiene un poder extendido en la esfera política y también económica.

20. Según el artículo, ¿qué institución se beneficia principalmente del programa político de los militares en Egipto?

(A) La democracia

(B) Las fuerzas armadas

(C) Los militares islamistas

(D) La monarquía

21. ¿Cuál de las siguientes afirmaciones resume mejor la información del artículo?

(A) El control del ejército se extiende al ámbito político.

(B) El ejército ha sido la institución más fuerte y estable de la sociedad egipcia en el último siglo.

(C) Los militares han comprometido "sus considerables recursos" para producir pan durante un periodo de escasez.

(D) En 2008 el ejército se dio cuenta de que está mejor mostrar sus vulnerabilidades frente a la población de Egipto.

22. Según el artículo, ¿con qué intención dio el general al Sisi el golpe en Egipto?

(A) Para ser rey

(B) Para ser presidente

(C) Para deponer el gobierno y el presidente

(D) Por su proprio interés político y económico

23. ¿Qué tipo de poder ejercen las fuerzas armadas en Egipto?

(A) Considerable desde un punto de vista político

(B) Menor

(C) Grande socialmente hablando

(D) Como una empresa comercial

24. ¿A quién cuidan los militares?

(A) Los militares cuidan sus propios intereses.

(B) Cuidan los intereses de la mayoría de la población civil.

(C) Cuidan a los pobres.

(D) Cuidan a la Hermandad Musulmana.

25. En el final del artículo es claro que

(A) el ejército es un estado dentro del estado.

(B) Egipto tiene un gran poder militar.

(C) la población de Egipto está muy feliz y contenta.

(D) los últimos cincos mandatarios egipcios fueron miembros de las fuerzas armadas.

Selección 4

Tema curricular: La Ciencia y la Tecnología

Introducción

Este texto explora los navegadores existentes en Internet. Es un artículo del periódico *El Confidencial* y fue publicado el 6 de julio de 2013.

Firefox recupera el trono como navegador más veloz del mercado

Alfredo Pascual   06/07/2013

Sorpresa en el sector de los navegadores. Después de unos años en los que Chrome se ha erigido, versión tras versión, como el monarca absoluto de la velocidad en internet, Firefox resurge ahora de sus cenizas para recuperar el trono. Según un estudio del portal "Tom's Hardware", especializado en *benchmarks* y pruebas de rendimiento, el navegador de Mozilla muestra el mejor perfil de uso del mercado en su versión 22, que mejora sustancialmente el rendimiento con respecto a ediciones anteriores.

Tan solo unas centésimas detrás aparece Chrome que, si bien no es capaz de mantener la supremacía, sí sigue mostrando un nivel global sobresaliente. Acorde con lo analizado por el portal (tiempos de espera, JavaScript, HTML 5 y HWA), solo Opera Next está en disposición de amenazar la oligarquía instaurada en los navegadores gracias a una edición, la 10, que ha conseguido triplicar la velocidad de navegación. Descolgado queda, una vez más, Internet Explorer, cuya décima entrega demuestra no estar a la altura de los mejores.

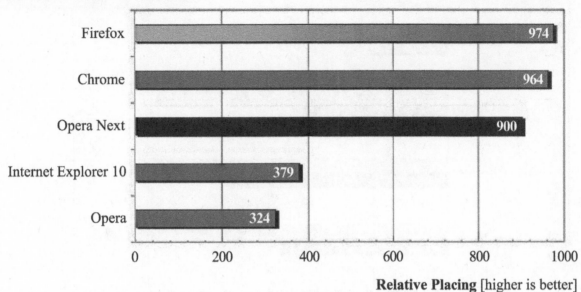

tom's
HARDWARE
THE AUTHORITY ON TECH

Web Browser Grand Prix XVI
Performance Index
Wait Times, JS/DOM, HTML5, HWA

Relative Placing [higher is better]

"Sin debilidades aparentes y un acabado potente en todos los aspectos, unido a unos tiempos de inicio mejorados y un incremento en el apartado de la aceleración por *hardware*, casi perfecto en fiabilidad, hacen de la última versión de Firefox nuestra elección", aseguran los expertos de "Tom's Hardware".

El secreto del éxito de Firefox 22 está, precisamente, en su rápido inicio. Se trata de un aspecto en el que el *software* de Google ha ido perdiendo pujanza desde su nacimiento, cuando revolucionó los tiempos de espera. Hoy ha sido superado por Firefox, dejando en evidencia que Mozilla ha sabido bien donde golpear en esta ocasión.

Firefox es capaz de arrancar en 4,1 segundos para un inicio en frío y en 1 solo segundo cuando se trata de reabrir el navegador después de cerrarlo. En esta clasificación Chrome muestra sus carencias con unos tiempos de 5,8 y 3,2 segundos respectivamente. La distancia crece cuando el arranque se hace con ocho pestañas abiertas por defecto. En este escenario, Firefox carga en 4,1 segundos lo que Chrome demora más de diez.

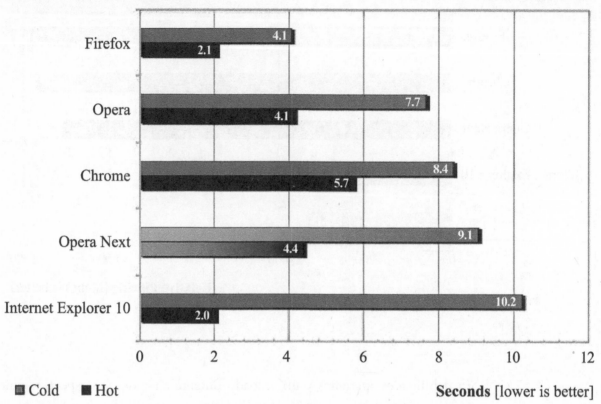

Solo quedan dos

Las últimas versiones dejan claro que se ha recrudecido la batalla por el mejor navegador y ha vuelto a ser cosa de dos. Chrome y Firefox están parejos en la mayoría de los apartados. En los que uno lidera, el otro es segundo. Por detrás, un abismo. Explorer no encuentra el camino y lo ha emplazado todo a IE 11, que promete un salto cualitativo en la gestión de Web GL y HTML 5, además de un incremento de velocidad del 30% con respecto a la versión analizada. Opera, por su parte, continúa en línea ascendente consolidando las características que lo han hecho fuerte, si bien todavía no está preparado para asaltar un trono que, de nuevo, pertenece a Firefox.

26. ¿Cuál es el propósito del artículo?

(A) Que la gente pueda informarse sobre las opciones que existen de navegadores en Internet

(B) Poder pagar menos dinero cuando la gente elija un navegador

(C) Que los jóvenes puedan decidir cuál navegador es mejor para los videojuegos

(D) Que los consumidores puedan aprender sobre los más nuevos y más rápidos navegadores

27. ¿Qué tipo de información presentan las tablas?

(A) El porcentaje de la población que usa los navegadores

(B) Las decisiones de los consumidores cuando decidan usar Internet

(C) El análisis de los tiempos de espera cuando se usa el navegador

(D) Que todo el mundo debe usar Firefox porque es lento

28. Según las tablas, ¿qué pasó en el mundo virtual acerca de la velocidad de recuperar la información?

(A) Internet Explorer es el rey del mundo virtual.

(B) Firefox es el monarca absoluto de los navegadores del mercado de HTML5, un lenguaje específico para codificar los documentos virtuales.

(C) Recientemente, Opera se infiltró en el mercado de los navegadores.

(D) Chrome está solamente a 20 puntos detrás de Firefox en la batalla de mejor navegador en la mayoría de los apartados.

29. Según el artículo, ¿de qué tipo de mercado se trata en este análisis?

(A) Unas bases de datos

(B) Productos visibles y tangibles de una computadora

(C) Sistemas operativos para acceder a Internet

(D) *Software* gratuito que se ofrece sin coste alguno

30. ¿Qué no se puede concluir al final de la lectura?

(A) Firefox es un excelente buscador en línea.

(B) Chrome era el monarca de Internet.

(C) Los dos son los peores exploradores cuando el usuario quiere ir de compras en línea.

(D) La velocidad puede ser la causa principal para elegir un navegador.

END OF SECTION I, PART A

Section I, Part B

Interpretive Communication: Print and Audio Texts

Part B time: 55 minutes

You will listen to several audio selections. The first two audio selections are accompanied by reading selections. When there is a reading selection, you will have a designated amount of time to read it.

For each audio selection, first you will have a designated amount of time to read a preview of the selection as well as to skim the questions that you will be asked. Each selection will be played twice. As you listen to each selection, you may take notes. Your notes will not be scored.

After listening to each selection the first time, you will have 1 minute to begin answering the questions; after listening to each selection the second time, you will have 15 seconds per question to finish answering the questions. For each question, choose the response that is best according to the audio and/or reading selection and mark your answer on your answer sheet.

Vas a escuchar varias grabaciones. Las dos primeras grabaciones van acompañadas de lecturas. Cuando haya una lectura, vas a tener un tiempo determinado para leerla.

Para cada grabación, primero vas a tener un tiempo determinado para leer la introducción y prever las preguntas. Vas a escuchar cada grabación dos veces. Mientras escuchas, puedes tomar apuntes. Tus apuntes no van a ser calificados.

Después de escuchar cada selección por primera vez, vas a tener un minuto para empezar a contestar las preguntas; después de escucharla por segunda vez, vas a tener 15 segundos por pregunta para terminarlas. Para cada pregunta, elige la mejor respuesta según la grabación o el texto e indícala en la hoja de respuestas.

Selección 1

Tema curricular: La Ciencia y la Tecnología

Fuente número 1

Primero tienes 4 minutos para leer la fuente número 1.

Introducción

Este texto trata del cuidado de la salud. El artículo original fue publicado en julio de 2013 en el sitio Web "Hola.com México" por una periodista anónima.

Los hábitos saludables de fotoprotección deben inculcarse en la infancia y adolescencia

A pesar de que la mayoría de papás y mamás tienen asumida la importancia de proteger a los niños de los rayos del sol, lo que a veces se nos olvida es que, tan importante es la protección de la piel y los ojos, como inculcar a los pequeños las conductas eficaces de fotoprotección que mantendrán a lo largo de toda su vida.

Es precisamente durante esta etapa cuando hay que establecer los hábitos saludables dirigidos a la protección solar, así como a la prevención del cáncer de piel y las quemaduras solares. Enseñarles a minimizar la exposición al sol, a hacer uso de fotoprotectores de acuerdo con su fototipo y tipo de piel —los rayos solares son más dañinos para los niños rubios y de ojos azules—, así como de gafas y otras prendas, son prácticas que deben comenzar lo antes posible en los niños, para que se conviertan en algo habitual.

De hecho, y tal y como indican los pediatras de la Asociación Española de Pediatría, utilizar un fotoprotector adecuado durante los primeros 18 años puede reducir hasta un 78 por ciento el riesgo de cáncer de piel en la edad adulta. El motivo: las quemaduras solares son acumulativas, y si se repiten muchas veces a lo largo de la vida, pueden desarrollar tumores cutáneos, siendo especialmente dañinas las quemaduras que se producen en la infancia.

Las medidas más importantes para protegerles este verano del sol:

1. Evita la exposición prolongada a los rayos solares, sobre todo en las horas centrales del día.

2. Busca sombras en los espacios abiertos, o hazte con una buena sombrilla, para poder alternar sol y sombra con facilidad.

3. Enséñales a utilizar cremas o lociones con filtro solar que sean resistentes al agua, con un factor de protección 15 o superior.

4. Usa gorros o mejor sombreros con ala.

5. Las ropas deben cubrir buena parte del cuerpo, como camisetas con mangas y pantalones tipo bermudas, cuando estén en áreas soleadas.

6. Acostúmbrales a llevar gafas de sol oscuras, con filtro para rayos UV, que protejan tanto los ojos como la delicada piel que los rodea.

Fuente número 2

Primero tienes 2 minutos para leer la introducción y prever las preguntas.

Introducción

Esta grabación es un reportaje de "hola.com España" acerca de la princesa de Asturias en el cual se anima a investigar para ganar la batalla al cáncer. La grabación dura aproximadamente dos minutos.

 Selección Auditiva 1

31. ¿De qué tipo de enfermedad se habla en las dos fuentes?

 (A) De enfermedades infantiles

 (B) De enfermedades hipocondríacas

 (C) De ninguna enfermedad

 (D) De enfermedades incurables

32. ¿Cuál es el propósito de las dos fuentes?

 (A) Informar a los lectores

 (B) Inculcar en los lectores una conciencia responsable acerca de unas enfermedades serias

 (C) Llamar la atención de las celebridades sobre este tema

 (D) Estimular las actividades estivales

33. ¿De qué manera se puede describir el tono de la lectura?

 (A) La lectura es redundante con la fuente auditiva.

 (B) Es una fuente informativa de conocimientos importantes para la salud de la piel de los niños.

 (C) Es autoritaria.

 (D) Es humorística.

34. Según el artículo, los rayos solares son una fuente de

    (A) salud.

    (B) cáncer.

    (C) calor.

    (D) inquietud para los padres.

35. ¿Cómo se llama la celebridad de la fuente auditiva que habla de la salud?

    (A) Princesa Grace de Mónaco

    (B) Princesa Diana de Inglaterra

    (C) Princesa Letizia de Asturias

    (D) La reina de Bélgica

36. ¿De qué manera pueden asegurar los padres que sus niños no se quemen al sol?

    (A) Que ellos busquen resguardo del calor

    (B) Que ellos se refugien de la luz

    (C) Que no se expongan al sol sin protección

    (D) Que los niños no estén afuera sin sus padres

37. ¿Qué otra persona participa en la grabación auditiva?

    (A) La ministra de salud

    (B) La reina Sofía

    (C) Un niño afectado

    (D) El ministro de educación

38. Según las fuentes, ¿por qué es importante actuar ahora en este problema de salud?

    (A) Para evitar problemas más graves en el futuro

    (B) Para ser consciente de los peligros

    (C) Para recolectar dinero

    (D) Para cambiar las opiniones del gobierno

39. En el audio, ¿a qué se refiere cuando dice crear "un ambiente más sano"?

    (A) Al aire que nosotros respiramos

    (B) A la comida que comemos

    (C) A la polución de las ciudades

    (D) A poner más árboles alrededor de las habitaciones

40. ¿De qué trata esta conferencia?

    (A) De salud

    (B) Del medio ambiente

    (C) De causas benéficas

    (D) De la pobreza

Selección 2

Tema curricular: Los Desafíos Mundiales

Fuente número 1

Primero tienes 1 minuto para leer la fuente número 1.

Introducción

Este texto trata de un carguero interceptado en el Canal de Panamá. La tabla fue publicada en julio del 2013 por el Consejo de Seguridad de las Naciones Unidas (ONU).

Armas ocultas cubanas en Panamá
El carguero norcoreano interceptado en el Canal de Panamá ocultaba 240 toneladas métricas de armamento defensivo obsoleto

■ *2 sistemas de control de tiro de misiles antiaéreos*
Origen: Unión Soviética
En servicio desde: 1957

■ *2 aviones caza Mig-21 Bis*
Origen: Unión Soviética
Introducido en 1958
Retirado en 1990

■ *15 motores de Mig-21*

■ *9 cohetes en partes y piezas*

Fuente número 2

Tienes 1 minuto para leer la introducción y prever las preguntas.

Introducción

Esta grabación trata del Consejo de Seguridad de la ONU. La grabación dura aproximadamente dos minutos.

▶| **Selección Auditiva 2**

41. ¿De qué organización internacional se trata en estas fuentes?

   (A) De la Organización Mundial del Petróleo

   (B) De la Organización de las Naciones Unidas

   (C) De un consejo integrado en a la ONU

   (D) De la organización voluntaria, la Cruz Roja

42. ¿Qué tipo de mercancía se encontraba en el barco?

   (A) Azúcar para consumo en los Estados Unidos

   (B) Armas ofensivas para la guerra en Irak

   (C) Armamento cubana vieja

   (D) Drogas ocultas en el azúcar para Panamá

43. Se puede inferir que el armamento escondido en el carguero se podría utilizar

   (A) para el sistema defensivo norcoreano.

   (B) por Cuba en su acción de invadir Panamá.

   (C) por Panamá en su apoyo a Corea.

   (D) para ayudar naciones pobres en África.

44. ¿Por qué esta información es importante para las organizaciones internacionales?

    (A) Porque hay un embargo de armas contra Corea del Norte

    (B) Porque las naciones deben ser soberanas

    (C) Por razones sociales y de salud en América Latina

    (D) No se menciona

45. Las armas en la barcaza fueron utilizadas

    (A) en la Unión Soviética.

    (B) en la guerra fría.

    (C) en Cuba durante el siglo pasado.

    (D) en Panamá durante la construcción del canal en el año 1957.

46. ¿Para quién se prepara esta información?

    (A) Para América Latina

    (B) Para todos los estados miembros del Consejo de Seguridad

    (C) Para Corea y sus vecinos

    (D) Para el mundo entero

47. ¿Qué tipo de información es?

    (A) Opinión personal

    (B) Opinión pública

    (C) Texto informativo

    (D) Relatos de guerra

Selección 3

Tema curricular: Las Familias y las Comunidades

Primero tienes 1 minuto para leer la introducción y prever las preguntas.

Introducción

Esta grabación trata de la existencia de problemas de población en América Latina y del número de mujeres rurales en América. Este reportaje de Radio ONU está basado en un informe de la Organización de las Naciones Unidas para la Alimentación y la Agricultura (FAO). La grabación dura aproximadamente dos minutos.

 Selección Auditiva 3

48. ¿Qué tipo de noticias es?

   (A) Noticias de última hora.

   (B) Resultados de un estudio científico.

   (C) Cosas triviales sensacionalistas.

   (D) Ninguna de estas opciones.

49. La persona que lee la información es

   (A) una actriz.

   (B) una grabación electrónica.

   (C) un cuentista.

   (D) un periodista.

50. ¿Qué se puede inferir de la información escuchada?

   (A) El número de mujeres crece en las ciudades por razones de trabajo.

   (B) El número de personas en las zonas rurales en América Latina se está reduciendo.

   (C) En toda América del Sur las mujeres trabajan más que los hombres.

   (D) Hay un problema serio de alimentación y planificación familiar rural.

51. ¿Cuál de los países de América del Sur está más afectado por estas realidades?

    (A) Chile

    (B) Argentina

    (C) Panamá

    (D) Ecuador

52. Según la información del reportaje, ¿cuáles son los problemas específicos de las mujeres en algunos países de América latina?

    (A) Las parcelas son más pequeñas y las mujeres no tienen crédito.

    (B) Tienen familias grandes.

    (C) No tienen asistencia técnica y no tienen esposo.

    (D) (B) y (C).

Selección 4

Tema curricular: Las Familias y las Comunidades

Primero tienes 2 minutos para leer la introducción y prever las preguntas.

Introducción

Esta grabación trata de venezolanos en Chicago. La grabación dura aproximadamente 90 segundos.

▶️ **Selección Auditiva 4**

53. ¿Quién habla y conduce el reportaje?

   (A) Un reportero de los Estados Unidos, Mariano Gielis

   (B) Una periodista de Venezuela, Beatriz Cruz

   (C) No se menciona

   (D) Un policía de migración

54. ¿De qué trata esta información?

   (A) De la muerte de Hugo Chávez

   (B) De la vida de los migrantes venezolanos en Chicago

   (C) De las noticias transmitidas en la televisión

   (D) De la evolución política, económica y social después de Chávez

55. En el audio, el reportero llama a Chicago

   (A) "la ciudad de los venezolanos".

   (B) "la ciudad de los vientos".

   (C) "la ciudad del terror".

   (D) el "melting pot".

56. ¿Qué desean los venezolanos que viven en los Estados Unidos?

(A) Que siempre reine la paz en el mundo

(B) Que siempre reine la paz en América Central

(C) Que haya paz en Venezuela

(D) Regresar a su patria natal

57. En el audio, se describe a Hugo Chávez como un líder

(A) mexicano.

(B) venezolano.

(C) chileno.

(D) bolivariano.

Selección 5

Tema curricular: Las Identidades Personales y Públicas

Primero tienes 2 minutos para leer la introducción y prever las preguntas.

Introducción

Esta grabación, fragmento de una entrevista más larga, trata de problemas de emigración e inmigración. La grabación dura aproximadamente dos minutos.

▶️ **Selección Auditiva 5**

58.   ¿De qué reforma se trata en la fuente de audio?

(A) De emigración

(B) De inmigración

(C) De legalizar las personas que se quedan ahora en los Estados Unidos y trabajan ilegalmente

(D) Económica

59.   ¿Quiénes son las dos personas entrevistadas en la fuente auditiva?

(A) Dos congresistas americanos

(B) Dos congresistas mexicanos

(C) Dos celebridades políticas

(D) Algunos políticos de Nueva York

60.   En la entrevista, ¿a qué se refiere "la cámara baja"?

(A) El Senado

(B) La Cámara de Representantes

(C) El departamento de relaciones exteriores

(D) Ninguna de las opciones anteriores

61. ¿Quién es Janet Napolitano?

    (A) La secretaria de seguridad nacional

    (B) La secretaria de inmigración

    (C) Una persona privada que ofrece su apoyo a los inmigrantes

    (D) Una reportera

62. ¿Por qué Janet Napolitano quiere renunciar a su puesto?

    (A) Para aceptar un puesto universitario

    (B) Por causa de problemas serios de corrupción

    (C) Para jubilarse

    (D) Para cambiar el enfoque político de su trabajo

63. Después de escuchar este reportaje/entrevista, ¿habrá o no una reforma migratoria?

    (A) Los dos entrevistados están seguros de que la habrá.

    (B) No está claro.

    (C) Sí, porque ayudará a la economía

    (D) No, porque será un problema político insalvable

64. ¿Cómo se llama la entrevistadora?

    (A) Ileana Ros-Lehtinen

    (B) Mario Diaz-Balarat

    (C) Lori Montenegro

    (D) No se menciona

65. ¿A qué partido pertenecen las dos personas entrevistadas?

    (A) Republicano

    (B) Demócrata

    (C) Independiente

    (D) Un partido específico de México

END OF SECTION I, PART B

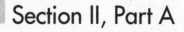

Section II, Part A

Interpersonal Writing: E-mail Reply

Total time for Section II: 85 minutes

Part A time: 15 minutes

You will write a reply to an e-mail message. You have 15 minutes to read the message and write your reply. You should include in your reply a greeting and a closing and should respond to all questions and requests in the message. In your reply, you should ask for more details about something mentioned in the message. Also, you should use a formal form of address.

Vas a escribir una respuesta a un correo electrónico. Tienes 15 minutos para leer el mensaje y escribir tu respuesta. Tu respuesta debe incluir un saludo y una despedida, y debe responder a todas las preguntas y peticiones del correo. En tu respuesta debes pedir más información sobre algo mencionado en el mensaje. Debes responder de una manera formal.

Tema curricular: La Vida Contemporánea

Introducción

Este correo electrónico es de la señora Amalia Santonina, la Consejera de Educación de la Embajada de España en Washington, D.C. Recibes este mensaje como respuesta a tu mensaje de información sobre becas de estudio.

✉	⎯ ⧉ ✕
De:	Amalia Santonina
Asunto:	Becas de estudio

Estimado Solicitante,

Gracias por su mensaje del primero de septiembre y por su solicitud de información sobre nuestras becas de estudio. Para mejor servirle y enviar la información pertinente, le pedimos que por favor nos envíe más información adicional para dirigir su petición de beca al departamento correspondiente. Me tiene que enviar la información lo más rápido posible.

Sus respuestas deben reflejar la forma en que sus habilidades e intereses personales se desarrollarán si recibe esta beca para estudiar la enseñanza de la tecnología en la Universidad de Salamanca.

1. ¿Por qué quiere viajar y estudiar en España más que en otros países hispanohablantes?

2. Por favor, describa claramente en orden de importancia los tres objetivos principales de su estudio en nuestra universidad. Estos deberían ser las tres piezas del proyecto que sin duda Ud. completará dentro del año de la beca si su proyecto es seleccionado.

3. ¿Qué tipo de aprendizaje espera usted obtener durante los cursos y qué hará con esta información al regresar a los Estados Unidos? ¿Cómo va a desarrollar medidas claras para otros estudiantes que esperan solicitar becas de estudio en el futuro?

Gracias por sus respuestas, que deben ser bien pensadas y concisas. Por favor, envíeme la información electrónicamente antes del domingo 12 de febrero.

Saludos cordiales,

Amalia Santonina
Consejera de Educación

END OF SECTION II, PART A

Section II, Part B

Presentational Writing: Persuasive Essay

Part B time: 55 minutes

You will write a persuasive essay to submit to a Spanish writing contest. The essay topic is based on three accompanying sources, which present different viewpoints on the topic and include both print and audio materials. First, you will have 6 minutes to read the essay topic and the printed material. Afterward, you will hear the audio material twice; you should take notes while you listen. Then, you will have 40 minutes to prepare and write your essay.

In your persuasive essay, you should present the sources' different viewpoints on the topic and also clearly indicate your own viewpoint and defend it thoroughly. Use information from all sources to support your essay. As you refer to the sources, identify them. Also, organize your essay into clear paragraphs.

Vas a escribir un ensayo para un concurso de redacción en español. El tema del ensayo se basa en las tres fuentes adjuntas, que presentan diferentes puntos de vista sobre el tema e incluyen material escrito y grabado. Primero, vas a tener 6 minutos para leer el tema del ensayo y los textos. Después vas a escuchar la grabación dos veces; debes tomar apuntes mientras escuchas. Luego vas a tener 40 minutos para preparar y escribir tu ensayo.

En un ensayo persuasivo, debes presentar los diferentes puntos de vista de las fuentes sobre el tema y expresar tu propio punto de vista y defenderlo. Usa información de todas las fuentes para apoyar tu punto de vista. Al referirte a las fuentes, identifícalas apropiadamente. Además, organiza el ensayo en párrafos bien desarrollados.

Tema curricular: La Ciencia y la Tecnología

Primero tienes 6 minutos para leer el tema del ensayo, la fuente número 1 y la fuente número 2.

Tema del ensayo.

Teniendo en cuenta la importancia de la tecnología actualmente, ¿qué tipo de apoyo deberían las escuelas públicas ofrecer a los estudiantes para mejorar la enseñanza y preparar a los alumnos para el futuro?

Fuente número 1

Introducción

Este texto trata de la tecnología y nuestra conectividad constante, criticada por medio de un video. El artículo original fue publicado en julio de 2013 en el periódico *El País*.

La nueva ecología de lo tecnológico

Protagonistas de la cultura digital critican la sociedad de la conexión perpetua.

R. Bosco
Barcelona, 8 JUL 2013 - 00:10 CET

"He visto las mejores mentes de mi generación distraídas, tecleando, *maileando*, *tuiteando*, arrastrándose de madrugada entre enlaces de Google, en busca de un chute de información...".

La hipnótica voz de Peter Coyote declama *Yelp*, una reinterpretación actualizada del mítico poema de Allen Ginsberg, *Howl*, en un vídeo de Tiffany Shlain y Ken Golberg. Ella es la fundadora de los Webby Award, los Oscar de la red y él, el autor de pioneros y emblemáticos proyectos de arte interactivo, como *Telegarden* de 1994, un jardín colaborativo en el que todos podían sembrar y cuidar sus plantas mediante un brazo robótico, a través de Internet.

Resulta revelador que dos personajes clave para el desarrollo de la cultura digital, también sean pioneros de una nueva ecología de lo tecnológico. "Desde 2010, cada viernes al atardecer desenchufamos todos nuestros aparatos durante 24 horas. Los beneficios del nuestro particular Sabbath tecnológico han sido tales, que decidimos difundir la iniciativa a través del Sabbath Manifesto y *The Day of Unplugging*", explica Shlain, directora de *Connected*, multipremiada película que ilustra lo que significa estar conectado en el siglo XXI a través de una insólita combinación de animación, vídeos caseros y material de archivo.

El Día Desenchufado, que se celebró por primera vez el pasado 7 de marzo, es solo la punta de un iceberg formado por artistas, intelectuales y creativos, considerados gurús de Internet, que ponen en discusión la sociedad de la conexión permanente. Es el caso del artista griego, afincado entre Roma y Los Ángeles, Miltos Manetas, que en 2009 desembarcó en Venecia con los piratas de The Pirate Bay, por aquel entonces una de las principales web para el intercambio gratuito de archivos, y abrió el primer *Internet Pavillion* de la Bienal. Sin embargo este año Manetas ha dedicado el tercer Pabellón de Internet a *The Unconnected*, "el 30% de los europeos", según el artista, que tras años de net.art ha vuelto a la pintura, si bien de temáticas vinculadas a Internet.

Plasma con especial acierto las contradicciones de la sociedad 2.0 también el artista alemán Aram Bartholl, que se dio a conocer con las *Dead drops*, memorias callejeras en llaves USB empotradas en los muros de medio mundo, disponibles para intercambiar archivos a ciegas. *Offline Art: new2*, su última irónica y paradójica iniciativa, consistió en una muestra, cuyas obras se exponían de forma individual en *routers*, totalmente desvinculados de Internet, anclados a las paredes la Xpo Gallery de París. Los visitantes podían ver las obras sólo desde el espacio expositivo y a través de sus dispositivos móviles. Así, a través del cristal, se podía ver la curiosa estampa de un grupo de gente ensimismada deambulando por un espacio vacío, mirando fijamente la pantalla de sus móviles.

Fuente número 2

Introducción

Este texto analiza dos gráficas comparativas de la Web 1.0 vs. la Web 2.0. El artículo original fue publicado en julio de 2013 en Wikispaces.

A continuación podemos encontrar una tabla de Tim O'Reilly donde muestra los elementos y herramientas que marcan la diferencia entre la web 1.0 y la web 2.0.

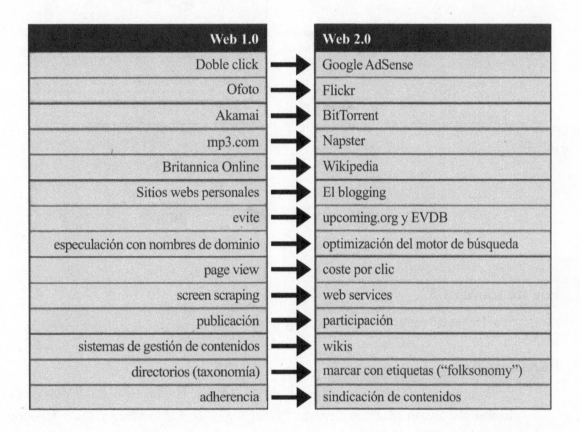

Web 1.0	Web 2.0
Doble click	Google AdSense
Ofoto	Flickr
Akamai	BitTorrent
mp3.com	Napster
Britannica Online	Wikipedia
Sitios webs personales	El blogging
evite	upcoming.org y EVDB
especulación con nombres de dominio	optimización del motor de búsqueda
page view	coste por clic
screen scraping	web services
publicación	participación
sistemas de gestión de contenidos	wikis
directorios (taxonomía)	marcar con etiquetas ("folksonomy")
adherencia	sindicación de contenidos

En la web 1.0, que era la que se ofrecía antes en la Web, se efectuaba una interacción donde el protagonista es la red, pues ella tenía toda la información y el usuario simplemente la solicitaba pero no interactuaba con ella. También conocida como la red de los datos.

La aparición de páginas como YouTube, redes sociales, wiki, etc. permiten al usuario convertirse en protagonista porque ahora él también contribuye con información en la web. Aquí nace la web 2.0, término acuñado por Tim O'Reilly. También se la conoce como la red de las personas.

En la siguiente gráfica se muestra un resumen de la idea.

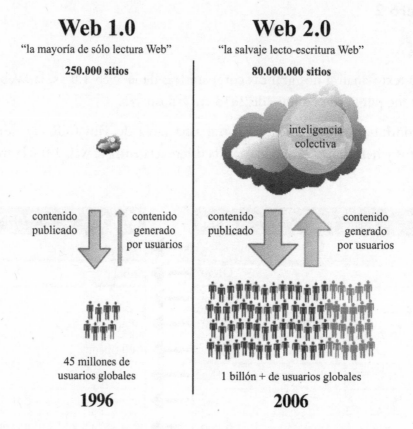

Web 1.0

"la mayoría de sólo lectura Web"

250.000 sitios

contenido publicado

contenido generado por usuarios

45 millones de usuarios globales

1996

Web 2.0

"la salvaje lecto-escritura Web"

80.000.000 sitios

inteligencia colectiva

contenido publicado

contenido generado por usuarios

1 billón + de usuarios globales

2006

Fuente número 3

Tienes 30 segundos para leer la introducción.

Introducción

Este audio, extraído originalmente de un video de la Universidad del Valle de Guatemala hecho por Byron Morales, Ernesto Rodríguez, Juan Pablo Pérez y Josué Rendón, explica cómo usar la Web 2.0.

 Selección Auditiva 6

END OF SECTION II, PART B

Section II, Part C

Interpersonal Speaking: Conversation

You will participate in a conversation. First, you will have 1 minute to read a preview of the conversation, including an outline of each turn in the conversation. Afterward, the conversation will begin, following the outline. Each time it is your turn to speak, you will have 20 seconds to respond. A tone will indicate when you should begin and end speaking. You should participate in the conversation as fully and appropriately as possible.

Vas a participar en una conversación simulada. Primero, tienes 1 minuto para leer la introducción y el esquema de la conversación. Después, comenzará la conversación siguiendo el esquema. Cada vez que te corresponda participar en la conversación, tendrás 20 segundos para responder. Una señal te indicará cuando debes empezar y terminar de hablar. Debes participar en la conversación de la manera más completa y apropiada que sea posible.

Tema curricular: Los Desafíos Mundiales

Tienes un minuto para leer la introducción.

Introducción

Esta es una conversación con tu vecino de silla en el aula sobre una conferencia sobre el medio ambiente. Vas a participar en esta conversación porque él está interesado en varios modos de mejorar el medio ambiente para combatir el calentamiento global.

 Selección Auditiva 7

> Tu vecino: Él se presenta y comienza una conversación sobre los problemas del medio ambiente.

Tú: Expresa tu intención de cambiar esta situación y proponle contribuir y darle apoyo para investigar maneras de ahorrar energía en las habitaciones privadas y en los edificios públicos. Pregúntale sobre su experiencia y conocimiento en el uso de la energía.

> Tu vecino: Él está de acuerdo con tus intenciones de reducir el uso de la energía en las habitaciones privadas, pero te pide describir con detalle tus pensamientos sobre el campo de la energía alternativa.

Tú: Contesta a la pregunta con detalle e ideas nuevas e interesantes.

> Tu vecino: Él parece interesado y te propone una colaboración interesante en el futuro.

Tú: Contéstale a su propuesta mostrando interés por muchos detalles temáticos y a la vez mostrando pena de no estar disponible en el futuro por razones de familia.

> Tu vecino: Él continúa pareciendo interesado y propone una alternativa.

Tú: Responde dando o exponiendo tu opinión y añadiendo detalles para realizar este proyecto de colaboración juntos.

> Tu vecino: Él contesta que se pondrá en contacto contigo después de la conferencia para que piensen cómo planear esta empresa.

Tú: Expresa tu deseo de colaborar en este proyecto y despídete de él.

END OF SECTION II, PART C

Section II, Part D

Presentational Speaking: Cultural Comparison

Part D time: 6 minutes

You will make an oral presentation on a specific topic to your class. You will have 4 minutes to read the presentation topic and prepare your presentation. Then you will have 2 minutes to record your presentation. In your presentation, compare your own community to an area of the Spanish-speaking world with which you are familiar. You should demonstrate your understanding of cultural features of the Spanish-speaking world. You should also organize your presentation clearly.

Vas a hacer una presentación oral a tu clase sobre un tema específico. Tienes 4 minutos para leer el tema de la presentación y prepararla. Después tendrás 2 minutos para grabar tu presentación. En tu presentación, compara tu propia comunidad con una región del mundo hispanohablante que te sea familiar. Debes demostrar tu comprensión de aspectos culturales del mundo hispanohablante y debes organizar tu presentación de una manera clara.

Tema curricular: La Vida Contemporánea

Introducción

Selecciona una cultura hispanohablante y prepara una presentación oral breve que se dirija a unos alumnos de un colegio urbano de los Estados Unidos.

Tema para la presentación

Como eres un joven miembro de una cultura hispana específica, habla sobre las actividades voluntarias que se pueden hacer en tu comunidad, haciendo referencias frecuentes al contexto cultural, político y económico de tu cultura y comunidad. Recuerda ser sensible a tu público estadounidense.

END OF SECTION II, PART D

END OF EXAM

Practice Exam 2

Answer Key and Explanations

Section I, Part A

Selection 1

Question 1

(A)	This answer is incorrect because although the article does talk in passing about the agriculture in the area, this is done only for the purpose of emphasizing the beauty of the landscape where the campsite is located.
(B)	This answer is incorrect because the article does not mention issues related to ecology.
(C)	**This answer is correct because the map is provided as a visual representation of the area, and it can be used for reference and location of cottages and services.**
(D)	This answer is incorrect because the information was not written exclusively for advising the tourists about the existing services on the campsite.

Question 2

(A)	This answer is incorrect because the map can be used to drive onsite.
(B)	This answer is incorrect because the map can be used to find out what services are available onsite.
(C)	**This answer is correct because the map cannot be used to go to Córdoba.**
(D)	This answer is incorrect because the map can be used to admire the plants and trees onsite.

Question 3

(A)	**This answer is correct because *fregadero* means "sink."**
(B)	This answer is incorrect because food cannot be stored in a sink for the purpose of freezing it.
(C)	This answer is incorrect because cars cannot be lathered with a sink.
(D)	This answer is incorrect because a sink cannot be used to refrigerate water.

Question 4

(A)	**This answer is correct because La Campiña is in Andalucía, and Andalucía is located in the south of Spain.**
(B)	This answer is incorrect because La Campiña is not located in the heart of Sierras Subbéticas but next to them.
(C)	This answer is incorrect because La Campiña is not located in the mountains but at the foot of the mountain at 300 meters above the sea level.
(D)	This answer is incorrect because La Campiña is not located near the coast.

Question 5

(A)	This answer is incorrect because WQ means "chemical water" and cannot be drunk.
(B)	This answer is incorrect because WQ cannot be used to wash oneself.
(C)	This answer is incorrect because WQ cannot be used to water the plants.
(D)	**This answer is correct because WQ can only be used when one needs to use the bathroom.**

Question 6

(A)	This answer is incorrect because *pedante* means "conceited."
(B)	This answer is incorrect because it does not convey the sense suggested by the words.
(C)	**This answer is correct because the information provided is a list of do's and don'ts, and it requires the utmost attention.**
(D)	This answer is incorrect because it does not convey the sense suggested by the words.

Question 7

(A)	**This answer is correct because *normas internas* are provided based on the *normativa turística*, as explained in the note following #10.**
(B)	This answer is incorrect because it does not pertain to the question.
(C)	This answer is incorrect because the campsite does not pose an issue of survival but merely compliance to rules and regulations.
(D)	This answer is incorrect because it does not convey the sense suggested by the words. *Tener en cuenta* means "to take into account."

Question 8

(A)	**This answer is correct because in Spain people use military time and 23h indicates 11 pm.**
(B)	This answer is incorrect based on military time.
(C)	This answer is incorrect because people do have permission to drive at the campsite.
(D)	This answer is incorrect because there are driving restrictions only during certain hours.

Question 9

(A)	This answer is incorrect because *normas preventivas* do not deal with plants and animals.
(B)	This answer is incorrect because *normas preventivas* do not deal with the idea of improving the environment.
(C)	**This answer is correct because the *normas preventivas* emphasize what might happen if they are not observed.**
(D)	This answer is incorrect because the *normas preventivas* do not provide a map of the site.

Question 10

(A)	This answer is incorrect because it does not convey the sense suggested by the words.
(B)	This answer is incorrect because it does not convey the sense suggested by the words.
(C)	This answer is incorrect because it does not convey the sense suggested by the words.
(D)	**This answer is correct because a *sartén* is a metal container used to fry food.**

Selection 2

Question 11

(A)	This answer is incorrect because there is not enough information in the text to select this answer.
(B)	This answer is incorrect because there is not enough information in the text to select this answer.
(C)	This answer is incorrect because even though there is mention in the text of students in their last year of high school, they do not appear explicitly as the authors of the article.
(D)	**This is the correct answer because there is no clear evidence of a particular author; therefore, the author(s) is/are anonymous.**

Question 12

(A)	This answer is incorrect because even though there may be drinking water in the United States, there is no evidence in the text that it may only be found in a specific geographical area.
(B)	This answer is incorrect because *agua potable* may be renewable but is not used for the production of energy.
(C)	**This answer is correct because it is a statement that can be found in the last paragraph of the text.**
(D)	This answer is incorrect because *agua potable* means that this water can be drunk.

Question 13

(A)	This answer is incorrect because it only contains a partial answer.
(B)	This answer is incorrect because it only contains a partial answer.
(C)	This answer is incorrect because it contains inaccurate information that is not reflected in the article.
(D)	**This answer is correct because the information can be found in the article in an inferred form.**

Question 14

(A)	This answer is incorrect because it does not convey the sense suggested by the text.
(B)	This answer is incorrect because it does not convey the sense suggested by the text.
(C)	This answer is incorrect because it does not convey the sense suggested by the text.
(D)	**This answer is correct because *restringida* means "limited."**

Question 15

(A)	This answer is incorrect because there is no connection in the text between cars and energy conservation.
(B)	This answer is incorrect because survival in the present is not the main objective of the text.
(C)	This answer is incorrect because there is no connection in the text between animal survival and energy.
(D)	**This answer is correct because the focus of the text is on the future.**

Question 16

(A)	This answer is only partially correct.
(B)	This answer is only partially correct.
(C)	This answer is incorrect because it does not convey the sense suggested by the text.
(D)	**This answer is correct because the article talks both about renewable and nonrenewable energy.**

Question 17

(A)	This answer is incorrect because there is no mention of any financial support in the text.
(B)	**This answer is correct because in the text biodiversity is central to the idea of energy conservation.**
(C)	This answer is incorrect because there is no mention of any contrary positions in the text.
(D)	This answer is incorrect because there is no mention of political organizations in the text.

Selection 3

Question 18

(A)	This answer is incorrect because the central idea of the text does not revolve around Egypt as a rich country.
(B)	This answer is incorrect because the article does not discuss ancient Egyptian history.
(C)	This answer is only partially correct.
(D)	**This answer is correct because the article discusses multiple aspects of present-day Egypt.**

Question 19

(A)	This answer is incorrect because the statement is contrary to the message of the text.
(B)	This answer is incorrect because it is irrelevant to the message of the text.
(C)	This answer is incorrect because it is irrelevant to the message of the text.
(D)	**This answer is correct because according to the text, the army does have political and economic influence and power in Egypt.**

Question 20

(A)	Although this answer might be inferred, there is no evidence in the text to support it.
(B)	**This answer is correct because according to the text, political programs seem to serve only the interests of the military.**
(C)	This answer is incorrect because there is no evidence in the text that there is support for Islamists.
(D)	This answer is incorrect because there has been no monarchy in Egypt since 1952.

Question 21

(A)	This answer is only partially correct.
(B)	**This answer is correct because the article reiterates throughout that this is the case.**
(C)	This answer is incorrect because this information is not applicable.
(D)	This answer is incorrect because although this information is true, it does not best summarize the content of the article.

Question 22

(A)	This answer is incorrect because it is not applicable.
(B)	This answer is incorrect because even though it might be inferred, there is no evidence in the text to support it.
(C)	**This answer is correct because this information is directly stated in the article.**
(D)	This answer is incorrect because even though it might be inferred, there is no evidence in the text to support it.

Question 23

(A)	This answer is only partially correct.
(B)	This answer is incorrect because the content of the article presents contrary information.
(C)	This answer is only partially correct.
(D)	**This answer is correct because there is direct evidence in the text for this option.**

Question 24

(A)	**This answer is correct because there is direct evidence in the text for this option.**
(B)	This answer is incorrect because there is no evidence in the text for this option.
(C)	This answer is incorrect because there is no evidence in the text for this option.
(D)	This answer is incorrect because there is no evidence in the text for this option.

Question 25

(A)	This answer is only partially correct.
(B)	This answer is incorrect because the focus of the article is different.
(C)	This answer is incorrect because it is not applicable.
(D)	**This answer is correct because there is direct evidence in the text for this option.**

Selection 4

Question 26

(A)	**This answer is correct because the goal of the article is to offer an overview of existing browsers and their characteristics.**
(B)	This answer is incorrect because this option is not discussed in the article.
(C)	This answer is incorrect because even though it might be inferred, it is not discussed in the article as a main topic.
(D)	This answer is incorrect because even though it might be inferred, it is not discussed exclusively as a central focus.

Question 27

(A)	This answer is incorrect because it does not pertain to this data.
(B)	This answer is incorrect because it does not pertain to this data.
(C)	**This answer is correct because the information is directly stated in the title of the article.**
(D)	This answer is incorrect because it is irrelevant, even though it discusses waiting time.

Question 28

(A)	This answer is incorrect because it is irrelevant to the question.
(B)	**This answer is correct because the letter suggests that the goal of the event is to create dialogue among diverse members of the campus and local communities.**
(C)	This answer is incorrect because the letter does not suggest the possibility of negotiating a collective sense of identity.
(D)	This answer is incorrect because it is irrelevant to the question.

Question 29

(A)	This answer is incorrect because it is irrelevant.
(B)	This answer is incorrect because it is irrelevant.
(C)	**This answer is correct because the Internet can be accessed via the browsers discussed in the article.**
(D)	This answer is incorrect because it is irrelevant.

Question 30

(A)	This answer is only partially correct.
(B)	This answer is incorrect because it is inaccurate.
(C)	This answer is incorrect because it is irrelevant.
(D)	**This answer is correct because according to the article, speed can be a determining factor in the choice of a browser.**

Section I, Part B

Selection 1

Question 31

(A)	This answer is incorrect because neither of the two sources deals with diseases.
(B)	This answer is incorrect because the option is irrelevant to the content.
(C)	**This answer is correct because neither of the two sources deals with diseases.**
(D)	This answer is incorrect because neither of the two sources deals with diseases.

Question 32

(A)	**This answer is correct because both sources have an informative goal.**
(B)	This answer is incorrect because neither of the two sources deals with diseases.
(C)	This answer is incorrect because the option is irrelevant to the content.
(D)	This answer is incorrect because the option is irrelevant to the content.

Question 33

(A)	This answer is incorrect because the option is irrelevant to the question.
(B)	**This answer is correct because the tone of the reading is informative.**
(C)	This answer is incorrect because the option suggests a contrary tone.
(D)	This answer is incorrect because the option suggests an irrelevant voice or tone.

Question 34

(A)	This answer may be correct but in this context is irrelevant.
(B)	**This answer is correct because the article provides evidence for this option.**
(C)	This answer may be correct but in this context is irrelevant.
(D)	This answer is incorrect because the article does not suggest this information.

Question 35

(A)	This answer is incorrect because this celebrity is not mentioned in the source audio.
(B)	This answer is incorrect because this celebrity is not mentioned in the source audio.
(C)	**This answer is correct because the Princess of Asturias is clearly announced at the beginning of the source audio.**
(D)	This answer is incorrect because this celebrity is not mentioned in the source audio.

Question 36

(A)	This answer is incorrect because it is irrelevant to the context.
(B)	This answer is incorrect because it is irrelevant to the context.
(C)	**This answer is correct because the article and the recording make mention of the necessity of children using sunscreen while outside.**
(D)	This answer is incorrect because it is irrelevant to the article.

Question 37

(A)	**This answer is correct because the other speaker in the audio recording is the minister of education, clearly announced at the beginning of the recording.**
(B)	This answer is incorrect because the recording does not indicate this information.
(C)	This answer is incorrect because the recording makes no mention of this option.
(D)	This answer is incorrect because the recording makes no mention of this option.

Question 38

(A)	**This answer is correct because both the recording and the reading indicate that preventive measures will pay off in the future.**
(B)	This answer is only partially correct.
(C)	This answer is incorrect because it is irrelevant to both sources.
(D)	This answer is incorrect because it is irrelevant to both sources.

Question 39

(A)	This answer is incorrect because the air is only a partial component of the environment.
(B)	This answer is incorrect because the option is irrelevant to the content.
(C)	**This answer is correct because pollution is mentioned as a contributing factor to a poor environment.**
(D)	This answer is incorrect because it is irrelevant to the content.

Question 40

(A)	**This answer is correct because in the audio both speakers deal mostly with health issues.**
(B)	This answer is incorrect because the environment is only brought up as secondary evidence to the central issue of health.
(C)	This answer is incorrect because it is irrelevant to the content.
(D)	This answer is incorrect because it is irrelevant to the content.

Selection 2

Question 41

(A)	This answer is incorrect because it is irrelevant to the content.
(B)	This answer is incorrect because the organization in charge of this information is the Security Council, not the United Nations in general.
(C)	**This answer is correct because both sources reveal that the origin of this information is the UN Security Council.**
(D)	This answer is incorrect because it is irrelevant to the content.

Question 42

(A)	This answer is only partially correct.
(B)	This answer is incorrect because there is no mention of Iraq in any of the sources.
(C)	**This answer is correct because the table indicates this option as being accurate.**
(D)	This answer is incorrect because it is irrelevant to the content.

Question 43

(A)	**This answer is correct because the boat was headed to North Korea.**
(B)	This answer is incorrect because it is irrelevant to the content.
(C)	This answer is incorrect because it is irrelevant to the content.
(D)	This answer is incorrect because it is irrelevant to the content.

Question 44

(A)	**This answer is correct because according to the sources, there is an embargo against North Korea.**
(B)	This answer is incorrect because it is irrelevant to the content.
(C)	This answer is incorrect because it is irrelevant to the content.
(D)	This answer is incorrect because this information is mentioned in both sources.

Question 45

(A)	This answer is incorrect because this option is not discussed as such in the sources.
(B)	This answer is incorrect because this option is not discussed as such in the sources.
(C)	**This answer is correct because there is a direct mention of this information in both sources.**
(D)	This answer is incorrect because this option is not discussed as such in the sources.

Question 46

(A)	This answer is incorrect because it is restrictive to a certain geographical area.
(B)	This answer is incorrect because it is restrictive to a certain organization.
(C)	This answer is incorrect because it is restrictive to a certain geographical area.
(D)	**This answer is correct because in the context, this information is made available to the entire world.**

Question 47

(A)	This answer is incorrect because the information does not stem from personal opinion but facts.
(B)	This answer is incorrect because this is not information collected from the public.
(C)	**This answer is correct because both sources present evidence that this information is the result of facts collected onsite.**
(D)	This answer is incorrect because it is irrelevant to the content.

Selection 3

Question 48

(A)	**This answer is correct because the report mentions Thursday as the day when the news became available, that is, recently.**
(B)	This answer may be correct, but there is not enough evidence to support it.
(C)	This answer is incorrect because it is irrelevant to the content.
(D)	This answer is incorrect because the news is recent.

Question 49

(A)	This answer is incorrect because there is no mention of an actor in the recording.
(B)	This answer is incorrect because it does not pertain to the question.
(C)	This answer is incorrect because this recording is presented as a report, not as an informal story.
(D)	**This answer is correct because this recording is presented as a report.**

Question 50

(A)	This answer is incorrect because it is irrelevant to the content.
(B)	This answer is incorrect because the explanation is contrary to the content presented.
(C)	This answer is incorrect because there is no evidence in the recording to support this statement.
(D)	**This answer is correct because this statement is based on the facts presented in the report.**

Question 51

(A)	**This answer is correct because the content of the recording clearly identifies Chile as the country in question.**
(B)	This answer is incorrect because the content of the recording does not support this option.
(C)	This answer is incorrect because the content of the recording does not support this option.
(D)	This answer is incorrect because the content of the recording does not support this option.

Question 52

(A)	**This answer is correct because the recording clearly indicates that fields are smaller and women do not have credit.**
(B)	This answer is incorrect because this information is not provided in the recording.
(C)	This answer is partially incorrect because the issue of spouses is not brought up in the recording.
(D)	This answer is incorrect because the two options contain inaccurate facts.

Selection 4

Question 53

(A)	**This answer is correct because the reporter identifies himself both at the beginning and at the end of his presentation.**
(B)	This answer is incorrect because she is not the interviewer in this recording.
(C)	This answer is incorrect because the male reporter identifies himself.
(D)	This answer is incorrect because the content of the recording does not support this option.

Question 54

(A)	This answer is incorrect because the death of Chávez is only secondary to the focus of the discussion.
(B)	This answer is incorrect because the life of immigrants in Chicago is secondary to the focus of the discussion.
(C)	This answer is incorrect because TV news is not the primary focus of the discussion.
(D)	**This answer is correct because the conversation revolves around the immediate changes that might take place in Venezuela after Chávez's death.**

Question 55

(A)	This answer is incorrect because the expression does not convey the sense used in the recording.
(B)	**This answer is correct because the expression conveys exactly what the reporter used in the recording.**
(C)	This answer is incorrect because it is not an option in the recording.
(D)	This answer is incorrect because "*el melting pot*" was not used in reference to Chicago.

Question 56

(A)	This answer is incorrect because the interviewees do not use the term *paz* for the entire world, only for Venezuela.
(B)	This answer is incorrect because the interviewees do not use the term *paz* for all of Latin America, only for Venezuela.
(C)	**This answer is correct because the interviewees use the term *paz* exclusively in reference to Venezuela in their comments.**
(D)	This answer is partially incorrect, as the interviewees do not express their desire to return to Venezuela unconditionally.

Question 57

(A)	This answer is incorrect because Hugo Chávez was not Mexican.
(B)	This answer is partially incorrect because the reporter does not refer to Chávez as a "*venezolano*" but as a "*bolivariano*" (meaning a follower of Simón Bolívar and his ideas).
(C)	This answer is incorrect because Hugo Chávez was not Chilean.
(D)	**This answer is correct because Chávez was a follower of Simón Bolívar and his ideas.**

Selection 5

Question 58

(A)	This answer is incorrect because the presenter refers to this reform as *migratoria* in the beginning of the presentation.
(B)	**This answer is correct because in the beginning of the presentation the presenter refers to this reform as *migratoria*.**
(C)	This answer is partially incorrect, as part of the new law will include, among other things, the legalization of undocumented immigrants.
(D)	This answer is incorrect, because it does not pertain to the content presented by the two congressional representatives.

Question 59

(A)	**This answer is correct because the two interviewees were clearly identified as such at the beginning of the presentation.**
(B)	This answer is incorrect because at the beginning of the presentation the two interviewees were clearly identified as American and not Mexican.
(C)	This answer is incorrect because the report does not indicate such status.
(D)	This answer is incorrect because the report does not indicate such status.

Question 60

(A)	This answer is incorrect because the two interviewees belong to the lower, not upper, house of Congress.
(B)	**This answer is correct because the two interviewees belong to the House of Representatives, the lower house of Congress.**
(C)	This answer is incorrect because the option does not pertain to the content.
(D)	This answer is incorrect because the report clearly identifies them as members of Congress.

Question 61

(A)	**This answer is correct because she was identified as such at the beginning of the presentation.**
(B)	This answer is incorrect because there is no mention in the report of such a person.
(C)	This answer is incorrect because there is no mention in the report of such a person.
(D)	This answer is incorrect because Janet Napolitano was identified at the beginning of the presentation as the secretary of national security.

Question 62

(A)	**This answer is correct because it was stated as such at the beginning of the presentation.**
(B)	This answer is incorrect because it was not mentioned in the context.
(C)	This answer is incorrect because she is not planning to retire but will continue working at a university.
(D)	This answer is incorrect because it is not clear what her focus will be in her new job.

Question 63

(A)	**This answer is correct because based on the interviewees' answers, one can infer that there will be a reform.**
(B)	This answer is incorrect because it was clearly stated by the interviewees that they were sure that there would be a reform.
(C)	This answer is incorrect because economy is not a condition mentioned in the interview.
(D)	This answer is incorrect because the report indicates that this problem can be solved in time.

Question 64

(A)	This answer is incorrect because the interviewer identifies herself as Lori Montenegro.
(B)	This answer is incorrect because the interviewer identifies herself as Lori Montenegro.
(C)	**This answer is correct because in the report, the interviewer identifies herself as Lori Montenegro.**
(D)	This answer is incorrect because the interviewer identifies herself as Lori Montenegro.

Question 65

(A)	**This answer is correct because this information was presented at the beginning of the interview.**
(B)	This answer is incorrect because the interviewees were already presented as Republicans at the beginning of the interview.
(C)	This answer is incorrect because the interviewees were already presented as Republicans at the beginning of the interview.
(D)	This answer is incorrect because the interviewees were already presented as Republicans at the beginning of the interview.

Section II, Part A

Sample e-mail reply

Estimada Señora Santonina,

Estudiar en el nivel superior en España sería una oportunidad tremenda tanto personal como profesional. Creo que la mejor manera para aprender y mejorar mi conocimiento del idioma y de la cultura es vivir plenamente en español. Ya he pasado dos años viviendo y estudiando en Granada. Estos estudios fueron los más completos para mi carrera como estudiante de español. Creo que mis experiencias en España han mejorado la manera en que estudio y comprendo esta lengua y cultura. Estoy emocionada de tener posiblemente otra oportunidad para estudiar en España.

Si tuviera la oportunidad de volver a España, enriquecería mis posibilidades de desarrollar mi perfil educativo y como quiero enseñar el español en el futuro en una escuela pública, yo podría ofrecer lecciones y actividades auténticas. En el futuro quiero compartir mi pasión por la lengua y la cultura española con mis futuros estudiantes y además quiero inculcar a mis estudiantes la importancia de estudiar una lengua extranjera y comprender una cultura para ser miembros de la comunidad global.

Además de ser una experiencia cultural, sería una oportunidad para colaborar con otros estudiantes que buscan ser profesores de idiomas extranjeros. Conocer a colegas nuevos y tener un intercambio de ideas es siempre refrescante y simplemente serviría como recurso inestimable. Espero que pueda inspirar a mis futuros estudiantes un sentido de la urgencia de aprender otras lenguas y culturas, conectar y establecer relaciones por todo el mundo.

Sé que un curso de estudios en Salamanca me ayudará en mi búsqueda de convertirme en una maestra y promotora de la mejor enseñanza de lenguas extranjeras en este mundo tecnológico.

Con respeto,

Jenny Smith

Solicitante de beca para estudio y profesorado de español

Section II, Part B

Sample persuasive essay

El apoyo que las escuelas públicas deben ofrecer para mejorar la educación y preparar a los estudiantes para el futuro

La tecnología rodea casi todo el mundo en la sociedad moderna de hoy. Afecta casi todas las actividades e influye en las mentes de forma buena y mala. La tecnología permite a las personas compartir información, que de otro modo no serán capaces de alcanzar. La tecnología se ha convertido en indispensable en la vida cotidiana. Sin embargo, muchos estudiantes se gradúan de la escuela secundaria con una visión distorsionada del papel que la tecnología va a jugar en su futuro. En general, los niños sólo aprenden acerca de los usos superficiales de la tecnología, como se muestra por los medios de comunicación social. Los únicos programas disponibles en las escuelas públicas que tangencialmente afectan o tienen algunas aplicaciones relacionadas con la tecnología de la vida real son los procesadores de texto y de presentaciones. Estos programas tienen la buena intención de desarrollar habilidades tecnológicas. Pero, cuando los estudiantes se graduarán y buscarán un empleo, estos conocimientos estarán obsoletos en el mundo de mañana.

En un artículo de *El País*, en 2013, el autor critica la cultura digital que solamente estudia habilidades tecnológicas que no son esenciales en el mundo del trabajo real. Por ejemplo, Twitter y Facebook han sustituido a la F2F, interacción social que nosotros necesitamos cada día. Maileando, tuiteando y tecleando son términos que se añaden al vocabulario de hoy sin una profunda presencia en la educación contemporánea. Quizás aprender habilidades en estas áreas será útil a los estudiantes cuando ellos terminen sus estudios. Mi opinión es que sería más útil enseñar a los alumnos cómo la tecnología puede cambiar la industria textil y de alimentos y cómo estos cambios modifican los hábitos de la humanidad. La tecnología está a menudo considerada como clave para el crecimiento económico de una nación. ¿Qué aprenden los alumnos de esto en las escuelas? No solo la tecnología puede cambiar las actividades diarias en una oficina con procesadores de texto o de contabilidad, sino también la forma de procesos de producción, como el corte y montaje de ropa. Por primera vez en la historia humana, casi todos los servicios que la gente usa dependen de la tecnología. Sin embargo, los estudiantes no aprenden acerca de esto en las escuelas.

En 2000, el Departamento de Educación de los Estados Unidos aprobó una ley que exige que los alumnos sean competentes a su graduación en ciertas habilidades tecnológicas. Desde entonces, miles de millones de dólares se han dado a los estados y distritos escolares para asegurar esto. Muchas escuelas comenzaron a dar acceso libre a la tecnología para todos sus estudiantes y muchos distritos escolares han traído nuevas computadoras a las escuelas para que los niños puedan aprender a ser competentes en su uso. Los profesores y tutores ayudan a los niños a aprender a escribir, utilizar procesadores de texto e Internet, entre otras muchas funciones básicas de las computadoras de hoy. Se piensa que estas habilidades pueden ser una ventaja en la búsqueda de un empleo más tarde. Pero, ¿qué puestos de trabajo pueden los estudiantes obtener con estas habilidades? Algunas investigaciones recientes demuestran que la tecnología Web 2.0 es la lengua del futuro. El uso de Google Docs o Blogs son aplicaciones basadas en la web y su uso es mucho más fácil y versátil que el de los procesadores de texto normales como Word o libros de texto anticuados. ¿Las escuelas enseñan estas habilidades? Yo pienso que no.

La educación basada en la tecnología del futuro es sólo marginal en las escuelas de hoy. Los estudiantes siguen llevando libros pesados en sus mochilas cuando una gran parte del contenido de estos libros se encuentra disponible en línea. Los profesores siguen enseñando según el enfoque de la moda antigua: "abran sus libros en la página..." Sin embargo, todo el mundo sabe que a los estudiantes se les debe enseñar a ser competentes en informática para el bienestar en su futuro.

Section II, Part C

Sample interpersonal conversation

Tu vecino: Hola, me llamo Iván Terrones y soy de Venezuela. A mí me encanta este congreso sobre la conservación del medio ambiente. El medio ambiente es el conjunto de todas las cosas vivas que nos rodean. De éste obtenemos agua, comida, combustibles y materias primas que sirven para fabricar las cosas que utilizamos diariamente. Al abusar o hacer mal uso de los recursos naturales que se obtienen del medio ambiente, lo ponemos en peligro y lo agotamos.

Tú: Hola, mi nombre es Jane, y yo soy de aquí, de los Estados Unidos. Represento una escuela pública de Texas. En principio estoy de acuerdo con usted sobre su idea de conservación del medio ambiente. En nuestra escuela los alumnos empiezan a buscar soluciones sobre el problema de la basura y las causas que por medio de ésta afectan al ambiente. Pienso que debemos alertar a la población de que la contaminación es cada día más grande en todas las partes de los Estados Unidos. Nosotros queremos cambiar esto y pensamos que en la basura está también la solución para producir energías nuevas para la calefacción en las habitaciones. Entonces me interesa estudiar cómo transformar la basura, que puede traer tantas enfermedades, en una energía renovable para producir calor en las habitaciones privadas y públicas que ahora usan una cantidad enorme de energía tradicional.

Tu vecino: Oiga, sí, gran parte de la población como que no tiene conciencia, hay veces que por flojera echan la basura en la calle en vez de en las papeleras, y por lo tanto estas personas ocasionan muchos problemas ambientales como, por ejemplo, la destrucción de las áreas verdes, lo cual nos puede llevar a la causa de muchos incendios forestales. Pero, dígame más sobre sus ideas sobre la reducción del uso de la energía tradicional y de la energía alternativa. ¿Qué opina de los esfuerzos en esta dirección?

Tú: Primero le quiero agradecer el preocuparse por el ambiente, pues mi opinión es que la contaminación del medio ambiente es uno de los problemas más críticos del mundo y por eso ha surgido la necesidad de la toma de conciencia ciudadana y la búsqueda de soluciones a dicho problema. Estoy completamente a favor de las energías alternativas y la principal razón es porque con este tipo de energías realmente aprovechamos lo que nuestro planeta nos da de forma gratuita y sin afectar al medio ambiente; se genera electricidad, calor y movimiento dependiendo del tipo de energía y tal energía proviene de ciclos y procesos naturales del planeta y que tienen un tiempo de regeneración mucho menor al de los combustibles fósiles, por ejemplo.

Tu vecino: Me interesa mucho este diálogo y quisiera colaborar en el futuro. ¿Qué piensa si continuamos este intercambio de ideas y colaboramos en el futuro para aplicar y validar una propuesta de investigación en el campo de las energías alternativas?

Tú: ¡Es una idea genial y me gusta mucho! ¿Qué piensa si invitamos a una ambientalista conocida para que nos aconseje y nos ayude a buscar una solución para que las personas tomen conciencia? Necesitamos una concienciación ambiental, un cambio de actitud. La humanidad no puede actuar como dueña del medio, simplemente debe cambiar su modo de organización y actuación para poder garantizar el buen funcionamiento del medio ambiente. Me interesa mucho este problema pero le aviso que en el futuro próximo no estoy disponible para trabajar juntos. Tengo una emergencia de familia y debo irme de prisa a Vermont para ver a mis abuelos.

Tu vecino: Comprendo, ¿pero qué piensa de empezar este proyecto el verano que viene?

Tú: ¡Sí, parece una buena idea! Tengo un buen amigo que trabaja como ambientalista en un instituto de investigaciones públicas sobre el medio ambiente y es un gran especialista en energías alternativas. Voy a llamarlo y proponerle de trabajar juntos durante el verano próximo.

Tu vecino: ¡Muy bien! Le contactaré después del congreso. Aquí está mi correo electrónico y mi número de móvil.

Tú: ¡Vale! Espero que nuestra colaboración sea productiva y útil en el futuro para el desarrollo positivo de un proyecto nuevo de energía alternativa. Lo veo más tarde. Hasta pronto.

Section II, Part D

Sample cultural comparison presentation

Antes de nada, les, quiero agradecerles su asistencia a mi presentación sobre un ambiente más limpio. Yo sé que jóvenes como ustedes son a los que se necesita para dar el mensaje. Pues mi opinión es que la contaminación del medio ambiente es uno de los problemas más críticos. En Venezuela la basura es un problema que afecta a la sociedad entera. Por ello ha surgido la necesidad de la toma de conciencia ciudadana y la búsqueda de soluciones a dicho problema.

"A Limpiar el Mundo" es un programa de voluntarios de las Naciones Unidas que promueve el voluntariado para favorecer la paz y el desarrollo en todo el mundo. Este programa existe en Venezuela también y estoy aquí para buscar su apoyo de voluntariado. En mi escuela este voluntariado puede transformar de una manera positiva la naturaleza en el campo, pero aún más importante, la limpieza de las calles en las ciudades venezolanas. Este programa desarrolla al conjunto de la comunidad local de los voluntarios e integra y moviliza voluntarios en las escuelas públicas urbanas.

El proyecto tiene lugar cada año durante el tercer fin de semana de septiembre. La semana antes del principio del proyecto, nosotros formamos un grupo de jóvenes y decidimos reunirnos para charlar y buscar soluciones al problema de la basura y las causas que por culpa de ésta afectan al ambiente. Este año, por ejemplo, nosotros alertamos a la población de que la contaminación es cada día más grande en Venezuela. También le enseñamos que la basura está trayendo enfermedades perjudiciales, como lo es el dengue.

La población echa la basura en la calle en vez de en las papeleras, y por lo tanto ésta ocasiona muchos problemas ambientales como por ejemplo la destrucción de las áreas verdes, lo cual nos puede llevar a la causa de muchos incendios forestales. El problema es tan grande que el estado siempre ha proporcionado camiones de basura para la limpieza de las calles. Tales camiones tienen su horario y pasan dos o hasta tres veces por semana en las rutas que les toca pasar.

Impulsar los procesos de reciclaje para convertir la basura en una importante materia prima en el país es un esfuerzo nacional y nosotros, los jóvenes, plantamos cada año durante la semana de "A Limpiar el Mundo" 20 árboles en cada barrio de la ciudad. Esperamos que recursos como el agua potable y el aire limpio mejoren rápido en la ciudad como resultado de estos esfuerzos. Pero necesitamos la ayuda de otras comunidades para acelerar este esfuerzo. Si quieren hacerse miembros de nuestro grupo de voluntarios para limpiar nuestras ciudades, se lo agradeceré. Para mejorar el sistema de recolección de basura, comenzaremos la construcción de contenedores que cumplan con todas las normas sanitarias y modernos sistemas para el correcto procesamiento de los desechos.

Answer Sheets

Practice Exam 1

Answer Sheet

Section 1

1. Ⓐ Ⓑ Ⓒ Ⓓ
2. Ⓐ Ⓑ Ⓒ Ⓓ
3. Ⓐ Ⓑ Ⓒ Ⓓ
4. Ⓐ Ⓑ Ⓒ Ⓓ
5. Ⓐ Ⓑ Ⓒ Ⓓ
6. Ⓐ Ⓑ Ⓒ Ⓓ
7. Ⓐ Ⓑ Ⓒ Ⓓ
8. Ⓐ Ⓑ Ⓒ Ⓓ
9. Ⓐ Ⓑ Ⓒ Ⓓ
10. Ⓐ Ⓑ Ⓒ Ⓓ
11. Ⓐ Ⓑ Ⓒ Ⓓ
12. Ⓐ Ⓑ Ⓒ Ⓓ
13. Ⓐ Ⓑ Ⓒ Ⓓ
14. Ⓐ Ⓑ Ⓒ Ⓓ
15. Ⓐ Ⓑ Ⓒ Ⓓ
16. Ⓐ Ⓑ Ⓒ Ⓓ
17. Ⓐ Ⓑ Ⓒ Ⓓ
18. Ⓐ Ⓑ Ⓒ Ⓓ
19. Ⓐ Ⓑ Ⓒ Ⓓ
20. Ⓐ Ⓑ Ⓒ Ⓓ
21. Ⓐ Ⓑ Ⓒ Ⓓ
22. Ⓐ Ⓑ Ⓒ Ⓓ
23. Ⓐ Ⓑ Ⓒ Ⓓ
24. Ⓐ Ⓑ Ⓒ Ⓓ
25. Ⓐ Ⓑ Ⓒ Ⓓ

26. Ⓐ Ⓑ Ⓒ Ⓓ
27. Ⓐ Ⓑ Ⓒ Ⓓ
28. Ⓐ Ⓑ Ⓒ Ⓓ
29. Ⓐ Ⓑ Ⓒ Ⓓ
30. Ⓐ Ⓑ Ⓒ Ⓓ
31. Ⓐ Ⓑ Ⓒ Ⓓ
32. Ⓐ Ⓑ Ⓒ Ⓓ
33. Ⓐ Ⓑ Ⓒ Ⓓ
34. Ⓐ Ⓑ Ⓒ Ⓓ
35. Ⓐ Ⓑ Ⓒ Ⓓ
36. Ⓐ Ⓑ Ⓒ Ⓓ
37. Ⓐ Ⓑ Ⓒ Ⓓ
38. Ⓐ Ⓑ Ⓒ Ⓓ
39. Ⓐ Ⓑ Ⓒ Ⓓ
40. Ⓐ Ⓑ Ⓒ Ⓓ
41. Ⓐ Ⓑ Ⓒ Ⓓ
42. Ⓐ Ⓑ Ⓒ Ⓓ
43. Ⓐ Ⓑ Ⓒ Ⓓ
44. Ⓐ Ⓑ Ⓒ Ⓓ
45. Ⓐ Ⓑ Ⓒ Ⓓ
46. Ⓐ Ⓑ Ⓒ Ⓓ
47. Ⓐ Ⓑ Ⓒ Ⓓ
48. Ⓐ Ⓑ Ⓒ Ⓓ
49. Ⓐ Ⓑ Ⓒ Ⓓ
50. Ⓐ Ⓑ Ⓒ Ⓓ

51. Ⓐ Ⓑ Ⓒ Ⓓ
52. Ⓐ Ⓑ Ⓒ Ⓓ
53. Ⓐ Ⓑ Ⓒ Ⓓ
54. Ⓐ Ⓑ Ⓒ Ⓓ
55. Ⓐ Ⓑ Ⓒ Ⓓ
56. Ⓐ Ⓑ Ⓒ Ⓓ
57. Ⓐ Ⓑ Ⓒ Ⓓ
58. Ⓐ Ⓑ Ⓒ Ⓓ
59. Ⓐ Ⓑ Ⓒ Ⓓ
60. Ⓐ Ⓑ Ⓒ Ⓓ
61. Ⓐ Ⓑ Ⓒ Ⓓ
62. Ⓐ Ⓑ Ⓒ Ⓓ
63. Ⓐ Ⓑ Ⓒ Ⓓ
64. Ⓐ Ⓑ Ⓒ Ⓓ
65. Ⓐ Ⓑ Ⓒ Ⓓ

Section II Essays

Use the following pages to prepare your essays.

Practice Exam 2

Answer Sheet

Section 1

1. Ⓐ Ⓑ Ⓒ Ⓓ	26. Ⓐ Ⓑ Ⓒ Ⓓ	51. Ⓐ Ⓑ Ⓒ Ⓓ
2. Ⓐ Ⓑ Ⓒ Ⓓ	27. Ⓐ Ⓑ Ⓒ Ⓓ	52. Ⓐ Ⓑ Ⓒ Ⓓ
3. Ⓐ Ⓑ Ⓒ Ⓓ	28. Ⓐ Ⓑ Ⓒ Ⓓ	53. Ⓐ Ⓑ Ⓒ Ⓓ
4. Ⓐ Ⓑ Ⓒ Ⓓ	29. Ⓐ Ⓑ Ⓒ Ⓓ	54. Ⓐ Ⓑ Ⓒ Ⓓ
5. Ⓐ Ⓑ Ⓒ Ⓓ	30. Ⓐ Ⓑ Ⓒ Ⓓ	55. Ⓐ Ⓑ Ⓒ Ⓓ
6. Ⓐ Ⓑ Ⓒ Ⓓ	31. Ⓐ Ⓑ Ⓒ Ⓓ	56. Ⓐ Ⓑ Ⓒ Ⓓ
7. Ⓐ Ⓑ Ⓒ Ⓓ	32. Ⓐ Ⓑ Ⓒ Ⓓ	57. Ⓐ Ⓑ Ⓒ Ⓓ
8. Ⓐ Ⓑ Ⓒ Ⓓ	33. Ⓐ Ⓑ Ⓒ Ⓓ	58. Ⓐ Ⓑ Ⓒ Ⓓ
9. Ⓐ Ⓑ Ⓒ Ⓓ	34. Ⓐ Ⓑ Ⓒ Ⓓ	59. Ⓐ Ⓑ Ⓒ Ⓓ
10. Ⓐ Ⓑ Ⓒ Ⓓ	35. Ⓐ Ⓑ Ⓒ Ⓓ	60. Ⓐ Ⓑ Ⓒ Ⓓ
11. Ⓐ Ⓑ Ⓒ Ⓓ	36. Ⓐ Ⓑ Ⓒ Ⓓ	61. Ⓐ Ⓑ Ⓒ Ⓓ
12. Ⓐ Ⓑ Ⓒ Ⓓ	37. Ⓐ Ⓑ Ⓒ Ⓓ	62. Ⓐ Ⓑ Ⓒ Ⓓ
13. Ⓐ Ⓑ Ⓒ Ⓓ	38. Ⓐ Ⓑ Ⓒ Ⓓ	63. Ⓐ Ⓑ Ⓒ Ⓓ
14. Ⓐ Ⓑ Ⓒ Ⓓ	39. Ⓐ Ⓑ Ⓒ Ⓓ	64. Ⓐ Ⓑ Ⓒ Ⓓ
15. Ⓐ Ⓑ Ⓒ Ⓓ	40. Ⓐ Ⓑ Ⓒ Ⓓ	65. Ⓐ Ⓑ Ⓒ Ⓓ
16. Ⓐ Ⓑ Ⓒ Ⓓ	41. Ⓐ Ⓑ Ⓒ Ⓓ	
17. Ⓐ Ⓑ Ⓒ Ⓓ	42. Ⓐ Ⓑ Ⓒ Ⓓ	
18. Ⓐ Ⓑ Ⓒ Ⓓ	43. Ⓐ Ⓑ Ⓒ Ⓓ	
19. Ⓐ Ⓑ Ⓒ Ⓓ	44. Ⓐ Ⓑ Ⓒ Ⓓ	
20. Ⓐ Ⓑ Ⓒ Ⓓ	45. Ⓐ Ⓑ Ⓒ Ⓓ	
21. Ⓐ Ⓑ Ⓒ Ⓓ	46. Ⓐ Ⓑ Ⓒ Ⓓ	
22. Ⓐ Ⓑ Ⓒ Ⓓ	47. Ⓐ Ⓑ Ⓒ Ⓓ	
23. Ⓐ Ⓑ Ⓒ Ⓓ	48. Ⓐ Ⓑ Ⓒ Ⓓ	
24. Ⓐ Ⓑ Ⓒ Ⓓ	49. Ⓐ Ⓑ Ⓒ Ⓓ	
25. Ⓐ Ⓑ Ⓒ Ⓓ	50. Ⓐ Ⓑ Ⓒ Ⓓ	

Section II Essays

Use the following pages to prepare your essays.

_____

_____

_____

_____

_____

_____

_____

_____

_____

_____

_____

_____

_____

_____

_____

_____

_____

_____

_____

_____

_____

_____

_____

_____

_____

_____

_____

_____

_____

_____

_____

_____

_____

_____

_____

_____

_____

_____

_____

_____

_____

_____

_____

_____

_____

_____

_____

Appendix 1

**Audio Scripts for Practice Conversations
in Chapter 4**

Following are the scripts used for the simulated conversations. They include the narrator's questions and the time allotted for your response.

#01

Script número 1

Carlota: Hola. ¿Cómo estás? Sé que te encanta conservar el medio ambiente. Me enteré que tú tienes un programa magnífico de reciclaje en tu escuela. ¿Me puedes explicar más a fondo el programa?

TONO:

(20 segundos)

Carlota: Ah, ya entiendo. Y ¿hace cuánto tiempo que tienen ese programa en tu escuela? ¿Quiénes están involucrados? ¿Cómo lo han recibido los estudiantes?

TONO:

(20 segundos)

Carlota: Bueno, en mi escuela no tenemos un programa tan elaborado como el tuyo. En mi ciudad la gente tiene sus contenedores y los usan. ¿Me puedes dar más ideas para poder compartirlas con mi escuela para mejorar el medio ambiente?

TONO:

(20 segundos)

Carlota: Me parece estupenda esa idea. ¿Cómo lograste motivar a los estudiantes de tu escuela para involucrarse más activamente en el programa de reciclaje? ¿Qué te funcionó más?

TONO:

(20 segundos)

Carlota: Sabes, esas ideas son fabulosas y me parece que podré usarlas en mi escuela. Las debo tomar en cuenta para lograr tener tanto éxito como tú. Bueno, te agradezco todo lo que has compartido conmigo. Seguiremos en contacto. Hasta pronto.

TONO:

(20 segundos)

#02

Script número 2

Felipe: ¡Qué gusto conocerte! Mira, ¡qué buena idea de encontrarnos en el museo! ¿Cuánto hace que no visitas este museo? Es realmente impresionante la colección de arte que tiene.

TONO:

(20 segundos)

Felipe: Me encanta visitar museos desde que estaba en la escuela primaria. Me atrae el arte. ¿Y tú? ¿Desde cuando te interesa el arte? ¿Tienes un pintor favorito en particular?

TONO:

(20 segundos)

Felipe: A mí también me encanta muchísimo el pintor Picasso. Me parece un gran genio. También me gusta Velázquez. Deberías ir a Madrid a conocer sus pinturas. ¿Qué otros pintores te interesan?

TONO:

(20 segundos)

Felipe: A mí también me gusta mucho ese pintor. Usa colores vivos y realmente impresiona al público con sus obras.

TONO:

(20 segundos)

Felipe: Sabes, te invito el mes que viene a otra exposición de arte. Será fenomenal. No te la debes perder. ¿Te interesa? Puedo conseguir los boletos a mitad de precio.

TONO:

(20 segundos)

#03

Script número 3

José Alberto: ¿Qué tal? ¿Cómo has estado? Yo estoy bien, pero con unos problemitas en mi clase de literatura española. Y a ti, ¿cómo te va en la clase de español? ¿Qué piensas hacer después de la preparatoria?

TONO:

(20 segundos)

José Alberto: Te felicito de todo corazón. ¿Quieres ser diplomático o profesor de español? Eres tan fabuloso con el español.

TONO:

(20 segundos)

José Alberto: ¡Caramba! ¡Qué sorpresa! Nunca me imaginé que preferías la biología. En fin, las ciencias tienen muchas posibilidades para carreras en el futuro. ¿Qué piensas tú?

TONO:

(20 segundos)

José Alberto: Sí, entiendo. Y, ¿qué piensas hacer para sobresalir y sacar mejores notas en la clase de literatura española?

TONO:

(20 segundos)

José Alberto: Si que eres ingenioso y con unas ideas increíbles. Seguro que tendrás buenos resultados con esas estrategias de estudio.

TONO:

(20 segundos)

#04

Script número 4

Ana Paula: Hola. ¿Cómo estás? Me encanta usar el satélite para mantenernos en contacto ya que yo vivo tan lejos. ¿A ti también te gusta?

TONO:

(20 segundos)

Ana Paula: A mí me gusta muchísimo comunicarnos por satélite y poder vernos. Oye, ¿qué haríamos sin este medio de comunicación?

TONO:

(20 segundos)

Ana Paula: Dime, ¿qué te parecen todas las redes sociales de comunicación? A mí no me gustan todas porque nada es privado. ¿Cómo lo haces tú para mantener algunas cosas privadas?

TONO:

(20 segundos)

Ana Paula: Vaya, yo no había pensado en hacer eso. Oye, dime, ¿tú todavía usas correo electrónico?

TONO:

(20 segundos)

Ana Paula: Sí, estoy de acuerdo contigo. Ya eso se usa solo en cuestiones académicas en la escuela. Bueno, ya tengo que hacer mi tarea de literatura. Tengo que leer un cuento de Carlos Fuentes. Espero poder hablar más otro día.

TONO:

(20 segundos)

#05

Script número 5

Rogelio: Hola. ¿Cómo estás? El próximo sábado mi familia y yo queremos hacer un convivio para los estudiantes en nuestro patio. ¿Qué te parece la idea?

TONO:

(20 segundos)

Rogelio: ¿Verdad ... que será fenomenal? Así podremos conocernos mejor y relajarnos de tanto estudio tan intenso. ¿Qué crees que podríamos hacer para agradar a todos?

TONO:

(20 segundos)

Rogelio: Ah, no me parece una buena idea porque el patio es muy chico. A menos que lo hagamos en la terraza. Tendríamos que pensarlo más.

TONO:

(20 segundos)

Rogelio: Bueno, quizás tengas razón. Se lo voy a comentar a mi familia. ¿Qué otra cosa podríamos hacer para pasar la velada más amena?

TONO:

(20 segundos)

Rogelio: Vaya. ¡Qué sorpresa! No me esperaba tal sugerencia. Es fácil de implementar y seguro que a todos les gustará. ¿Quieres ser tú el responsable de esa actividad, ya que es tu idea?

TONO:

(20 segundos)

#06

Script número 6

Teresa: ¿Qué tal? ¿Cómo va tu reporte sobre mi bella isla de Puerto Rico?

TONO:

(20 segundos)

Teresa: Claro, Puerto Rico es un estado libre asociado a los Estados Unidos. Hay gente a favor y hay gente en contra a esto. ¿Qué opinas tú?

TONO:

(20 segundos)

Teresa: Bueno, ser ciudadana de los Estados Unidos nos brinda oportunidades para superarnos, como ustedes que viven en los Estados Unidos. Por ejemplo, ¿sabías que puedo asistir a la misma universidad que tú en los Estados Unidos? ¿Qué opinas de esto?

TONO:

(20 segundos)

Teresa: Sí, es cierto que puedo viajar a los Estados Unidos sin problema y eso le fascina a mi familia porque podemos visitar a nuestros parientes en Nueva York.

TONO:

(20 segundos)

Teresa: Me parece una buena idea. Puedo compartir algunas tradiciones boricuas contigo más tarde porque ahora tengo que ayudar a mi mamá a preparar un mofongo. La próxima vez podremos compartir e intercambiar más ideas y opiniones. Hasta luego y cuídate muchísimo.

TONO:

(20 segundos)

#07

Script número 7

Andrés: ¿Cómo estás? Me imagino que súper bien como siempre. Dime, ¿cómo lo haces para estar tan saludable?

TONO:

(20 segundos)

Andrés: ¡Qué bien! Yo te admiro porque yo soy muy perezoso. ¿Cómo te motivas para mantenerte en tan buena condición física? Cuéntame.

TONO:

(20 segundos)

Andrés: ¡Caramba! ¡Qué disciplina! Oye, comparte conmigo los detalles de algunas de tus actividades favoritas y más exitosas.

TONO:

(20 segundos)

Andrés: Te voy a pedir un favor. ¿Me podrías ayudar a establecer una rutina de bienestar como tú la tienes? Yo sé que tendré más éxito si tú me ayudas.

TONO:

(20 segundos)

Andrés: Te agradezco mucho que me ayudes. Tú realmente eres un verdadero amigo y voy a hacer todo lo que me indiques para estar en buenísimas condiciones físicas como tú. Hasta pronto y otra vez, gracias.

TONO:

(20 segundos)

#08

Script número 8

Marisela: Hola, es un placer platicar contigo. ¿Cómo supiste de nuestro orfanato?

TONO:

(20 segundos)

Marisela: ¡Qué bien! ¿Deseas ser voluntaria, verdad? ¿Has sido voluntaria en algún lugar similar a un orfanato?

TONO:

(20 segundos)

Marisela: Es bueno que tengas experiencia. Cuéntame un poco de ti. ¿Qué puedes aportar al programa?

TONO:

(20 segundos)

Marisela: Claro, ya entiendo. Me encanta tu motivación. Nuestro programa necesita a jóvenes como tú con mucho entusiasmo y una buena actitud. Nuestro programa requiere una disposición seria y disciplinada. ¿Podrías enviarme unos documentos para comprobar tu seriedad?

TONO:

(20 segundos)

Marisela: Fabuloso. Quedamos en que yo recibiré tus documentos y empezaré a hacer los trámites necesarios ya que tú eres menor de edad y necesitaremos el consentimiento de tus padres o tutores legales. En cuanto yo reciba tus documentos, te llamaré y seguiremos platicando.

TONO:

(20 segundos)

#09

Script número 9

La Sra. Medina: Buenos días, soy la señora Medina y estoy muy contenta con tu interés en participar este año en nuestro evento comunitario de recitación de poemas. Dime, ¿cómo supiste de nuestro programa? Y cuéntame un poco de ti.

TONO:

(20 segundos)

La Sra. Medina: Fantástico. Veo que te encanta la poesía. Ahora, ¿quiénes son tus poetas favoritos y qué poemas piensas recitar?

TONO:

(20 segundos)

La Sra. Medina: Me parece bien, pero ya tenemos a otra persona que recitará ese poema. ¿Podrías seleccionar otro de tus favoritos?

TONO:

(20 segundos)

La Sra. Medina: Sí, eso sería mucho mejor porque así tendremos una gran variedad de recitaciones. Dime, ¿desde cuándo recitas y porqué te interesa participar en nuestro evento?

TONO:

(20 segundos)

La Sra. Medina: Bueno, estoy muy impresionada contigo. Ahora mismo te envío los documentos necesarios para que te inscribas y firmen tus padres o tutores legales, ya que eres menor de edad y esto es un requisito del evento para jóvenes como tú.

TONO:

(20 segundos)

#10

Script número 10

Eduardo: ¿Qué tal? ¿Cómo estás? Mira, quiero saber si ya tienes todo listo para tu viaje a Costa Rica. Me parece que tienes algunas preocupaciones y algo pendiente.

TONO:

(20 segundos)

Eduardo: Ah, ya veo. Escucha, tu nueva familia en Costa Rica es muy amable y no tendrá ningún inconveniente en proporcionarte una alimentación adecuada a tus necesidades dietéticas. ¿Hay algo más que te preocupa?

TONO:

(20 segundos)

Eduardo: Bueno, si te preocupa tanto eso, te puedo ubicar con otra familia. Nada más que esa familia vive más lejos de la escuela donde vas a estudiar.

TONO:

(20 segundos)

Eduardo: A ver, ¿qué tal si busco otra familia vegetariana al otro lado de la ciudad y así podrás ir a la escuela en autobús? Además, si vives con esta familia vegetariana estarás más cerca del bosque lluvioso y podrás disfrutarlo cuando no tengas que asistir a clases. ¿Qué te parece? Es lo mejor que te puedo ofrecer.

TONO:

(20 segundos)

Eduardo: Me parece bien que estés de acuerdo conmigo. Ya verás que disfrutarás de tu año escolar en Costa Rica. Déjame saber si tienes alguna preocupación por otra cosa. Ya sabes que todo se puede resolver.

TONO:

(20 segundos)

#11

Script número 11

Clarita: ¿Cómo te va? ¿Qué planes tienes para el próximo sábado? ¿Ya sabes que habrá un concierto gratuito de música latina en el centro de nuestra ciudad? ¿Por qué no vamos?

TONO:

(20 segundos)

Clarita: Pero, no puedo creerlo. Es completamente gratis y será muy divertido. Además la variedad de música que escucharemos será genial. Dime, ¿por qué no quieres acompañarme? Vamos solamente un rato.

TONO:

(20 segundos)

Clarita: Pero no es posible. Vas a perder la oportunidad de escuchar una música que nos gusta tanto. ¿Realmente lo que me dices es más importante que pasar un ratito relajándote?

TONO:

(20 segundos)

Clarita: Vaya. Ya estás razonando. Se debe tener equilibrio en la vida. No todo debe ser trabajo y estudios. ¿A qué hora será bueno ir? Estoy de acuerdo que un ratito antes nos conviene a los dos.

TONO:

(20 segundos)

Clarita: No te imaginas lo contenta que estoy. Ya verás que la pasaremos súper bien. ¿Está bien si te recojo después de las cinco de la tarde? Vale, entonces si cambias de idea házmelo saber. Hasta pronto.

TONO:

(20 segundos)

#12

Script número 12

El periodista: Hola. Soy periodista del periódico de tu ciudad y me he enterado que piensas llevar a acabo un evento para promover el cuidado del medio ambiente en tu ciudad. ¿Es esto verdad?

TONO:

(20 segundos)

El Periodista: Cuéntame sobre el evento y lo que has planeado hasta ahora.

TONO:

(20 segundos)

El periodista: Muy bien, ya entiendo mejor lo que intentas hacer. ¿Has pensado involucrar a una organización en particular o presentar tu idea del evento al Consejo municipal de tu ciudad? Yo te podría ayudar.

TONO:

(20 segundos)

El Periodista: Me has impresionado. Realmente muestras ser un ciudadano responsable y un joven ejemplar para la comunidad. ¿Qué opinan tus padres y maestros en la escuela? Seguro que te apoyan.

TONO:

(20 segundos)

El periodista: Bueno, te propongo que sigamos nuestra conversación el próximo miércoles a las 2 de la tarde en mi despacho. Hasta pronto.

TONO:

(20 segundos)

#13

Script número 13

Graciela: Hola. ¿Cómo estás? Hace un tiempito que no nos saludamos. Qué fantástico es hablar vía Skype, ¿verdad? A toda mi familia le fascina porque pueden mantenerse en contacto con los familiares por todo el mundo. Y tú, ¿qué piensas?

TONO:

(20 segundos)

Graciela: Estoy de acuerdo contigo. Qué triste era antes sin la tecnología. La gente pasaba mucho sin verse y sin comunicarse. Ahora todo es mucho más fácil. Yo no sé qué haría sin las redes sociales y todo lo demás. Y tú, ¿qué opinas?

TONO:

(20 segundos)

Graciela: Antes de que se me olvide, mi familia quiere saber si vas a venir para las vacaciones este verano. Te estamos esperando desde hace tiempo. ¿Qué han dicho tus padres? ¿Vendrás?

TONO:

(20 segundos)

Graciela: ¡Estupendo! Me parece bien que tengas permiso para venir a visitarnos. ¿Te gustaría ir un fin de semana a Costa Rica? Allí tengo una tía y nos podría llevar a pasear.

TONO:

(20 segundos)

Graciela: ¡Qué bien! Entonces, les comunico todo a mis padres y nos volvemos a poner todos en contacto vía satélite para aclarar algunos detalles. Hasta luego. Cuídate mucho.

TONO:

(20 segundos)

#14

Script número 14

La Dependienta: Hola. ¿En qué le puedo ayudar? ¿Busca algo en particular?

TONO:

(20 segundos)

La Dependienta: Mire, aquí tengo esta crema que es buenísima y muy popular entre los jóvenes. ¿Qué le parece?

TONO:

(20 segundos)

La Dependienta: Vaya, ya la entiendo. Déjeme ir a buscar lo que usted necesita. ¿Qué tal le parece ésta?

TONO:

(20 segundos)

La Dependienta: Qué lástima que no le guste. Deje, le muestro estas dos que son baratas, sin olor y sin grasa. ¿Qué le parecen?

TONO:

(20 segundos)

La Dependienta: Qué bueno que le agrade esta crema. Ya verá que es semejante a la que olvidó. Gracias por su paciencia y recuerde que estoy a sus órdenes para cualquier otra cosa. Hasta luego y que pase una estancia estupenda en nuestra ciudad.

TONO:

(20 segundos)

#15

Script número 15

El Alcalde: Buena tardes. Es un placer poder hablar contigo. Me interesa mucho tu idea de convertir nuestra ciudad en una ciudad hermana con otra ciudad en Centroamérica. Es algo que nunca habíamos pensado. Dime, ¿cómo llegaste a esta idea?

TONO:

(20 segundos)

El Alcalde: ¿Qué ciudad te gustaría considerar? Cuéntame porqué.

TONO:

(20 segundos)

El Alcalde: Excelente. Ahora, para empezar el proceso necesito que vengas a una de nuestras reuniones del Consejo municipal. ¿Crees que podrás venir la próxima semana y presentar tu idea?

TONO:

(20 segundos)

El Alcalde: Mira, debes venir preparado para presentarla. Tenemos a tu y disposición un proyector y una máquina copiadora para facilitar tu presentación. ¿Te parece bien?

TONO:

(20 segundos)

El Alcalde: Claro, estaremos todos los seis miembros del consejo municipal presentes. Sé que les encantará escuchar tu idea y propuesta de ser una ciudad hermana con otra ciudad en Centroamérica. Bueno, te llamo otro día para confirmar la fecha exacta y la hora. Mientras tanto te dejo mi número para que te pongas en contacto conmigo para cualquier cosa que venga a tu mente. Hasta pronto y te felicito por tu iniciativa.

TONO:

(20 segundos)

#16

Script número 16

La Profesora: ¿Cómo te fue hoy en la escuela? Te quiero felicitar por tu rendimiento académico en mi clase de Español AP. Es impresionante lo que has avanzado. Dime, ¿cómo estudias y te preparas para este curso tan intenso?

TONO:

(20 segundos)

La Profesora: Muy bien. Ahora, ¿me puedes mostrar y explicar ese programa que usas en tu tableta o computadora?

TONO:

(20 segundos)

La Profesora: Ah, qué interesante. Yo no conocía ese programa. ¿Hay otro similar que usas para practicar la pronunciación y lectura? ¿Por qué te gusta tanto éste?

TONO:

(20 segundos)

La profesora: Debes buscar uno que incorpore ambas destrezas: la pronunciación y la lectura. Aunque éste que me has mostrado es fantástico. ¿Lo podrías compartir mañana con tus compañeros en clase?

TONO:

(20 segundos)

La Profesora: Te agradezco por compartir conmigo estos programas tan valiosos y excelentes para aprender y mejorar el español. Gracias también por estar de acuerdo en compartirlos con la clase. Te dejo porque sé que tienes práctica deportiva después de clase. Hasta mañana.

TONO:

(20 segundos)

#17

Script número 17

El Pintor: Buenas tardes. ¿Es usted el responsable de este cuadro? Me parece fenomenal.

TONO:

(20 segundos)

El Pintor: Como le digo, está bastante bien esta pintura. ¿Con qué pintor español se identifica usted o se inspira?

TONO:

(20 segundos)

El Pintor: Ya veo. A mi también me gusta muchísimo ese pintor español. Dígame, ¿desde cuándo pinta usted? ¿Se interesaría en colaborar conmigo y estudiar conmigo ciertas técnicas en el taller de pintura que enseño cada miércoles?

TONO:

(20 segundos)

El Pintor: Mire, veo que usted tiene talento y yo solamente trabajo con gente que muestra facilidad en la pintura. Aquí tiene usted mi tarjeta. Espero que usted pueda ponerse en contacto conmigo.

TONO:

(20 segundos)

El Pintor: Sí, también entiendo que sus padres tendrán que estar de acuerdo. Los puede usted invitar a venir con usted al taller para que yo pueda platicar con ellos. Mientras, como le digo, usted tiene mi tarjeta.

TONO:

(20 segundos)

#18

Script número 18

El Estudiante: Buenos días. Te llamo porque he llegado al apartamento y tengo un problemita. No hay agua caliente. ¿Qué me aconsejas?

TONO:

(20 segundos)

El Estudiante: Lo siento pero yo tengo que ir a mis clases de español y no creo que pueda solucionar el problema.

TONO:

(20 segundos)

El Estudiante: Esa es una buena idea porque, como te digo, yo necesito asistir a mis clases y no tengo tiempo para solucionar el problema del agua. Gracias por resolver el problema.

TONO:

(20 segundos)

El Estudiante: Ahora que estoy hablando contigo quiero aprovechar y preguntarte si tienes algunas recomendaciones para distraerme los fines de semana. ¿Conoces de algún lugar muy famoso y turístico que pueda visitar?

TONO:

(20 segundos)

El Estudiante: Me parece fenomenal tu sugerencia. No lo había pensado y con toda la información que me has dado, será fácil hacer ese recorrido en un fin de semana. Gracias por toda tu ayuda. Eres un buen amigo. Bueno, se me acaban los minutos para seguir la conversación. De nuevo gracias por toda tu ayuda. Hasta luego.

TONO:

(20 segundos)

#19

Script número 19

Leonor: ¿Cómo estás? Fíjate que tengo buenísimas noticias que compartir contigo. ¿Tienes tiempo para platicar un rato? ¡Voy a poder viajar a los Estados Unidos!

TONO:

(20 segundos)

Leonor: Sí, es increíble. Podré ir durante el mes de julio. Ya tengo mi pasaporte. ¿Crees que podremos reunirnos? ¿Estarán tus padres de acuerdo? Los míos sí lo están.

TONO:

(20 segundos)

Leonor: ¡Qué buenas noticias! No sabes lo contenta que estoy. Ya tarda en llegar el mes de julio. Cuéntame, ¿cómo es el lugar dónde vives? ¿Qué tiene de especial? ¿Es tan bello como lo describe el sitio de la red?

TONO:

(20 segundos)

Leonor: Ya entiendo. ¿Podríamos ir a otro estado de la unión americana? Me encantaría conocer Alaska durante el mes de julio.

TONO:

(20 segundos)

Leonor: Sí, no te preocupes. Yo solamente te planteaba esa idea, pero claro con visitar tu ciudad, estado y todas las atracciones que me has contado, estoy más que feliz. Bueno, te dejo para que platiques con tus padres. Yo tengo que terminar mi tarea de literatura. Sabes, estoy leyendo a Borges y es súper difícil. Bueno, cuídate y nos mantendremos en contacto. Hasta pronto.

TONO:

(20 segundos)

#20

Script número 20

El Director: Buenas tardes. Yo te conozco porque asistes a la misma preparatoria que mi hijo. Y sé que te gusta proporcionar ayuda humanitaria a países en vías de desarrollo. ¿Es esto verdad?

TONO:

(20 segundos)

El Director: Mira, soy el director de este programa que envía ayuda a países del tercer mundo y estoy buscando voluntarios que me puedan ayudar durante el verano. Sé que eres muy activo en tu preparatoria con el consejo estudiantil y quisiera saber si te interesa involucrarte con este programa.

TONO:

(20 segundos)

El Director: Sé que estás ocupado este verano con tus asignaturas de lectura para tu clase de literatura española avanzada, pero sé que tienes por lo menos un par de horas libres para dedicar a esta causa de tanto valor para la gente pobre de estos países.

TONO:

(20 segundos)

El Director: Sí, estoy de acuerdo contigo en que podrás participar solamente dos horas el sábado por la tarde. Nos reunimos precisamente los sábados por las tardes para planear y acomodar los artículos que enviamos al extranjero. ¿Cuento contigo para el próximo sábado?

TONO:

(20 segundos)

El Director: Estupendo. Sabía que podría contar con tu ayuda. Ya verás que no te arrepentirás. Vas a sentir una satisfacción enorme al poder contribuir a esta causa tan noble. Gracias de antemano nos vemos el próximo sábado con tus padres en mi oficina para poder explicarles tus responsabilidades y ponernos de acuerdo en todo.

TONO:

(20 segundos)

#21

Script número 21

Los Turistas: Buenos días. Somos de Panamá y hemos venido a visitar este museo. ¿Es usted nuestro guía?

TONO:

(20 segundos)

Los Turistas: Tenemos prisa y queremos saber si nos podrá mostrar las piezas más importantes del museo que son de pintores españoles. ¿Qué pinturas españolas tienen en el museo y de quiénes?

TONO:

(20 segundos)

Los Turistas: Perfecto queremos ver esas piezas. ¿Cómo se llaman las pinturas y de qué época son?

TONO:

(20 segundos)

Los Turistas: ¡Fabuloso! Esos son nuestros pintores favoritos y hemos venido desde tan lejos para ver las pinturas! ¡Qué emocionante!

TONO:

(20 segundos)

Los Turistas: ¡Qué bien explicó usted y además es usted tan simpático y amable! Realmente ha sido un recorrido estupendo. Se lo agradecemos. Ha hecho el recorrido justo en el tiempo que tenemos disponible. Gracias.

TONO:

(20 segundos)

#22

Script número 22

Tu Amiga: ¿Qué tal? ¿Cómo estás? Espero que estés bien como yo. Te llamo para saber si me puedes ayudar con un proyecto para la escuela sobre las tradiciones mexicanas que se celebran durante el año.

TONO:

(20 segundos)

Tu Amiga: ¿Me podrías explicar una celebración y el significado de ella para el mes de enero? Dime todo lo que sabes.

TONO:

(20 segundos)

Tu Amiga: Muy bien, ya apunté todo lo que me dijiste. Ahora, ¿qué celebraciones hay por lo general en los meses de marzo y abril en México?

TONO:

(20 segundos)

Tu Amiga: No entiendo muy bien. ¿Por qué algunas de las celebraciones en estos dos meses de marzo y abril son en diferentes fechas cada año? ¿Me puedes explicar más? Estoy muy confundida.

TONO:

(20 segundos)

Tu Amiga: Perfecto. Ya comprendo. Bueno, es todo lo que necesitaba saber por el momento. Gracias por ayudarme con mi proyecto. Prometo que voy a compartir mi presentación contigo antes de entregarla para saber que todo esté correcto. Bueno, otra vez gracias y hasta pronto.

TONO:

(20 segundos)

#23

Script número 23

El Conductor: Hoy le damos la bienvenida a un joven científico que acaba de ganar el primer lugar en un concurso en una universidad. Le queremos felicitar y conocer un poco más su proyecto que mejorará la calidad del agua potable en los países hispanos si se implementa un día su proyecto. En breve, nos explicará su proyecto científico. Démosle una cordial bienvenida.

TONO:

(20 segundos)

El Conductor: ¡Qué maravilla! Y bien, cuéntanos, ¿desde cuándo te interesa la ciencia?

TONO:

(20 segundos)

El Conductor: Qué interesante. Realmente nos impresionas con tanto talento, creatividad y humildad. Ahora cuéntanos sobre tu próximo proyecto y dinos si quisieras salir premiado nuevamente.

TONO:

(20 segundos)

El Conductor: Es impresionante lo que pretendes hacer. Te recomiendo la universidad estatal, donde hay un programa de ciencia muy famosa. Te pondremos en contacto con los profesores universitarios para que te ayuden y te apoyen con tu proyecto. Así pues, felicidades y muchísima suerte.

TONO:

(20 segundos)

El Conductor: Bueno, es así como concluimos nuestra entrevista con este joven tan exitoso y con un aplauso le deseamos mucha suerte. ¿Tienes algunas palabras de motivación que quieras compartir con otros jóvenes científicos como tú?

TONO:

(20 segundos)

#24

Script número 24

El Estudiante: Hola. ¿Cómo estás? Estoy muy emocionado por visitarte en México el próximo mes. ¿Sabes? Es la primera vez que voy a un país hispanohablante. Cuéntame, ¿cómo es tu ciudad?

TONO:

(20 segundos)

El Estudiante: Tu ciudad es enorme y parece ser fabulosa. Me parece que habrá mucho que conocer y seguro me encantará. Ahora, ¿qué ropa debo llevar? ¿Hace frío, hace calor o iremos a un lugar donde necesitaré alguna ropa en particular?

TONO:

(20 segundos)

El Estudiante: ¿Podremos ir a Cancún un fin de semana para conocer el mar? Me fascina el mar y poder relajarme en la playa.

TONO:

(20 segundos)

El Estudiante: Ah, ya veo, Cancún queda lejos de la ciudad y es caro. Me parece mucho mejor lo que me planteas. De cualquier manera, adonde me lleves estará bien ya que todo será una novedad para mí. ¿Qué tal las pirámides? ¿Son más accesibles?

TONO:

(20 segundos)

El Estudiante: Todo lo que me propones me parece súper bien. No te quiero quitar más tiempo porque sé que tienes una tarea de español que completar. Seguiremos en contacto. Yo te aviso para hablar de nuevo. Gracias por ser tan amable y generoso conmigo. Hasta pronto.

TONO:

(20 segundos)

#25

Script número 25

El Entrevistador: ¿Qué tal? Es un placer poder platicar contigo. Dime, ¿desde cuándo colaboras para nuestra revista y por qué?

TONO:

(20 segundos)

El Entrevistador: Excelente. Ahora, explícame, ¿cuáles son los temas ecológicos que más te interesan y, por qué?

TONO:

(20 segundos)

El Entrevistador: Muy bien. Y ¿desde cuándo te has centrado en ese tema ecológico? ¿Tienes algún otro tema que te apasione? Por favor explícame.

TONO:

(20 segundos)

El Entrevistador: Me has impresionado. Hasta ahora no había escuchado a alguien tan dedicado al medio ambiente como tú en Latinoamérica. Me gustaría que consideraras participar en un video para concientizer acerca de los problemas ecológicos en países de Latinoamérica por medio de la red. ¿Qué te parece? ¿Te interesa?

TONO:

(20 segundos)

El Entrevistador: Perfecto. Para agilizar los trámites, necesitaré reunirme con tus padres para explicarles el video y ponernos todos de acuerdo con la meta del video por medio de la red. Te espero en mi oficina el próximo miércoles. Yo me vuelvo a comunicar contigo antes del miércoles para confirmar la hora. ¿De acuerdo? Felicidades y hasta pronto.

TONO:

(20 segundos)

Appendix 2

Practice Exam 1

Audio Scripts

Audio Selection 1

Section I, Part B

Interpretive Communication

Tema curricular: <u>La Vida Contemporánea</u>

Fuente número 2

Introducción

Esta grabación es un fragmento de un artículo publicado en 2013 en el diario *El País*, Madrid. Se trata de una nueva manera de visitar los museos del mundo en línea. Se creó para dar oportunidad a la gente que no puede visitarlos de tener acceso a obras de arte famosas desde cualquier lugar, aunque sean pequeñas comunidades y en lugares remotos. Su creador explica sus motivos para iniciarlo y sus sueños para el futuro.

Script

(N) Ahora escucha la fuente número dos

El gran hermano del arte, GoogleArt Project, permite a 15 millones de usuarios "visitar" los grandes museos del mundo... no hace falta más que conectarse a Internet y acceder a GoogleArt Project. Con este nombre el buscador bautizó en 2011 un proyecto para visitar en línea algunas de las principales obras maestras del planeta y los museos donde se exponen, además de permitir al usuario crear galerías con sus cuadros favoritos. Tras el lanzamiento con 17 centros pioneros, entre ellos el Rijksmuseum (Ámsterdam), el MoMA (Nueva York) y los museos madrileños Reina Sofía y Thyssen-Bornemisza, la colección de Google ha ido ampliándose hasta unas 40.000 obras de arte, más de 200 instituciones y 15 millones de usuarios en el 2012 en todo el planeta.

De hecho, la difusión mundial es el sueño del director de GoogleArt Project, Amit Sood, originario de la India, quien concibió la idea precisamente gracias a su país. "En Bombay no te despiertas un domingo y vas a la Galería Nacional.

Los europeos y los estadounidenses tenéis vuestros museos, habéis nacido con ellos. Si conseguimos ofrecer el mejor acceso al arte en la Red, habremos cumplido con nuestro objetivo".

De momento incorporan nuevas obras "cada semana" y ven cómo crece el número de visitas y de galerías creadas por los usuarios —360.000 hasta la fecha. Aunque tener un Van Gogh o un Rembrandt en el ordenador no parece evitar que la gente acuda a las exposiciones porque, por ejemplo, justo en 2011 el Reina Sofía y el Thyssen batieron sus récords de visitas. Para Sood, ambos fenómenos van de la mano, son complementarios. La visualización en línea crea el deseo. Puede servir para recordar la experiencia o para prepararla, jamás sin embargo, para suplantarla. "La sensación de estar delante de una obra de arte no podrá ser reproducida nunca, por mucho que avance la tecnología. Cuando lancé el proyecto creía que sí, pero a medida que visitaba los museos me di cuenta de que es otra historia", relata Sood.

Más allá de las diferencias físicas la visita en línea y la visita real guardan otra distinción que para el director, es lo más sorprendente del proyecto: "Según varios estudios, el tiempo medio que un visitante pasa ante un cuadro es de 11 segundos, en el Art Project en cambio, es un minuto". La explicación, para Sood, se halla en la falta de otras personas igual de deseosos de plantarse ante la obra, los detalles históricos y en algunos casos, los vídeos sobre la obra que ofrece la página.

(N) Ahora tienes un minuto para empezar a responder a las preguntas para esta selección. Después de un minuto, vas a escuchar la grabación de nuevo.

(1 minuto)

(N) Ahora escucha de nuevo.

(Repeat)

(N) Ahora termina de responder a las preguntas para esta selección.

(2 minutos y 30 segundos)

Audio Selection 2

Tema curricular: <u>Los Desafíos Mundiales</u>

Fuente número 2

Introducción

En esta conversación, dos mujeres, Ana y una amiga, discuten sobre la igualdad de la mujer, los avances logrados y la discriminación contra la mujer que todavía existe en muchos campos.

Script

(N) Ahora escucha la fuente número dos

(WA) Hola Ana, supe que estás escribiendo un libro. No sabía que eras escritora. ¿Sobre qué es el libro?

(Ana) Bueno, no lo he empezado a escribir todavía, pero quisiera escribir sobre un tema que sigue estando en plena actualidad, la igualdad de la mujer en todos los ámbitos de la vida.

(WA) Me parece un tema muy interesante. Es difícil de creer que haya tantas mujeres que tengan que enfrentarse a la discriminación en el trabajo hoy en día.

(Ana) Sí, ese problema es muy común, pero a mí me preocupa más el maltrato y la violencia que sufren muchas mujeres.

(WA) ¿Qué quieres decir? No lo entiendo.

(Ana) Para el libro he estado investigando porque quiero incluir casos de la vida real y he encontrado que la cantidad de mujeres que sufren maltrato es muy grande. He entrevistado algunas mujeres que son golpeadas por sus propios esposos. ¿Te imaginas?

(WA) Es difícil de creer. ¿Qué provoca este comportamiento?

(Ana) Sí, es muy difícil de creer, pero es una triste realidad. En muchos casos el abuso se debe al deseo de obtener el control en el ámbito familiar, pero no es la única razón.

(WA) ¿Por qué dices eso?

(Ana) Bueno, la verdad es que todavía hay mucho machismo y hay hombres que aún piensan que las mujeres somos inferiores y no merecemos respeto.

(WA) Ahora sí estoy verdaderamente interesada. Dime más.

(Ana) Otro aspecto es el número de mujeres asesinadas. Afortunadamente muchos países ahora están creando leyes para proteger a las mujeres.

(WA) Eso es un paso en favor de estas víctimas. Espero que no se detengan allí y empiecen algunos programas de apoyo para continuar ayudándolas.

(Ana) Tienes razón. También necesitan capacitación y que la sociedad reconozca lo que las mujeres podemos aportar a la sociedad.

(WA) Bueno, te deseo mucha suerte con tu libro y espero que tengas mucho éxito.

(Ana) Muchas gracias. Hasta luego.

(WA) Adiós.

(N) Ahora tienes un minuto para empezar a responder a las preguntas para esta selección. Después de un minuto vas a escuchar la grabación de nuevo.

(1 minuto)

(N) Ahora escucha de nuevo.

(Repeat)

(N) Ahora termina de responder a las preguntas de esta selección.

(1 minuto y 45 segundos)

Audio Selection 3

Tema curricular: <u>Las Familias y las Comunidades</u>

Introducción

Esta grabación trata de algunos problemas en los colegios españoles y la falta de comunicación. En esta entrevista de 2012 titulada "Hay que recuperar la responsabilidad complementaria entre la familia y la escuela en la tarea educativa", la profesora Ana María Vega habla sobre la falta de interés de las escuelas en dar información a los padres y al mismo tiempo el poco interés de los padres en lo relativo a la escuela, excepto en relación con las notas. Vega es titular de la Cátedra UNESCO de Ciudadanía Democrática y Libertad Cultural de la Universidad de La Rioja.

Script

(N) Ahora escucha la selección número tres.

(WA) ¿Cree que el papel de los padres ha perdido fuerza en la educación?

(Vega) En absoluto, el papel de los padres en la educación no ha perdido fuerza, pero hoy es mucho más complejo, los desafíos son mayores, en primer lugar por los medios de comunicación y las nuevas tecnologías; en segundo lugar, por los horarios laborales y la escasa convivencia familiar.

Los padres no pueden exigir en la educación formal de los hijos los valores, conductas y actitudes que ellos no ofrecen a sus hijos en casa.

(WA) ¿De qué forma se percibe el interés de los padres y madres en la educación?

(Vega) Pienso que su interés está principalmente enfocado en los resultados académicos, a veces incluso en exceso. Se dejan de lado otros aspectos formativos muy importantes que pueden ser relevantes.

Esto explica que su interés sea sobre todo en las tutorías y en las notas. Por el contrario, preocupa menos lo relativo al buen funcionamiento del centro educativo, al ambiente de trabajo o a la convivencia escolar.

(WA) ¿Es necesaria una mayor participación de las familias en la escuela?

(Vega) Sin duda. Hay que recuperar la responsabilidad complementaria de la familia y de la escuela en la tarea educativa. Ambas son imprescindibles. El problema muchas veces es la desconfianza recíproca; pienso que éste es el principal desafío en la actualidad: reforzar el papel de los padres en la escuela y de los profesores en casa.

(WA) ¿De qué forma pueden contribuir los centros educativos a una mayor participación real y efectiva de las familias?

(Vega) Primero, facilitando información de una forma clara; para participar, primero hay que estar bien informados del funcionamiento del centro, de su proyecto educativo, de sus objetivos y de sus dificultades, y sobre todo, de sus resultados.

(WA) Algunos centros educativos no quieren dar a conocer sus resultados a los padres. ¿Cuál es su opinión en este aspecto?

(Vega) No comparto el temor de algunos a que los padres conozcan los resultados de evaluación de su centro. Se trata de garantizar el derecho a la libre elección de centro, pero también de asegurar calidad en la educación y de rendir cuentas. Creo que esa transparencia servirá para mejorar la asignación eficiente de recursos y para propiciar una verdadera autonomía de los centros.

(WA) ¿Tiene algún consejo para los padres o los centros educativos?

(Vega) Los centros deben facilitar la participación de los padres convocándoles en horarios después del trabajo y contando con su opinión. De lo contrario, las familias no pueden participar y el resultado es la falta de comunicación entre la escuela y la familia.

(WA) ¿Cuáles son las principales conclusiones del análisis de sus estudios?

(Vega) El estudio da como resultado que existe una carencia generalizada, tanto en el ámbito de la participación de los padres como en la comunicación de parte del sistema educativo en general.

Creemos que hay que diseñar nuevas fórmulas o nuevos métodos de participación de los padres y ampliar el derecho al voto en el ámbito educativo.

(WA) Para terminar, ¿quiere agregar algo?

(Vega) Sí, creo que se debe favorecer la creación de escuelas directamente administradas por los padres. Se podrían también desarrollar proyectos de participación basados en la idea de un contrato o pacto entre escuela y familia.

Creemos que es necesario crear nuevas herramientas que faciliten la comunicación entre la escuela y la familia.

(N) Ahora tienes un minuto para empezar a responder a las preguntas para esta selección. Después de un minuto vas a escuchar la grabación de nuevo.

(1 minuto)

(N) Ahora escucha de nuevo.

(Repeat)

(N) Ahora termina de responder a las preguntas de esta selección.

(1 minuto y 15 segundos)

Audio Selection 4

Tema curricular: La Vida Contemporánea

Introducción

Vas a escuchar este audio sobre algunos consejos que se deben seguir para bajar de peso. Está adaptado de un artículo original escrito por Sureya Orellana y publicado en la revista *Ella* el 17 de septiembre de 2012.

Script

---

*(N) **Ahora escucha la selección número 4.***

Consejos prácticos para bajar de peso sin dieta

Si realmente quieres eliminar esas libritas de más el único camino seguro y efectivo es el ejercicio continuo y una dieta equilibrada. Pero si no te gusta contar calorías y comer por raciones no es para ti, puedes optar por hacer pequeños cambios en tu alimentación y, poco a poco, podrás ir realizando otros cambios, que al final adoptarás como un hábito.

Agrega a tu cena los dos vegetales o verduras que más te gusten. Como los vegetales contienen fibra, te sentirás más satisfecha con menos calorías. Adereza las ensaladas o verduras con limón o una vinagreta ligera. Evita a toda costa esos aderezos ricos en crema.

No te prives de los alimentos que te gustan. Sírvete una porción pequeña y especialmente si es un alimento con muchas calorías. Recuerda, es cuestión de reducir la frecuencia con que lo consumes y el tamaño de la porción.

Sustituye los ingredientes por algo más ligero. Por ejemplo, puedes comer pasta con salsa de tomate en lugar de la salsa Alfredo, que contiene más calorías.

Come varias comidas pequeñas y espaciadas, así el metabolismo se acelera y se queman muchas más calorías que si pasas horas y horas sin ingerir alimento. Además de las tres comidas diarias, come dos meriendas ligeras (nueces, unas uvas, un yogur bajo en calorías o una barrita de granola baja en calorías).

Reduce el azúcar. No solamente en los postres, sino también en las bebidas, como el té o el café. Trata de eliminar las bebidas azucaradas como los jugos de fruta y, especialmente, las sodas, y sustitúyelas por agua.

Sírvete en platos y vasos pequeños, pues se verán llenos con menos alimentos, consumirás menos calorías y visualmente no notarás la diferencia.

Cuando vayas al supermercado, lleva una lista y no te salgas de ella. También, ve después de que hayas comido, porque si vas con hambre tendrás deseos de comprar todo y comprarás más por impulso.

Realiza algún tipo de ejercicio. Si no te gusta ir al gimnasio, puedes optar por caminar alrededor de la cuadra, nadar, montar en bicicleta, jugar un partido de tenis o baloncesto, incluso hacer ejercicio con algún juego del Wii, que suelen ser muy divertidos.

Si aprendes a sustituir los ingredientes de forma inteligente, podrás seguir comiendo los platillos de siempre, pero más ligeros y no sentirás que te estás sacrificando y poco a poco irás notando los cambios en tu ropa.

(N) Ahora tienes un minuto para empezar a responder a las preguntas para esta selección. Después de un minuto, vas a escuchar la grabación de nuevo.

(1 minuto)

(N) Ahora escucha de nuevo.

(Repeat)

(N) Ahora termina de responder a las preguntas para esta selección.

(1 minuto y 15 segundos)

Audio Selection 5

Tema curricular: <u>Las Familias y las Comunidades</u>

Introducción

Este artículo da información sobre una tradición importante en la vida de las niñas en los países hispanohablantes. Aunque hay variaciones de país en país, la idea central es la celebración del cambio de niña a mujer. El artículo original apareció en línea en organicesuevento.com

Script

---

*(N) **Ahora escucha la selección número 5.***

Tradiciones y rituales de presentación de la quinceañera

La celebración de los 15 años varía mucho según los distintos países. Se comenzó a imitar la costumbre europea de una presentación en sociedad a los quince años, rodeada de un hálito de nobleza, entre valses importados de Viena.

En Uruguay y otros países de Latinoamérica las niñas tienen la ilusión de que tendrán su gran ceremonia cuando lleguen a ser quinceañeras. La celebración de los quince años marca la transición de niña a mujer y es un modo de reconocer socialmente que la chica en cuestión ha alcanzado la madurez.

Existen distintos tipos de tradiciones y rituales de presentación de la quinceañera para el momento de la celebración.

Un cortejo muy emotivo es el formado por una niña mucho más joven que la homenajeada, que lleva una almohadilla en forma de corazón con una coronita y un niño que porta en otra almohadilla una réplica de zapatos de tacón. El momento cumbre de la celebración tiene lugar cuando la quinceañera se cambia de zapatos y luce la corona.

El padre, si está presente, es quien le quita sus zapatos de tacón bajo y le pone los de tacón alto, y es la madre quien le coloca la corona.

Otras tradiciones dentro de esta celebración incluyen el tirar una muñeca. La muñeca significa la última muñeca de la niñez de la joven. La joven tira la muñeca a las otras niñas invitadas así como se tira la liga en una boda.

La fiesta de quince años empieza con la llegada de la quinceañera, normalmente acompañada por su padre, y entra por la puerta principal mientras una canción que escogió se escucha de fondo. Amigos o parientes masculinos le entregan flores y al pie de la escalera baila con su papá el primer vals.

En Uruguay, una de las ceremonias más utilizadas y emotivas es el cortejo de las 15 velas y 15 rosas. La quinceañera baja unos escalones mientras tocan una canción que ella ha escogido. Al pie de la escalera la esperan 15 jóvenes con rosas, mientras que 15 damas la esperan con velas; 15 parejas para representar cada año que cumple. La quinceañera toma las flores y apaga las velas. Enseguida va hacia el área de baile para bailar el vals con su padre, padrino y/o abuelo.

(N) Ahora tienes un minuto para empezar a responder a las preguntas para esta selección. Después de un minuto, vas a escuchar la grabación de nuevo.

(1 minuto)

(N) Ahora escucha de nuevo.

(Repeat)

(N) Ahora termina de responder a las preguntas para esta selección.

(1 minuto y 15 segundos)

Audio Selection 6

Tema curricular: <u>Los Desafíos Mundiales</u>

Fuente número 3

Introducción

En este reportaje vas a escuchar sobre la pobreza en México, donde se estima que alrededor de 52 millones de mexicanos viven en situación de pobreza o extrema pobreza. Una pequeña comunidad indígena del estado de Hidalgo, Tonchintlán, es un ejemplo de la situación grave que vive a diario mucha gente. El artículo original, escrito por Mari Luz Peinado y Raquel Seco, fue publicado en 2013 en el diario español *El País*.

Script

(N) *Ahora escucha la fuente número tres.*

Tortilla y salsa picante para llenar el estómago

La caja que llega a casa de Jacinto cada 15 días lleva una lata de atún, azúcar, jalapeños, medio litro de aceite de canola, frijoles, una bolsa de "corn flakes", sal, sopa de lentejas, arroz y café. Forma parte del programa nacional de reparto de alimentos que reciben algunas familias mexicanas en situación de riesgo. En casa de Jacinto comen él, su esposa, sus ocho hijos y su nieto. En su comunidad las familias tan numerosas son la norma. A él le gustaría que en la caja hubiera sardinas porque no le gustan los "corn flakes". "No es parte de su cultura. Los niños no los comen. A veces el Gobierno da respuesta a unas necesidades que no tienen", dice Lourdes, una religiosa teresiana que vive en el mismo pueblo.

Tonchintlán es una comunidad del estado mexicano de Hidalgo, en el centro del país. Para llegar allí hay que seguir una pista sin asfaltar durante 45 minutos en coche, en el que uno no se encuentra nada más que curvas y naturaleza. No hay agua corriente en sus casas ni luz en sus calles. De hecho no hay calles, sino caminos de barro que separan las construcciones de hormigón y que se convierten en terreno peligroso cuando llueve. Quienes pasaron a Estados Unidos de ilegales durante un tiempo tienen las casas más "sofisticadas", que también son construcciones rectangulares en las colinas del pueblo.

La familia de Jacinto y las otras 130 que conforman esta comunidad son parte de la estadística que dice que en 2010 —según el Consejo Nacional de Evaluación de la Política de Desarrollo Social (CONEVAL)— casi el 36% de la población del país vivía en situación de pobreza y que otro 10,5% lo hacía en extrema pobreza (52 millones de mexicanos en total). En el estado de Hidalgo esas cifras suben al 42,5% y 12%, respectivamente. Pero con solo pasar unas horas en Tonchintlán uno se da cuenta de que aquí se rompen todas las estadísticas.

La pequeña Leticia anda descalza de un lado a otro y no se atreve a hablar ante los extraños. Tiene tres años pero por su estatura y peso es difícil creer que pueda llegar a los dos. De acuerdo con la Encuesta Nacional de Salud y Nutrición de 2006, unos 153.000 menores de cinco años sufren desnutrición aguda o bajo peso para su talla. "La niñez indígena sigue enfrentando las mayores desventajas. El riesgo de un niño o niña indígena de morir por diarrea, desnutrición o anemia es tres veces mayor que entre la población infantil en general", afirma un informe de Unicef. Tonchintlán es rural e indígena y 52 de sus niños sufren desnutrición.

"La realidad es que no hay mucha gente en México que pase hambre porque siempre hay una tortilla (una masa redonda y aplanada a base de maíz) que llena el estómago, pero otra cosa es la calidad de la alimentación", explica Rafael Castelán, de Servicios de Inclusión Integral, una organización que trabaja con comunidades rurales. "Es muy habitual ver que las familias solo comen tortillas con salsa picante", confirma la hermana Lourdes. De 2000 a 2011, según el Instituto Nacional de Estadística y Geografía, la desnutrición ha provocado la muerte a 102.568 personas. Ese día, en la cocina de Jacinto, una construcción cuadrada de cemento con fuego para cocinar, su mujer muele café arrodillada en el suelo mientras se prepara la masa de elote para poder hacer tortillas.

(N) Ahora escucha de nuevo.

(Repeat)

(N) Ahora tienes cuarenta minutos para preparar y escribir un ensayo persuasivo.

Audio Selection 7

Tema curricular: <u>Los Desafíos Mundiales</u>

Message:

(María) ¡Hola Isabel, debo hablar contigo inmediatamente! Tengo un problema y necesito tu ayuda. Es muy importante. Llámame por favor.

Conversation begins:

(María) (Contesta el teléfono) Hola Isabel, ¿cómo estás? Gracias por llamarme tan pronto. Eres una buena amiga.

TONO

(20 segundos)

(María) Tengo que hacer un proyecto para la clase de estudios sociales. Tú eras la mejor estudiante el año pasado en tu clase y este año también. Yo, en cambio, tengo una mala nota. ¿Puedes ayudarme?

TONO

(20 segundos)

(María) Tengo que hacer una presentación sobre la inmigración y debo incluir una entrevista. ¿Crees que podría entrevistar a tu madre? Yo sé que ella es de Cuba y llegó a los Estados Unidos cuando era una niña.

TONO

(20 segundos)

(María) ¡Tu idea es maravillosa! Podría hablar con tu madre y tu abuelo también. ¿Quizás nos podamos reunir después de clases el viernes? ¿Puedo ir a tu casa?

TONO

(20 segundos)

(María) Muchas gracias por la invitación. Va a ser muy divertido ver a toda tu familia el sábado. Después de terminar la entrevista podemos ir al cine, ¿qué te parece?

TONO

(20 segundos)

Appendix 3

Practice Exam 2

Audio Scripts

Audio Selection 1

Fuente número 2

Introducción

Esta grabación es un reportaje acerca de la princesa de Asturias en el cual anima a investigar para ganar la batalla al cáncer. La grabación dura aproximadamente dos minutos.

Script

(N) Ahora escucha la fuente número dos

Investigar para ser más eficaces en la lucha contra el cáncer. A ello ha llamado hoy la princesa de Asturias a los científicos que asistían a la Conferencia Internacional de la Organización Mundial de la Salud.

Doña Letizia ha acudido hoy a la inauguración de este foro en la que estaba acompañada por el presidente de Asturias, Vicente Álvarez Areces, y la ministra de sanidad, Leire Pajín.

La princesa ha intervenido para recalcar la importancia de actuar sobre los entornos ambientales para prevenir al cáncer.

Doña Letizia: "Un ambiente más sano puede contribuir a evitar enfermedades. Esta afirmación, que es compartida por muchos especialistas en salud, significa que queda un camino largo sobre todo en los países menos desarrollados. Y significa que mejorar las condiciones de vida de las personas en todos los sentidos hace que vivamos más y mejor. Y si hablamos de cáncer, y es bueno repetir la cifra que hemos oído ya, el treinta por ciento de los casos, como sabéis, podrían evitarse si actuamos sobre algunos factores de riesgo".

También ha intervenido durante de la conferencia la ministra de sanidad, que ha recordado a los ciudadanos japoneses que estos días atraviesan difíciles momentos tras el terremoto y la amenaza de una catástrofe nuclear.

Leire Pajín: "Desde aquí quiero hacer llegar todo mi apoyo a la población de Japón. Una población cuyo comportamiento ejemplar nos ha emocionado a todos y a todas estos días. Confío en que de esta manera este país se recuperará lo más rápidamente posible".

La inauguración de la Conferencia Internacional de la Organización Mundial de la Salud sobre Prevención del Cáncer se celebra en el Centro Niemeyer en Avilés. Esta era la primera vez que Doña Letizia acudía sola a esta localidad como princesa de Asturias. Doña Letizia, que es presidenta de honor de la Asociación Española contra el Cáncer, ha animado a los participantes en la conferencia a seguir investigando para frenar las muertes que causa esta enfermedad.

(N) Ahora tienes un minuto para empezar a responder a las preguntas para esta selección. Después de un minuto, vas a escuchar la grabación de nuevo.

(1 minuto)

(N) Ahora escucha de nuevo.

(Repeat)

(N) Ahora termina de responder a las preguntas para esta selección.

(2 minutos y 30 segundos)

Audio Selection 2

Tema curricular: <u>Los Desafíos Mundiales</u>

Fuente número 2

Introducción

Esta grabación trata del Consejo de Seguridad de la ONU. La grabación dura aproximadamente dos minutos.

Script

(N) Ahora escucha la fuente número dos

El Secretario General de la ONU, Ban Ki-moon, elogió a Panamá por las medidas adoptadas en cumplimiento de las resoluciones del Consejo de Seguridad con relación al embargo de armas vigente contra Corea del Norte.

Una nota circulada por su portavoz informa que el titular de Naciones Unidas está al tanto del descubrimiento por las autoridades panameñas de un cargamento de armas a bordo de un barco de bandera norcoreana que cruzaba el Canal procedente de Cuba.

El texto señala que es obligación de todos los Estados miembros aplicar las decisiones del Consejo de Seguridad y que Ban espera el resultado de la investigación que Panamá ha solicitado sobre el tema.

Este fin de semana las autoridades panameñas anunciaron el hallazgo y mantienen retenida a la tripulación del buque.

Entre tanto, un comunicado del Ministerio de Relaciones Exteriores de Cuba expresó que en la nave se transportaban 240 toneladas métricas de armamento defensivo fabricado a mediados del siglo pasado para ser reparado en Corea del Norte y ser posteriormente devuelto a la isla.

La Habana señaló que el envío se realizó sobre la base de acuerdos suscritos por Cuba sustentados en la necesidad de mantener su capacidad defensiva para preservar su soberanía nacional.

(N) Ahora tienes un minuto para empezar a responder a las preguntas para esta selección. Después de un minuto, vas a escuchar la grabación de nuevo.

(1 minute)

(N) Ahora escucha de nuevo.

Repeat

(N) Ahora termina de responder a las preguntas para esta selección.

(1 minute and 45 seconds)

Audio Selection 3

Tema curricular: <u>Las Familias y las Comunidades</u>

Introducción

Esta grabación trata de la existencia de problemas de población en América Latina y del número de mujeres rurales en América. Este reportaje de Radio ONU está basado en un informe de la Organización de las Naciones Unidas para la Alimentación y la Agricultura (FAO). La grabación dura aproximadamente dos minutos.

Script

(N) *Ahora escucha la selección número tres*

El porcentaje de mujeres agropecuarias en América Latina y el Caribe ha crecido en los últimos años, no obstante, sus parcelas tienden a ser más pequeñas, sus tierras de menor calidad y afrontan problemas de acceso al crédito, así como de asistencia técnica y capacitación.

Así lo destaca este jueves un informe de la FAO sobre las mujeres rurales que recomienda a los países abordar esos problemas con programas de desarrollo rural con enfoque de género, especialmente en las políticas dirigidas a la agricultura familiar, que responden a la realidad de ese grupo de población.

El documento apunta que Chile es el país latinoamericano con mayor número de mujeres en ese rubro, con el 30 por ciento de esas explotaciones, seguido por Panamá, Ecuador y Haití.

Por el contrario, los países con menor número de mujeres en el sector son Belice, República Dominicana, El Salvador y Argentina.

La FAO subrayó que las mujeres tienen cada vez más autonomía económica e indicó la importancia de su aporte a la seguridad alimentaria, la producción de alimentos y el bienestar social.

(N) Ahora tienes un minuto para empezar a responder a las preguntas para esta selección. Después de un minuto vas a escuchar la grabación de nuevo.

(1 minuto)

(N) Ahora escucha de nuevo

(Repeat)

(N) Ahora termina de responder a las preguntas de esta selección.

(1 minuto y 15 segundos)

Audio Selection 4

Tema curricular: <u>Las Familias y las Comunidades</u>

Introducción

Esta grabación trata de venezolanos en Chicago. La grabación dura aproximadamente 90 segundos.

Script

(N) *Ahora escucha la selección número cuatro*

Reportero: Las opiniones son tan variadas y disímiles como los venezolanos en "la ciudad de los vientos"; sin embargo, la mayoría coincide en una cosa: esperan que después de la muerte de Chávez el pueblo venezolano se una de cara al futuro.

Desde que se enteraron de la muerte de Chávez, Lucy y su pareja Charles no se despegan de la televisión en su casa del noroeste de Chicago. Dicen que es un día crucial para el futuro de su patria y uno muy especial para ellos, pues remarcan que debieron dejar el país por culpa del actual gobierno venezolano.

Lucy, cuéntame, primera reacción cuando se enteraron de la muerte de Chávez...

Lucy: Por fin, por fin, el gobierno se decidió a dar una noticia que de antemano era un hecho.

Reportero: Mientras del otro lado de la ciudad, Beatriz, una periodista venezolana, analiza la situación de su país natal y lanza a modo de súplica su mayor deseo.

Beatriz: Esperamos los venezolanos que se siga lo que dice la constitución y que se sigan respetando todas esas leyes que tenemos en el país... para eso están.

Reportero: Con el correr de las horas, Lucy y Charles han ido recibiendo visitas de otros venezolanos que viven en Chicago y no han querido perderse detalle de lo que dicen los medios de comunicación. Tanto ellos como Beatriz no se animan a especular cómo lucirá Venezuela en el futuro, aunque sí anhelan que ocurra lo que ocurra siempre reine la paz.

Beatriz: Hasta ahorita no se han visto amenazas de estallido social o algún tipo de saqueo, lo que teme mucho la gente.

Male speaker: Lo que la constitución dice es que va a haber elecciones próximamente, pero pienso que ese periodo de cambio no va a ser nada fácil.

Reportero: A partir de la muerte de Chávez los venezolanos que pudimos consultar a día de hoy dicen que analizan la posibilidad de regresar a su país de origen. Dicen que a partir de la desaparición de este líder bolivariano se abre en Venezuela un nuevo horizonte. Desde el noroeste de la ciudad les informó Mariano Gielis.

(N) Ahora tienes un minuto para empezar a responder a las preguntas para esta selección. Después de un minuto, vas a escuchar la grabación de nuevo.

(1 minuto)

(N) Ahora escucha de nuevo

(Repeat)

(N) Ahora termina de responder a las preguntas para esta selección.

(1 minuto y 15 segundos)

Audio Selection 5

Tema curricular: <u>Las Identidades Personales y Públicas</u>

Introducción

Esta grabación, fragmento de una entrevista más larga, trata de problemas de emigración e inmigración. La grabación dura aproximadamente dos minutos.

Script

(N) *Ahora escucha la selección número 5*

Reportera: Saludos desde Washington y bienvenidos a una nueva edición de *Enfoque* hoy 14 de junio. Yo soy Lori Montenegro.

Hoy en *Enfoque,* sorprende la renuncia de la secretaria de Seguridad Nacional Janet Napolitano. Tenemos los detalles. Este pasado viernes la Secretaria de Seguridad anunció que abandonaría en septiembre el cargo que ocupa desde 2009. Napolitano renunciará a su puesto para asumir la presidencia de la Universidad de California. Su renuncia ocurre en medio del debate de la reforma migratoria.

Con reuniones a puerta cerrada, Washington se convierte en el Senado de la mayor discordia sobre una reforma migratoria en la historia del país. Entrevistamos a dos congresistas. Detrás de la reunión en privado la cámara baja habla de inmigración. La pregunta de muchos ahora es si habrá o no una reforma migratoria. Si algo quedó demostrado esta semana es que los demócratas y los republicanos ven con ópticas muy diferentes la manera de cambiar las leyes migratorias.

Male speaker: Para aprobar un proyecto de ley no tiene que ser más conservador o más liberal. Lo que tiene que ser es un proyecto de ley que funcione.

Reportera: Pero los ojos realmente estaban puestos sobre los republicanos, que controlan la Cámara de Representantes y que se reunieron en privado para hablar del tema.

Dos congresistas conocedores de la discusión migratoria en la cámara baja me acompañan aquí en el estudio. Iliana Ros-Lehtinen y Mario Díaz-Balart, ambos republicanos, son del sur de la Florida. Bienvenidos a ambos. Gracias por acompañarme hoy. Congresista, la primera pregunta es para usted. Después de esta reunión de los republicanos, la pregunta para los inmigrantes es si habrá o no una reforma migratoria en la cámara baja y si eso va a incluir una vía a la ciudadanía.

Iliana Ros-Lehtinen: Yo creo que poquito a poquito vamos a llegar a eso. La conversación entre los republicanos fue muy cordial y creo que vamos a avanzar proyectos muy buenos para legalizar el estatus de las personas.

Reportera: …Hay muchas propuestas individuales y cuando preguntaban a algunos de sus colegas decían que no pensaban que podría haber una vía a la ciudadanía. Uno de los proyectos de ley que aún se espera es el que usted ha estado trabajando durante varios años. ¿Cuándo podemos esperar ese proyecto de ley, congresista Mario?

Mario Díaz-Balart: Esto va a ser un proceso muy largo, muy complicado y a veces muy feo. Nosotros estamos convencidos que eventualmente, cuando este proceso se termine, vamos a llegar a una reforma integral que tiene que incluir la legalización de los millones de personas que están aquí trabajando.

(N) Ahora tienes un minuto para empezar a responder a las preguntas para esta selección. Después de un minuto, vas a escuchar la grabación de nuevo.

(1 minuto)

(N) Ahora escucha de nuevo

(Repeat)

(N) Ahora termina de responder a las preguntas para esta selección.

(1 minuto y 15 segundos)

Audio Selection 6

Tema curricular: <u>La Ciencia y la tecnología</u>

Fuente número 3

Introducción

Este audio, extraído originalmente de un video de la Universidad del Valle de Guatemala hecho por Byron Morales, Ernesto Rodríguez, Juan Pablo Pérez y Josué Rendón, explica cómo usar la Web 2.0.

Script

(N) Ahora escucha la fuente número tres.

Web dos punto cero.

Si quisieras hacer un documento de texto, usarías Microsoft Word. Y, ¿qué pasaría si quisieras que más personas trabajaran en el mismo documento simultáneamente? Word no sería una buena opción. Es hora de usar la web 2.0.

Procesador de texto en línea. Google Docs te permite crear y editar documentos de texto en la ventana de tu navegador sin necesidad de bajar nada a tu computadora. Puedes invitar a varios colaboradores para que trabajen el mismo documento simultáneamente y para ver los cambios inmediatamente.

En este documento están trabajando tres personas al mismo tiempo y próximamente verás los cambios. Otro usuario editó y colocó más cosas. Y simultáneamente otro usuario también lo editó. A parte de compartir documentos, la web 2.0 te ofrece varios servicios.

Blogs. WordPress.com es una de varias compañías que ofrecen a los usuarios de Internet un montón de blogs gratuitamente. Esto te permite escribir artículos que puedan ser leídos por millones de personas alrededor del mundo. Después de leer tu artículo los usuarios pueden expresar su opinión colocando un comentario.

Los wikis. Wikipedia es una enciclopedia mantenida por la comunidad y basada en la plataforma de Wikis. Cualquier usuario puede leer cualquier artículo. Y si hay algo que no le parece bien puede editarlo en cualquier momento, como este artículo que contiene un grave error y el usuario lo editará inmediatamente. Ahora es un buen artículo.

Web 2.0 es el futuro… y el futuro es hoy.

(N) Ahora escucha de Nuevo

(Repeat)

(N) Ahora tienes cuarenta minutos para preparar y escribir un ensayo persuasivo

Audio Selection 7

Tema curricular: <u>Los Desafíos Mundiales</u>

Tu vecino: Hola, me llamo Iván Terrones y soy de Venezuela. A mí me encanta este congreso sobre la conservación del medio ambiente. El medio ambiente es el conjunto de todas las cosas vivas que nos rodean. De éste obtenemos agua, comida, combustibles y materias primas que sirven para fabricar las cosas que utilizamos diariamente. Al abusar o hacer mal uso de los recursos naturales que se obtienen del medio ambiente, lo ponemos en peligro y lo agotamos.

TONO
(20 segundos)

Tu vecino: Oiga, sí, gran parte de la población como que no tiene conciencia, hay veces que por flojera echan la basura en la calle en vez de en las papeleras, y por lo tanto estas personas ocasionan muchos problemas ambientales como, por ejemplo, la destrucción de las áreas verdes, lo cual nos puede llevar a la causa de muchos incendios forestales. Pero, dígame más sobre sus ideas sobre la reducción del uso de la energía tradicional y de la energía alternativa. ¿Qué opina de los esfuerzos en esta dirección?

TONO
(20 segundos)

Tu vecino: Me interesa mucho este diálogo y quisiera colaborar en el futuro. ¿Qué piensa si continuamos este intercambio de ideas y colaboramos en el futuro para aplicar y validar una propuesta de investigación en el campo de las energías alternativas?

TONO
(20 segundos)
Tu vecino: Comprendo, ¿pero qué piensa de empezar este proyecto el verano que viene?

TONO

(20 segundos)

Tu vecino: ¡Muy bien! Le contactaré después del congreso. Aquí está mi correo electrónico y mi número de móvil.

TONO

(20 segundos)

NOTES

NOTES

NOTES

NOTES

NOTES

NOTES